U0942235

聖經研究叢書

The Legendary Paul
His Life, Mission and Writings

保羅，攪動世界的使徒

看懂保羅、淬煉生命的34堂課

張永信 著

▼
聖經研究叢書

保羅，攪動世界的使徒
看懂保羅、淬煉生命的 34 堂課
The Legendary Paul
His Life, Mission and Writings

作者
張永信 Vincent Cheung

責任編輯
張碧嘉

裝幀設計
奇文雲海 · 設計顧問

■

出版 / 發行
基道出版社
香港沙田火炭坳背灣街 26 號富騰工業中心 10 樓 1011 室
LOGOS PUBLISHERS
Unit 1011, 10/F, Fo Tan Ind. Centre, 26 Au Pui Wan St., Shatin, Hong Kong
電話：(852) 2687-0331　傳真：(852) 2687-0281
網址：https://www.logos.com.hk

承印
陽光(彩美)印刷有限公司

●

10/2022 初版
Cat. No. LP1109
ISBN: 978-962-457-633-7

Printed in Hong Kong

刷次	10	9	8	7	6	5	4	3	2	1
年份	2031	2030	2029	2028	2027	2026	2025	2024	2023	2022

目 錄

第三部　保羅的世界

第四部　重生及神學思想

第五部　四次宣教之旅

第六部 | 書信的寫作

第七部 | 保羅書信(一)

第八部 | 保羅書信(二)

第九部 保羅書信（三）：監獄書信

第十部 保羅書信（四）：教牧書信

末了的話｜目錄

靈思小品｜目錄

地圖 | 目錄

簡寫表

一、一般作品

ABD | David Noel Freedman, ed., *The Anchor Bible Dictionary* (6 vols; New York: Doubleday, 1992)

EDB | David Noel Freedman, ed., *Eerdmans Dictionary of the Bible* (Grand Rapids: Eerdmans, 2019)

EDNT | Horst Balz and Gerhard Schneider, eds., *Exegetical Dictionary of the New Testament* (3 vols; Grand Rapids: Eerdmans, 1990 ~ 1993)

ISBE | Geoffrey W. Bromiley et al., eds., *The International Standard Bible Encyclopedia* (fully revised, 4 vols; Grand Rapids: Eerdmans, 1979 ~ 1988)

NIDNTT | Colin Brown, ed., *New International Dictionary of New Testament Theology* (4 vols; Grand Rapids: Zondervan, 1986)

TDNT | Gerhard Kittel and Gerhard Friedrich, eds., *Theological Dictionary of the New Testament* (10 vols; Grand Rapids: Eerdmans, 1964 ~ 1974)

二、學術期刊

JSNT | *Journal for the Study of the New Testament*

JSPL | *Journal for the Study of Paul and His Letters*

JTS | *The Journal of Theological Studies*

NTS | *New Testament Studies*

三、聖經版本

《思高》 | 思高聖經譯釋本

《呂譯》 | 呂振中譯本

《當代》 | 當代譯本

《和合》 | 新標點和合本

《新譯》 | 聖經新譯本

《和修》 | 和合本 2010

自序

聞説從前在法國，有一位業餘畫家，不是靠賣畫為生的，因而自稱「素人畫家」。按此了解，我也可以自稱「素人作家」，因為寫作從來不是我謀生的工具，而是來自一份使命感。

筆者本從事教學，為了能讓學生們有中文書作課本，便開始了寫作。所寫的，大多是教科書，或與教學有關的作品。然而，如今我寫作，主要不再是為了要寫教科書或課本了，而是因為內心滾燙著、踴動著強大的動力，好像有千言萬語也說不盡的感悟，想與廣大讀者分享。

感悟大都來自教學（例如這本書談到的保羅及其作品，也是我教學的範圍），及細讀古今中外作家的作品，加上自己過去所經歷的點點滴滴。但願這些來自不同源頭的靈感，能匯集成巨流，有力地沖刷著你的生命，為你構建成壯麗的山河，開拓視野、提升眼界、壯大胸懷，從而活得雍容陽光、享受生命。

話說回來，筆者從閱讀中有此領悟：有些書一看便愛不釋手，拿在手中如獲至寶，看時如沐春風，更溫潤心靈。然而，有些書則格格不入，讀時味同嚼蠟，難生共鳴。端此，我的想法是，看書有如看流星，如果作為讀者的你，與作為作者的我是投緣的話，又如果你帶著心靈的眼睛來看本書的話，你便能一睹流星那劃空而過的光芒，從而觸動你許下此願：「我要認真地，一如聖經中的保羅，活好自己生命中的每一天。」

神的工作，大部分是以團隊的方式完成。這本書的出版亦然，不單作者本人在努力寫作，還有基道出版社的通力合作，不同肢體的仗義幫忙。這些屬靈俠士包括 May F.、Humble C.、Tony P.、C. Y. Tang、Ruby H.、Barbara Chu 等，還有基道出版社的出版人 H. Ng、責任編輯 Rebecca C.，設計同工及一些無名的仗義之士等。

回想起來，因著文字工作，恩主把我們聚攏一起，共謀天國大事，好一個文宣英雄會，幸甚。

說到底，這是一個恩賜配搭的局面。

本書便是獻給這羣福音伙伴、愛心天使、隱世高人。

您們的愛心和鼓勵，使我感動不已；在此，我向您們致敬。

張永信

序於香港

二〇二二年一月

前言

有人說，作家所寫的，都是他的生活。

筆者寫關於保羅的書，因為研究保羅早已成為我的生活。在學院，我教的是保羅書信。在日常，我默想保羅的神學。在生活裏，我習練保羅的屬靈套路：……現在活著的不再是我，乃是基督在我裏面活著（加二 20）。

說到保羅，他生命閃耀著通達的思維和智慧的光芒，是神國裏的精兵勇將，成就也非凡，在宣教上，他堪稱史上最強。然而，他仍是有血有肉的人，有著人性的表現和特徵。

一、耿耿於懷，以命相酬

信主後的保羅，表現固然傑出，學問博大精深，普世宣教的成就更史無前例。但在信主前，保羅犯了極大的錯誤：逼迫教會、殘害信徒，甚至導致司提反死亡。

兩位福音派學者韋布魯格（Verlyn D. Verbrugge）及克雷爾（Keith R. Krell）指出，保羅信主後，一方面深度體會神的恩典夠用；但另一方面，保羅還是為過去的事耿耿於懷。這兩位學者如此說：「……他毆打、迫害，甚至殺害的那些人，成為了他的沉重負擔。」[1]

他們更舉證多段保羅自我剖白的經文：

> 我本來比眾聖徒中最小的還小，然而他還賜我這恩典，叫我把基督那測不透的豐富傳給外邦人……（弗三8）

> 我原是使徒中最小的，不配稱為使徒，因為我從前逼迫神的教會。（林前十五9）

> 我從前是褻瀆神的，逼迫人的，侮慢人的；然而我還蒙了憐憫……（提前一13）

> 「基督耶穌降世，為要拯救罪人。」這話是可信的，是十分可佩服的。在罪人中我是個罪魁。（提前一15）

在此，值得留意的是，在罪人中，我是個罪魁這一句的原文是現在時態，意思是當保羅寫下此言時，他對自己仍有此看法：我是罪魁。這樣看來，對於那一段不風光的往事，保羅揮之不去。[2]

當然，保羅是個聰明人，他信主後，三日三夜不吃不喝，不言不語，進入深度思考。他必然發現，自己過去如此偏激，銳意逼迫信徒及教會，其實不單是把自己陷在深坑裏，更是走上絕路，後果不堪設想。在神子民的歷史上，他的惡名必然遺臭萬年，結局更是沉淪。

留意保羅於哥林多前書十五章10節力陳：*然而，我今日成了何等人，是蒙神的恩才成的……我比眾使徒格外勞苦；這原不是我，乃是神的恩與我同在。*此言顯出保羅深感神恩浩大。端此，靠著神的恩典，他走出了心靈的幽谷，以格外的勞苦迎向福音工作的未來，並且殫精竭慮、全力以赴，以報答復活主在他走上絕路時煞停他、拯救他。

主的宏恩厚愛，窮一生之力，也無以為報，保羅不單銘記於心，還以命相酬。

端此，我們也可以因為感悟神恩的浩大，從而憑著祂的恩典，走出抑鬱，積極地活著。

二、有血有肉的保羅

話說回來，有關保羅人性化表現的其他事件還有：

（1）在傳道的日子裏，因著眾教會的事，他憂心忡忡（參林後十一 28～29）。有曰：「男兒有淚不輕彈」。然而，保羅邊寫信給教會邊淌淚（林後二 4）。

（2）他為自己同胞的叛逆而心痛，甚至願意自己被咒詛，以換取同胞的救恩（羅九 2～3）。雖然他知道這是不可能，也不可行的，但他仍然忍不住這樣想。

（3）在給提摩太的遺言中，保羅表示人人都離棄了他（提後四 16），可見那時保羅的孤單感極強，神情顯得落寞。

最要命的是，有人調侃他氣貌不揚，言語粗俗（見林後十 10）。這樣看來，保羅說話並不儒雅，也非氣宇軒昂、風度翩翩的美男子。無巧不成書，保羅此名字的意思，便是「小」（little）。換言之，以顏值計，他得分極低。

以上只是其中一些例子。歸結而言，保羅雖然偉大，但他仍是有血有肉的人。在事奉的歲月裏，保羅常是喜怒哀愁在心頭，更有無法排遣的愁憂。

聖經中的先賢古聖好像羣星，閃耀著屬靈的光芒。然而，他們仍是有血有肉的，所活的是一個有人的特性，甚至有人的軟弱的人生。那麼，筆者向讀者們所發出的挑戰是：有血有肉的保羅能活一個美好的人生，我們也能，因為我們都同是有血有肉的人。在此，讓我們嘗試從聖經的記錄中，尋找保羅生命強大的軌迹。通過深度了解保羅，從而看懂他，看懂自己，看懂人生。我們不一定要活得如保羅一樣，為信仰而成為烈士，但我們仍可活得獨一無二，無憾無悔。

三、航天科技發展的感想

航天科技是世界各大頂尖國家爭相較勁其科技實力及國力的地方。不論背後的目的是甚麼，能夠把載著人的太空船升上太空，然後和早已在太空運行的太空站對接，讓航天員能從太空船進入無人的太空站內，實乃一大壯舉。

要在茫茫太空中彼此對接，絕對是不簡單的事，必須擁有高端、複雜而精準的科技方能成事。

同樣地，人如果要與純靈的神接上，與祂同行，亦需要一些精確無誤的步驟。這些步驟，起碼包括以下四個階段：

(1) 內心有強烈渴求，極想認識和親近神，就如希伯來書十一章 6 節所指出的，到神面前的人，必須信有神，並且相信神必賞賜尋求祂的人。因為凡尋找的，必尋見（太七 7）。

(2) 大自然是神自我啟示的地方。經常進入自然界，感應自然界的奇妙，欣賞其所映現的創造主傑作（羅一 20）。

(3) 深度研讀福音書中的耶穌，因祂是父神與人之間惟一的中保（約壹二 1）。祂成了肉身，向人展示神的模樣，好叫人能深度認識父神（見約一 18）。

(4) 為自己的心靈作好準備。神是靈，我們要與靈對接，必須通過心靈。所以，我們必須置身於心靈安靜的時空，學習獨處，心無雜念，童心再現。就在這放空自己的時空下，屬靈的神才會彰顯在我們的心裏，叫我們能**感應**祂的同在，**感悟**祂同在的美妙，**感知**祂的心意(參可六31～32)。

與神聯上，祂那屬靈的強大生命力，會自然而然地傾注入我們的生命裏。這生命的交融使我們心靈煥然一新，能充滿活力地活在當下。久而久之，內在生命就會產生變化，思維改變了，視野開闊了，胸懷壯大了，心溫柔了，話溫潤了，氣度也不凡了。

更奇妙的是，我們的人生竟能光熱輝映，折射著主的大愛，讓基督的身影留在人間。

四、「宣示」和「拒絕」

話說回來，我們必須欣幸，聖經除了記載救主耶穌基督的故事外，還記錄了一些先賢古聖的故事。

總的來說，他們的人生，其實是一種「宣示」，更是一份「拒絕」——對庸俗人生的拒絕。

保羅的一生，絕對是有「宣示」和「拒絕」的作用。認識他、考研他、效法他，我們也是在「宣示」：我們要活一個不一樣的人生，「拒絕」庸碌地度日。

五、《保羅行傳》這本書

還看第二世紀一本叫《保羅行傳》(*Acts of Paul*)的書，顧名思義，所寫的是保羅的其人其事。書中描繪的保羅，個子矮小，頭有點禿，雙腿內彎，膛眉深鎖，鼻是勾的。[3] 看來，這便是當代人定格保羅的容顏。無怪乎有人調侃他的外表是氣貌不揚，言語粗俗(見林後十10)。在古希羅世界，人都以容顏來評審人的全部。按顏值論，保羅絕對沒有過人之處。那麼，他偉大的祕訣是甚麼？

哥林多後書四章16節他好像在自我揭祕：……我們不喪膽。外體雖然毀壞，內心卻一天新似一天。外體原文是「外面的人」，內心是「內裏的人」。保羅的意思是，看人不能單看外表。人可分為外表和內裏兩部分。保羅那毫不起眼的容顏，加上他事奉的辛勞，皺紋滿面，歷盡滄桑，歲月真不留人，外表的他自然是非常庸常。然而，奇妙的是，他內在的生命卻一天比一天強大，使他在人生的擂台上愈戰愈勇。

正因此故，同樣庸常的我們能以保羅為榜樣，學習他如何把內在生命變得強大。換言之，昔日的保羅可以，我們亦然。我們外體的朽壞是必然的，內心也可日益強大，只要我們能夠深諳保羅的成長套路，掌握他生命得以強大的命門。

保羅的人生，展現了一屬靈偉人的範式。更重要的，是我們能從保羅的作品中，喜獲一個成就強大生命的屬靈路徑，這一點是極為難能可貴的。

在此，我們別無選擇，我們必須細讀保羅的作品，鑽研他的人生，好叫我們讀懂這套路，得著訣竅，一步一腳印地赴這生命之旅。隨著時間向前推移，我們成了保羅的學徒，也因而成了主的門徒，就如保羅所言：你們該效法我，像我效法基督一樣（林前十一 1）。

六、本書的特點

在寫這本書時，筆者在想，先前寫了耶穌基督的人生——《你們說我是誰？——深度認識耶穌的 36 堂課》（香港：基道，2021），如今寫保羅的人生，可說是一項延續。如上文所言，此書所寫的主人翁保羅更為有血有肉，讀者們的認同感必然更強。

書中加插了更多的「末了的話」和「靈思小品」，目的是要幫助讀者們反思和應用。

坦白而言，我們所活的地球糟透了。天災、戰爭、家暴、疫症，我們嚇得怔住了，心靈弄得倦極了。回頭望去，其實天災和人禍等，大都是我們自己造成的，我們把地球——人類惟一的家園，弄得一塌糊塗；我們快無家可居了；我們有罪了。

在此，保羅所傳的福音，正好呼喚著我們這世代，聲音從來沒有這麼響亮過：趕緊回頭，還來得及：⋯⋯看哪，現在正是悅納的時候！現在正是拯救的日子（林後六2）。

保羅還在向我們呼喊著。

七、尼羅河與人生

數年前，筆者欣幸暢遊世界文明古國埃及，得見其名勝金字塔及獅身人面像等。與此同時，導遊卻提醒我們要小心治安。還有的是，走上首都開羅的大道時，卻發現市容不整，街道髒亂，爛尾樓處處，反映了政府管治不力，經濟不景，民生凋敝，這文明古國落得如此下場，真使人唏噓不已。

值得一提的，便是在尼羅河上的暢遊，禁不住「發思古之幽情」。但見河面寬敞，河畔蘆葦叢生，足見其土壤肥沃，想起小時讀過關於此河——每年多次的泛濫，把兩岸的土壤弄得非常肥沃，以致農業發達，農產可觀。

在古羅馬時期，埃及被譽稱為「世界的糧倉」。有曰：「沒有尼羅河這母親河，就沒有埃及的古典文明」。事實上，尼羅河流經不少國家：埃及、埃塞俄比亞、蘇丹、烏干達、肯雅、坦桑尼亞和盧旺達等，看來流域頗廣，然而，其影響所及充其量只是非洲的東北部。畢竟，大部分非洲土地都非常貧瘠，大漠黃沙處處，民生凋零，非洲人大都一窮二白，到處流徙，難民人數與日俱增。

其實，不管我們能活得多長久和多強大，對比起人類那近一萬年的歷史長河，我們只是短暫流淌的生命溪澗（一般而言都不超過一百年，見詩九十10），實在是微不足道。我們生命所能影響的有如鴻毛。那麼，我們應該如何活，才算是活對了？換言之，有一天當我們年華老去，兩鬢飛霜，回望一生，如何能無憾無悔？

這些日子，我在苦苦追問以上的生之謎。事實上，人類歷史中的賢哲，都為這生之謎而苦苦糾纏，他們都殫精竭慮地嘗試提供一些值得參考的答案。

在此，保羅那傳奇的一生，為我們提供了可行的方案。

換言之，如果我們看懂了保羅，必然發現保羅人生的重中之重，便是與復活主的靈接上。這樣，我們才能真的看懂保羅，看懂自己，看懂人生。

八、「三一人生」

庸俗的人生可稱為「三一人生」：一無所獲、一事無成、一言難盡。保羅經常召喚信徒要效法他（腓四9；林前十一1；帖後三9），是因為他效法基督；透過效法他，我們便是效法基督了。重要的是，在保羅生命的深處，有復活主的長駐，他與主的生命交融更是極致的。無怪乎他能言辭鑿鑿地宣稱：因我活著就是基督……（腓一21）

深度認識保羅，羨慕他的人生，以之為榜樣，便是與「三一人生」來一個斷捨離，也是向營營役役的人生話別。

九、神奇「加熱包」

有一次，我在某食店買了一個麵食外賣。回家打開麵食包，裏面原來有多個小包。第一包是一盒麵食材料，盒有兩層，麵食材料放在上層的小盤裏；下層是空的。第二包是湯包。第三包是一個叫「加熱包」的東西，形狀扁平，剛好能平放在盒的底部。然後附以說明書。

我把湯包打開，湯是冷的。把湯都倒在裝載麵食的上層小盤子裏。然後，我把「加熱包」平放在底部。再看看說明書如此寫著：「倒半杯涼水到注水線，水位不要高於加熱包。」

我在想，這指示看來不合理：「涼水」應該是「熱水」才對。再者，水應倒滿下層的空間，好叫熱水能觸及在上的、裝著湯麵的小盤才對。然而，如今用的是涼水；水又這麼少，如何能隔空加熱？

半信半疑的我，按著說明書所言，把涼水（大約半杯）倒入盒的底部，剛泡著大半個「加熱包」。也按著說明書所言：「迅速將上層放回原處，立即蓋緊盒蓋。」

就在此時，奇妙的事發生了，盒蓋中間的透氣小孔，立時不斷湧噴出熱熱的蒸氣，然後盒內傳出水滾的聲音。見狀後，我目瞪口呆了好一陣子。驚訝於這神奇的現象，更認定神妙之處，全在乎這小小的、平平無奇的「加熱包」。我按著說明書所言，五分鐘後打開燙熱的盒蓋，湯麵已變得熱騰騰的，麵香撲鼻。

事後，我在想，雖然經驗告訴我，說明書的指示不太合理，然而，「加熱包」的神奇，舉證著我的思維存在著漏洞；我仍是孤陋寡聞之輩。幸好我還是照著說明書的話來做。因為我在想，既然是說明書，自然有其道理。於是憑著信，按著指示而為，情況便一如說明書所言，使我得享美食。說明書還寫滿此句：「小心蒸氣」。

聖經是本屬靈說明書；它是神的默示，保羅所言非虛。我們必須放下紛繁的執念，懷著受教的赤子心，按這本屬靈說明書的指示而行，正如林海音在她的名著《城南舊事》中的一句：「讓實際的童年過去，心靈的童年永存下來。」[4] 聖經中的應許，只會實現在那些常存童心的生命裏。

讓我們信靠神的話，學習保羅的屬靈套路，好叫基督也能活在我們裏面。誠盼本書能助你一臂之力。

十、明治維新的背後推手

日本是現代化的經濟大國。然而，在十九世紀之前的江戶年代，日本仍然很傳統和落後。所沿用的武士封建制度，一成不變地奉行武士、農民、手工業者和商人四大階層的封建社會。當時西方經歷了工業革命的洗禮，新的生產模式紛紛出現，使西方的市場經濟及軍事裝備都遠遠超越日本；對於停滯不前的日本，情況非常不妙。

有一次，美國軍艦直逼日本海岸，要求日本開國，好進行雙邊貿易（史稱「黑船來航」）。那時，一位向來習練劍術的熱血青年，手執武士刀走到海邊，誓要和敵人決一死戰，以報效國家。然而，眼見龐然大物的鐵甲艦，他站在那裏怔住了，雖然手執武士刀，卻不知從哪個地方砍下去才好。在目瞪口呆片刻後，他甚麼都沒有做便回家，進入了無言的沉思中。最後，他想通了；他的國家正在頹敗如夕陽，如今是時候改革了。從此，他放棄劍道，習練西學。

起初，他以為只要軍事改革便能扭轉國運，於是放棄劍道，學習炮術。後來他漸漸發現，要國富民強，必須從國民思維和心態改變開始。繼而，能夠改變國民的套路，便是要先改變作為國民之一的自己。

如是者，他與一班志同道合的改革家，推動了十九世紀中期（1868 年開始）的明治維新運動，大大改變了日本的國運。

無庸置喙，明治維新是日本歷史的轉捩點。觸發這革命的人物，便是上述這位本來是傳統武士的坂本龍馬。坂本龍馬被譽為明治維新的背後推手，坊間甚至說坂本龍馬走到美國軍艦對決時，才十九歲。

保羅的一生及坂本龍馬的故事清楚地說明了一點，不論改變是大還是小，都是先從自己開始。保羅的改變始自大馬士革的路上，復活主向他顯現，使他生命改變。繼而主把向外邦宣教的使命託付他，這宣教思維進一步在耶路撒冷教會的認同下得著確定（見加二9～10），思維的變改奠定了他一生宣教的豐功偉業。

畢竟，大的改變可以富國，小的改變可以自強。如此說來，每一個人，不論年少還是年邁，其生命的改變都可能是那隨之而來的、驚天動地的改革之開始。

請不要小覷自己，你的存在，你能遇見主，你能活下去，都不是偶然的。請相信復活主，也相信你自己。

末了，世間上一切在主裏的相遇，來生中都是重逢。在世上我們以感悟的方式與復活主相遇，在來生中卻和祂面對面地重逢（林前十三12），並且一起進入榮耀的永恆裏。

對於保羅來說，人生的盼望，莫大於此。我們亦然。

第一部

思保羅

1 保羅小史

按保羅在書信中的自述，加上路加對保羅的描述，我們對保羅的生平有以下的初步了解。

1.1 來自大數的羅馬公民

按使徒行傳九章11節所記，當主在異象中向亞拿尼亞發出指示，要求他為剛改變的保羅按手洗禮時，祂的指示是這樣的：……往直街去，在猶大的家裏，訪問一個大數人，名叫掃羅。他正禱告……

留意主是以「保羅是大數人」來表明此人的身分。繼而，按保羅自述，他生於小亞細亞基利家的大數城（徒二十二3），父母是虔誠的猶太人，更是以色列十二支派中，在知名度上與猶大支派齊名的便雅憫支派（腓三5），父母是羅馬公民。由於公民權是可世襲的，故保羅亦是羅馬公民（徒二十二 25～28）。

保羅受了割禮，並且在大數城受過希羅教育。少年時代，他被父母送到耶路撒冷習練法利賽人之道，更拜當代的著名拉比迦瑪列為師（徒二十二 3）。按此了解，保羅的原生家庭理應不錯，經濟穩健，有一定的社會地位，加上他的原生地大數城是當代希臘文化極濃厚的名城，迦瑪列又是一代名師，可見保羅是一個甚有背景的人。

保羅的學習態度是極度認真的，比起同儕，他採取了更嚴謹和殷切的態度習練法利賽人之道（徒二十二 3），更自命已達到無可指摘的化境（腓三 6）。又當他在耶路撒冷說希臘語的利百地拿會堂聚會時，巧遇為信仰殫精竭慮地辯道、有德並有能的司提反。端此，一方面保羅能近距離地認識關於耶穌基督的信仰，另一方面他卻視之為離經叛道的道理。正因此故，他積極地參與殺害司提反之舉（徒七 57～60）。他更進一步打擊基督徒，對他們用刑，把他們下在監裏（徒九 1，二十二 4～5，二十六 10～12）。

在此，我們有理由相信，保羅那極度熱切、全力以赴的取態，映現了他想要突圍而出，在法利賽人的同儕中盡顯鋒芒。他蓄勢待發，務求能於耶路撒冷叱吒風雲，大有傳承迦瑪列之勢，想要揚名立萬。

1.2 | 生命改變始自大馬士革

由於保羅風頭十足，表現突出，故能從猶太公會中得著許可令，代表公會遠走至敘利亞的省會大馬士革，在會堂中捉拿信主的猶太人，把他們押回耶路撒冷受審（徒九1～2，二十六12）。也許，此舉能換來名聞遐邇於同輩，他的聲望也必如日中天。

不料，就在此時，在往大馬士革的路上，復活主驀然向他顯現。

在基督向他顯現這神顯中，復活主的榮光比午間的日頭更猛烈，在強光的照射下，自以為強大的保羅被擊倒在地，全身乏力，雙眼更暫時失明。當復活主向他表明神顯中和他說話的便是他所逼迫的耶穌時，保羅終於頓悟，這被釘死的耶穌，也是昔日司提反所力證的，被猶太人釘死的耶穌，果真復活了，並且其榮光亮得難以名狀，更亮瞎了他的眼目（徒九3～9）。他更明白到他對基督徒的迫害，尤其是有分於殺害司提反，便是逼迫基督。

如是者，經歷了這極度震撼心靈的事件，保羅進入了深度的反省。

稍後，他被帶進大馬士革，三日內不言不語、不吃不喝及不眠不休地反覆思考，在經過極度的心靈糾結後，他的心靈更新了。這莫大的內在生命改變可稱為「屬靈的飛躍」（a spiritual quantum leap）。

從此以後，基督成為保羅生命中惟一的大人物，基督對他的厚愛，他銘記於心，至死不忘。基督是保羅神學思想的全部。

話說回來，未幾，出現了一位叫亞拿尼亞的神僕，前來為他按手，助他領受聖靈，更為他施洗，使他雙目重見光明。在此，我們有理由相信，保羅從亞拿尼亞的口中，得悉主已揀選了他，要他向猶太人及外邦人宣揚福音（見徒九 10～16）。不過，此時的保羅大概並不完全明白如何才能實現這目標。

1.3 事奉模式靈感來自司提反

一如上文所言，信主後的保羅在思維上有極大的躍進。日後他更自言對基督的認識是深度的，即不再停留於表層（林後五 16）。

也許，他愧疚於把司提反殺害。在痛徹心扉之餘，他相信如果要作出補救，便要傳承司提反的工作，即進入說希臘話的猶太會堂中，向同胞見證基督。如是者，他便在大馬士革的會堂中力證耶穌基督（徒九 20～22）。稍後，他逃亡至耶路撒冷，其活動的軌迹，也是會堂，而福音的對象，同樣是說希臘話的同胞（見徒九 29，也許是以前在利百地拿會堂聚會的猶太人）。端此，這初期的傳道軌迹，奠定了他日後的宣教策略：先是猶太人，後是希臘人（羅一 16）。

1.4 | 裝備來自隱晦之年

保羅傳道鏗鏘有力，比起司提反實有過之而無不及，卻引來了同胞的忌恨及殺心（他們打算殺他如殺司提反）。觀此，保羅惟有亡命於各地，先是大馬士革，繼而是阿拉伯（約三年時間；見加一 17；林後十一 32），[1] 然後再回大馬士革，轉折至耶路撒冷，再逃亡至凱撒利亞，終安身於故鄉大數（徒九 30）。這一段看來是漂泊流離、四海為家的流浪生活，正好成為他日後於羅馬帝國各地宣教的排練。

時間不斷向前推移，在如常的一天，巴拿巴從耶路撒冷來了，在大數找著保羅（原因大概是巴拿巴認識及欣賞保羅有良好的背景及事奉的熱心），挑戰他一起赴敘利亞的省會，也是當代的名城安提阿，在那裏發展教會工作，承擔福音使命（徒十一 25）。從這時開始，保羅便與巴拿巴結成福音伙伴，在事奉的賽道上共同進退，直到完成了第一次的宣教旅程。

安提阿是一個人口凡二十萬的大都會，住了許多來自不同文化背景、不同社會階層、不同種族的人（猶太居民估計有二萬五千人），是個極度多元化的城市。再者，信主的猶太人向外邦人傳福音也是始自這地，由於此城及其教會，都有著較為廣闊的視野和屬靈的眼界，於是，向外邦人傳道便蔚為風氣，甚至教會的領袖也有外邦信徒於其中（見徒十三 1）。留意保羅本來自大數，巴拿巴來自塞浦路斯，他們來自外邦之地，卻也成為教會領導。後來，由於耶路撒冷發生饑荒，安提阿教會便籌集捐款，更派代表把款項送往聖城賑災，所派的代表正是巴拿巴和保羅（徒十二 25）。由此可見，二人在安提阿的領導羣中是出眾的。

時間的長河湧流而前，安提阿教會的領導羣感悟聖靈的心意，不單要把福音傳遍本地，也要傳至遠方的外邦各地。於是，在禁食和禱告之後，決定差遣領袖中最為突出的兩位——巴拿巴和保羅，向外邦之地進發，實踐耶穌基督的遺命：福音要傳遍地極（徒十三 2～3）。

以上的日子（約十多年），即保羅在四次宣教之前的年日，被稱為「隱晦之年」（years of obscurity），是保羅韜光養晦的日子。他因而得著全方位的裝備。這時的保羅，在神學上已雕琢出紮實的基礎，在各神學理解上輪廓已成，在福音工作的技巧上則更趨熟練。他對希羅城市的實況也有充分了解。在天時（主對他的呼召）、地利（安提阿教會的宣教異象）、人和（有巴拿巴配搭）的配合下，他開始了史無前例、成就非凡的四次宣教創舉。

1.5 ｜ 安提阿：福音工作的拐點

公元七〇年，伊格那丟（Ignatius）成為安提阿的第二任主教。他在一世紀末出任主教，殉道於二世紀初，見證著跨世紀的教會歷史轉折。在殉道前，[2] 他共寫了七封信給各地教會，信內所反映的基督教，與原先源自加利利的猶太教信仰復興運動，已有很大的分別。其分別臚列如下：[3]

（1）耶穌及其門徒所發起的運動本是農村式的，來自巴勒斯坦加利利省，後來變成了城市人的信仰。
（2）聚會地點從會堂變為在各信徒家中聚會，是為教會。
（3）聚會從安息日變成主日，即星期日。
（4）成員由猶太人，變成大部分是外邦人，稱為「基督徒」。
（5）所用語言從亞蘭文，變成希臘文。
（6）所尊崇的聖書，原本只包括摩西五經及眾先知所寫的舊約，如今卻再加上基督徒的作品，如福音書及保羅書信等。
（7）源自猶太教，發展卻超越猶太教。

總的來說，安提阿的福音工作舉證了福音本是如埋在土裏的種子，如今卻在羅馬帝國的土壤上開花結實，教會已穩立在帝國的都會中。[4] 歸結而言，從耶路撒冷教會開始，由原本清一色的猶太人信仰，轉折至加入了外邦人的歷程中，已突破了兩個瓶頸位：

（1）耶路撒冷教會大受逼迫，促使腓利向撒馬利亞人傳道（徒八4～6）。

（2）使徒彼得向羅馬百夫長哥尼流一家傳道（徒十 17～48）。

然而，大規模向外邦人傳道，尤其是後來更向外邦各地宣教，其實是始自安提阿。按此了解，雖然保羅來到安提阿時，福音工作的蛻變只屬初期，但變化是迅步前行的。此態勢對正在成長中的保羅來說，影響必然重大。

在此，我們可以說，在安提阿教會的事奉，使保羅的胸懷壯大了，眼界開廣了，視野深遠了。在這地方的教會服事多年後，再加上他之前的種種經歷，一代使徒已準備就緒，隨時候命，蓄勢待發，要把福音向外邦之地進一步拓展。

1.6 | 四次宣教的福音遍傳

保羅在安提阿進行福音工作時，大概已掌握了城市宣教之道，是為工作人手必須充足，宣教團隊需要通力合作、恩賜配搭，方能成事。再者，福音工作必須要親力親為、言教身教，並且以團隊在愛中的配搭，以德服人，好成為他們所服事教會的學習對象。保羅的想法是，如果教會能活出信、望、愛等美好生命的特徵，福音信息自然顯得具體和落實，便能吸引周邊不信的人，也自然地流傳於坊間，其影響所及，無遠弗屆。

在首三次的宣教之旅中，保羅等人都是先進入外邦各地的猶太會堂傳道（一如他往常所做的），估計當時散居於各地的猶太人凡四百萬之眾。一如上文所言，保羅走在司提反傳道的軌迹上，更深愛同胞（見羅九1～3），自然不願錯過把福音傳給同胞的機會。[5] 可惜的是，猶太人大都排拒福音及迫害保羅，保羅惟有轉移在信徒家中聚會，吸引其鄰舍及親友歸信基督。保羅自己更以織帳棚維生，自食其力地進行福音工作（徒二十34～35），期間的宣教工作馬不停蹄，儘管危機四伏，保羅等人卻無畏無懼，乘風破浪，甚至風雨兼程。他更不斷以文字方式，致各地教會以書簡，信內講情說理，旨在為各地教會排難解困，藉著文字進行遠距離牧養。如今，共十三封以他名義發的書簡，都一一收納在新約正典內。

留意在第三次宣教時，保羅更在各外邦教會籌款，以緩解耶路撒冷教會的災情，此善舉同時亦促進耶路撒冷教會和外邦各教會在主裏的合一，盡顯保羅所傳的，確實是好消息（good news）。換言之，福音不單帶來心靈從罪中得釋放，還使人在肉體上得著實質的幫助，足見保羅所傳的是一全備的救恩。

在三次宣教之後，第四次的宣教其實是保羅被押上羅馬受審的旅程。但被囚於羅馬期間（按徒二十八30～31所映現的），他能住在自己所租的房子，可自由地接受探訪及傳道（徒二十八23更表明，保羅講道是從早晨到晚上，並且造訪者眾），可見這是軟禁；大概因為他是羅馬公民，才享有此特權，能自由地傳道。[6]

公元九十六年，羅馬教會的主教革利免指出，保羅終被釋放，繼而把福音傳至極西之地，即今之西班牙。然後在尼祿王（Nero）的暴政下殉道，其時為公元六十五至六十六年左右。

1.7 | 閃耀一生話保羅

回想保羅一生的成就，學者愛德華斯（James R. Edwards）有此感言：「儘管是俄利根、奧古斯丁，甚至馬丁路德等人，其成就都不能與保羅攀比。」[7]

無庸置喙，保羅的重要性及其對神國度的貢獻是無可比擬的。他及其團隊所走過的重點地方如下：

時期	走過的重點地方
第一次宣教	西流基、撒拉米、帕弗、別加、彼西底的安提阿、以哥念、路司得、特庇
第二次宣教	基利家省（大數）、特羅亞、腓立比、帖撒羅尼迦、庇哩亞、雅典、哥林多、堅革哩、以弗所（只作稍留）
第三次宣教	以弗所（留下凡二年多）、歌羅西、老底嘉、希拉坡里
第四次宣教	凱撒利亞、西頓、馬耳他、羅馬
第四次宣教後	西班牙、克里特

以上名單，取自於使徒行傳及保羅書信的內容，這誠然不是保羅於各地宣教的全部。

話說回來，保羅的工作為日後持續發展的基督教信仰，建立了紮實的基礎。他的神學，成為歷世歷代信徒與復活主聯上的紐帶。按此了解，他已完成了其歷史的使命，淡出我們的視野。然而，直到如今，我們還可以從其人其事中學習，獲益匪淺。

說白了，保羅所持定的「道成了肉身神學」（incarnational theology）的精神尤為突出。此僕人領袖的領導方式，本來自降世為人的神子耶穌基督（可十 43～45）。保羅要求眾教會效法這份服事精神（見林前十一 1；腓四 9；帖後三 9），如是者，道成了肉身的神學便傳承於眾教會和後世，更無遠弗屆，直到主臨。

1.8 | 保羅年譜[8]

年份	事件
公元 5 年	保羅出生
公元 10 年	保羅移居耶路撒冷
公元 30 年	主耶穌被釘於十架
公元 31～33 年	保羅逼迫神的教會
公元 34 年	保羅在大馬士革路上遇見榮耀的主而重生
公元 34～37 年	保羅往阿拉伯曠野去，再回大馬士革（見加一 17）
公元 37 年	保羅第一次造訪耶路撒冷（加一 18～19）
公元 37～46 年	保羅於大數等地隱藏地事奉（徒九 30）
公元 41～42 年	保羅見異象，被提上三重天（林後十二 1～6）
公元 47 年	巴拿巴在大數找著保羅，帶他回安提阿一起事奉（徒十一 24～26）

公元 48 年	保羅和巴拿巴再探訪耶路撒冷，旨在賑災（徒十一 30，十二 25）
公元 48 年	第一次宣教
公元 49 年	可能寫了加拉太書；出席耶路撒冷大會（徒十五 1～21）
公元 50～52 年	第二次宣教，在哥林多事奉時寫了帖撒羅尼迦前書及後書
公元 53～56 年	第三次宣教，在以弗所事奉時寫了哥林多前書及後書；後在哥林多時寫了羅馬書（參徒二十 1～3）
公元 57 年	保羅上訴凱撒，開始了上訪首都羅馬之旅
公元 57～59 年	被扣押在凱撒利亞
公元 59 年	啟程往羅馬
公元 60 年	抵達羅馬
公元 60～62 年	遭軟禁於羅馬凡二年（徒二十八 30～31），寫了監獄書信
公元 62～64 年	持續宣教，足迹遍及羅馬帝國的東西地，在馬其頓時寫了提摩太前書，及在以弗所時寫了提多書
公元 65 年	公元 64 年羅馬城大火，尼祿王開始逼迫基督徒，保羅再度被捕入獄
公元 66～68 年	於羅馬殉道，死前在羅馬監獄寫了提摩太後書（提後四 6～8）

從以上簡單的保羅年譜來看，保羅的人生充滿起伏，時夷時險，有時更風雨交加，後更為信仰而成為烈士。然而，他不單叱吒風雲於一時，更名垂千古，對後世影響巨大。

| 靈思小品 |

福音的能力

只是我先前以為與我有益的，我現在因基督都當作有損的。（腓三 7）

先前是指猶太教及其所帶來的價值觀，如今都成過去，被保羅看為有損的。此言表示保羅的信仰，已剝離猶太教。

事實上，耶穌及其門徒本是猶太人。由此可見，基督教本源自猶太教，教會的崇拜也蛻變自猶太教的會堂敬拜。那麼，到了何時，基督教才全然剝離猶太教，獨一無二地發展起來呢？

當然，這是一個過程，多於是發生於一晃間的事。總的來說，以下四大歷史事件，促成了基督教及猶太教的分裂：

（1）公元六十四年，尼祿王指控是基督徒放火把半個羅馬城焚燒，於是政府大肆逼迫基督徒（保羅和彼得也因而殉道）。由於此迫害與猶太人無關，便無形中把源於猶太教的基督徒，與猶太教分別出來。我們可以想像，不信主的猶太人，為了避過此殺身之禍，必然與信主的猶太同胞劃清界線。

（2）公元六十六至七〇年間，猶太人的獨立革命引來了羅馬大軍的鎮壓，結果耶路撒冷陷落，聖殿被毀，猶太教中的撒都該人、希律黨人、奮鋭黨人及愛色尼人等都被消滅。能夠存留下來的，便只有法利賽人及信主的猶太人（坊間指因著主的指示，信徒已知道災難臨到，早已逃離耶路撒冷，到北面的佩拉城去）。[1]

（3）公元八十二至九十六年間，多米田王（Domitian）要求國民敬拜君王，惟猶太人可豁免，因其是合法的宗教，猶太教也存在已久。對比下，基督教是一非法定的新興宗教，必須對君王進行敬拜，以示效忠。此舉進一步把信奉猶太教的人和跟隨基督的人分別出來：猶太教是有源遠流長歷史的古老信仰，而基督教是新出現的教派。

（4）公元一三二至一三五年，猶太的革命領袖號稱「星之子」（Bar Kokhba）的西門，下令要把基督徒逐出會堂，還加以迫害。這是因為信主的猶太人拒絕支持和參與猶太人的反羅馬革命。這迫害直接來自猶太教，基督教也因而正式脫離猶太教。

總之，按以上的記錄，活在那波詭雲譎年代的基督徒，面對的苦難是排山倒海而來的。能夠支持他們信仰的，便是心靈的韌勁。

憑著信，初期教會的信徒把生命全然交給主。

憑著望，他們殷切地等候主的再來，好叫匝局得著扭轉，永生更在望。

憑著愛，活得雲淡風輕的他們，在逆境中生命力保持強大，並且同情民間疾苦，恩恤其鄰舍。

換言之，由於他們在困苦的日子中才決定信主，因此都知道所要付出的代價，他們早已心裏有數，心理質素極高。他們習練與主同行，心內充滿信、望和愛，活在世上散發著強大的生命力，吸引不少異教徒歸信基督。

反省

説白了，基督教的教理潛存著一份賦予教會的本能：抗逆能力。聖經及教會的歷史舉證著這一大亮點。

信主的人必能出死入生，突破重重危困，登上永生的彼岸。這便是保羅所傳福音的能力：這福音本是神的大能，要救一切相信的，先是猶太人，後是希臘人（羅一16）。

| 禱告 |

求主賜我信、望、愛，好叫我能滿懷信心和希望，活出美好的生命，並且以愛心對待世上的可憐人。

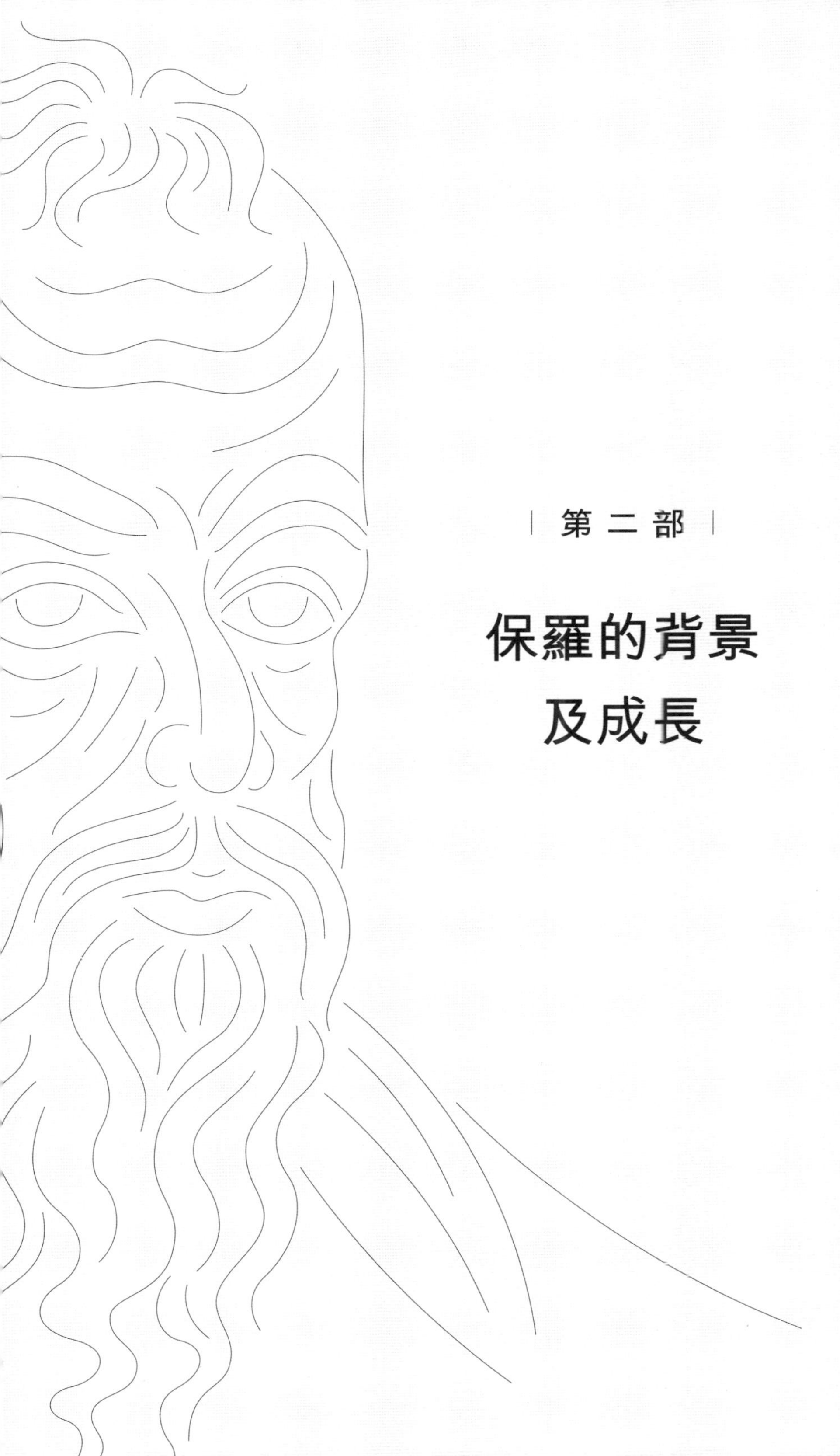

| 第二部 |

保羅的背景及成長

2 背景初探

把耶穌基督的福音，從一地方性的信仰更新運動，轉折成一普世性的宗教，關鍵人物首推使徒保羅。

保羅原名掃羅（*Saulos*；希伯來名字），此名字與以色列第一任君王的名字一樣，更巧合的是他們同屬便雅憫支派。後來在外邦之地宣教，他才改名為保羅（*Paulos*；希臘名字，意思是微小）。[1]

保羅被尊為基督教第一位神學家，亦也許是最偉大的一位。[2] 他成就非凡，一如耶魯神學院的新約學者達爾（Nils Alstrup Dahl）所言，保羅深遠地影響著西方文化的發展。[3] 再者，保羅的禱告、見證、忠信及先知性的教導尤為突出。[4] 換言之，保羅的氣質及才華並濟，是一位才德兼備的屬靈偉人。以下是一系列關於他生平、事奉和著作的深層研究，我們可以藉此深度認識他，從而衍生深層的學習及信仰的反省。

研究保羅的生平及作品時，學者們提出了以下數個問題：

（1）保羅生來是猶太人（羅十一1；林後十一22；腓三5），信的是猶太教。耶穌基督被視為彌賽亞這件事，可被視為猶太教中的信仰復興運動（一如愛色尼人）。若是這樣，保羅在大馬士革路上的改變（見徒九1～9，二十二3～16，二十六4～23），我們應視之為重生得救（conversion）？還只是信仰的更新（renewal）？

（2）研究保羅的資料主要來自使徒行傳及保羅書信。前者的作者並非保羅，而是路加。後者才是保羅的手筆。在研究二者所提供的資料時，如果出現矛盾，我們應否相信後者而放棄前者？

（3）研究保羅背景，我們知道保羅來自小亞細亞基利家省的名城大數，然而，我們難以知道他是甚麼時候被送到耶路撒冷習練法利賽人之道。若是如此，則他到底在大數受著希羅教育的薰陶有多深？

（4）他自言逼迫教會（徒二十六9～11；林前十五9；提前一13），但到底這逼迫是直接參與殺害信徒，還只是一幕後幫兇？

首先，保羅是否經歷重生此問題，我們的答案是：他在大馬士革路上的經歷是驚人的，包括了強光的照耀，他因而仆倒在地上及短暫失明，然後他進入三天不言不語、不吃不喝、不眠不休的禁會禱告中（徒九9）。繼而，他受了洗，回復視力，被聖靈充滿（徒九17～19）。稍後，他更全力以赴地向別人見證基督。換言之，他從逼迫這道者變成傳揚這道者。

其次，關於使徒行傳及保羅書信之間的矛盾問題，事實上，路加筆下的使徒行傳，大部分內容都聚焦於保羅的其人其事。首先，作者是保羅宣教的伙伴，所以特別在文中加入「我們的經段」（we section；見徒十六10～40，二一5～二十一18，二十七1～二十八15），目的便是要表明作者本人也參與了保羅的宣教，更以傳記的形式寫下回憶錄。我們有理由相信傳記中的某部分，是作者本人目擊事件的見證。他亦可以從保羅的口中得知其他宣教的情況，然後以歷史記錄方式如實記述。

至於保羅的作品，都是以書信形式面世。書信體裁的特點就是針對受書人的情況而寫，故他的書信都是處境性的。保羅在其中提及自己的背景，很多時候是為了衞道，時而澄清，時而遊說。因此，如果在描述跟使徒行傳相同的事件時稍有不同，可能只是出於保羅那選擇性的取材，以達成修辭作用而已。[5] 我們應將使徒行傳和保羅書信的關係視為對照關係，而非對立關係，一如符類福音的情況（即馬太、馬可和路加福音是相互補足的），及約翰福音與符類福音之間的互補關係。[6]

關於以上的（3）及（4）項，我們將於下文闡述有關的題旨時再作討論。

2.1 來自基利家的大數

保羅來自基利家省的大數，此資料是出於他的自我介紹：我原是猶太人，生在基利家的大數（徒二十二3）。[7]他於前時已表明，大數並非名不經傳的小城（見徒二十一39）。畢竟，當代羅馬的世界，階級觀念極強。人的社會地位，取決於他出生何處，即從哪裏來的。換言之，如果某人來自希臘文化之都雅典，則代表其是一有文化修養的人，堪足敬重。如果來自哥林多，則他必然崇尚自由，活得瀟灑。如果來自以弗所，則必然是一見多識廣的都市人；如果來自大數，則必然很有學養，文化水平極高。

我們不知道保羅的家族何時遷往大數定居，一個合理的推測，便是其發生在公元前二世紀。在那些年間，管治敍利亞一帶的西流古王朝（Seleucid Dynasty），因著其君王安提阿古大帝（Antiochus the Great；也即是安提阿古三世）的勇力，把疆土大大擴張，南至巴勒斯坦（見但十一15～16，即佔有耶路撒冷），西北至小亞細亞，遠至亞細亞省的歌羅西等地，這遼闊的領土自然也包括基利家。[8]也許，保羅的先祖便是在這時期遷離巴勒斯坦，移居至小亞細亞的大數。另一個可能，便是在公元前二世紀下旬，即公元前一六七年在巴勒斯坦發生馬卡比革命時，保羅的家族為了逃避戰禍，遠走至小亞細亞，定居大數。[9]

保羅的自我介紹是：他來自大數（徒二十一39，二十二

3）。他的言下之意，便是他既然是來自此文化之城，則他必然有一定的文化水平。所以，他希望別人不要誤會他，以為他是一無學問的鄉野之徒，並且在此無事生事，挑啟爭端。

2.2 大數的風貌

大數古城埋藏在今之大數城下面，要進行考古發掘的工作殊不容易。大數在使徒行傳中共出現五次（九 11、30，十一 25，二十一 39，二十二 3），其位於靠近小亞細亞之南岸，距離地中海約十二哩。城旁有一河向南流注入海。[10] 在地理位置上，大數守著通往小亞細亞內陸的「基利家要衝」（Cilician Gates），這有利的環境帶動了此城的繁榮、商貿的發達。在政治上它更成為基利家省的省會，儼然是小亞細亞的重鎮。[11] 估計高峯期人口近十萬。

大數城被稱為大學城，享譽當代。歷史及地理學家史特拉波（Strabo；公元前 63 ～公元 23 年）在他的名著《地理志》（*Geographica*）中有言：「大數不單重視哲學，還重視全人教育，其程度超越雅典及亞歷山大二城」。[12] 當保羅在猶太人當中為自己申訴時，以他來自大數來介紹自己，可見此城的美譽為在場人士所熟知。

以下的要點，顯出大數的赫赫威名：

（1）其長年累月都由有哲學背景的人管治；例如當代知名的政治家、演說家及賢哲西塞羅（Cicero）；他於公元前五十一至五十年出任基利家的省長，並居於大數。[13]

（2）有古文獻指出，大數重金禮聘各地的有識之士前來教學；可見其重視文化及教育。[14]

（3）史學家史特拉波列出的當代學者名單中，有不少來自大數。[15]

（4）有證據指出，大數的學人到各地升學而成為出色學者，[16] 更有以首都羅馬為其永久居所者。其中如涅斯托爾（Nestor），他曾被凱撒奧古士督（Augustus）聘任，專責教導王位繼承人馬爾瑟呂（Marcellus）。

（5）奧古士督的身旁亦出現了一位極負盛名的顧問名叫雅典諾多魯斯（Athenodorus Cananites；公元前 74～公元 7 年）。他屬希哲斯多亞學派（Stoic），以敢言見稱，來自大數。[17]

（6）保羅在雅典講道時，徵引了基利家（即大數）學者的一句：*我們也是他所生的*（徒十七 28）。此學者名叫亞里達斯（Aratus of Cilicia），[18] 乃斯多亞學派人士。保羅引用之，無疑是有修辭作用，旨在說服雅典的聽眾；可見亞里達斯乃人所共知的賢哲，他所說的話是有分量的。

（7）羅馬多位政要，如龐培（Pompeius）、馬可．安東尼（Mark Antony）、凱撒大帝及奧古士督等，都曾造訪此城。公元前四十二年，此城更被管治羅馬帝國東部省份及北非的馬可．安東尼封為自由城，以回饋此城對他的支持。

至於保羅的羅馬公民權（見徒十六 37 ～ 38，二十二 26～28），是傳承自他父親或祖父。考古學者藍西（William Ramsay）指出，由於安提阿古大帝的繼承人安提阿古四世積極推行希臘化政策，並把大數擴建，大數居民便同時被賦予羅馬公民的地位；[19] 這是一個值得參考的說法。畢竟 羅馬公民權為保羅的宣教帶來很多的方便，這一點倒是不爭的事實。

2.3 | 大數對保羅的影響

綜觀上論，大數是一極其希臘化的學術城，就如上文所言，史特拉波更主張其文化水平及學術造詣超越雅典及亞歷山大。雖然我們不能肯定保羅何時離開此地，前往耶路撒冷跟隨拉比迦瑪列，但由於保羅曾表示他在耶路撒冷長大（徒二十二 3），這也許表明他小時已被父母帶到耶路撒冷定居，又或者是與其親人一起居住（留意徒二十三 16 出現了保羅的外甥，即他姊姊〔或妹妹〕的兒子）。[20] 然而，保羅說這話時已年過五十，可見長大於耶路撒冷不一定是指他童年在耶路撒冷度過，也可以是指他的少年時期。留意信主後的保羅亦曾退隱大數一段頗長的時間（近十年；徒九 30）。[21] 按此了解，大數對他的影響只是有先、後的分別，但其影響是必然的。

平情而論，保羅在耶路撒冷學習成為法利賽人，並且跟隨名師迦瑪列學習時，大概已不是幼童。[22] 不過，儘管他年幼便已來到耶路撒冷，學者們都相信，在大希律的希臘化國策之推動下，耶路撒冷已頗為希臘化。[23] 端此，來到耶路撒冷居住的幼年保羅，也必然受希臘文化的薰陶。[24] 對當時希羅的修辭學入門、習練演講及書寫時的修辭技巧等，保羅必然多有接觸，並且獲益匪淺。

值得留意的是，按使徒行傳九章11節所記錄，向亞拿尼亞顯現的主在介紹掃羅時，是以大數人來形容他的（而不是來自耶路撒冷），可見大數定格了掃羅的身分，反映了這背景對掃羅的重要性。

至於基利家（Cilicia），此名字本是希臘文，但其拉丁文卻是指一種出自基利家的羊毛。羅馬帝國的作家及政治要人小普林尼（Pliny the Younger）曾指出，此種羊毛的毛質較為粗糙，故可用作織製帳棚。[25] 也因此故，我們有理由推測，保羅織帳棚的作業是源自基利家的，[26] 他以此為業也舉證著他是來自基利家的大數。也許，他早年在此城長大時，便學曉這門手藝。[27] 如是者，在他的宣教事奉中，他邊傳福音，邊以織帳棚維生。[28] 學者彼特斯（Andrew W. Pitts）指出，織帳棚是一要到處流動的職業，有利於保羅的宣教，而他的宣教伙伴亞居拉和百基拉夫婦也是從事此業的（徒十八2～3），故也可隨他宣教，可說是寓職業於宣教了。[29]

總的來説，大數是保羅長大的地方，是他成長初段的溫牀。[30]

末了的話

走出小世界

不同宗族有不同國家的國情及社會氛圍，迥異的成長背景，加上性格的不同，使每個人都很不一樣。不過，在芸芸眾多的不同中，卻有一共通點，便是每一個人都活在自己的小世界裏。

構成我們世界的，除了世局的大環境外，還有我們的原生家庭。

舉一個真實個案：有一個家庭，母親當上了巴士售票員，直到退休。有記者訪問她的家庭，發現原來她的母親也是巴士售票員。而她的兒子，也從事相關的行業（司機）。換言之，三代同一行業，明顯是因為他們都受著上一代的影響。

另一個實例，情況卻恰恰相反。在南美宣教時，作為宣教士的我，遇到有一位信主的母親，極度愛護她的兩個兒子，她全時間作家庭主婦，旨在專心照料兒子們。兒子們都已是中學生。有人問她，兒子們都長大了，為何還把他們當作小孩子般照料？她解釋說，她小時候，父母都不理會她，使她活得孤苦。所以，她絕不容許此事發生在兒子們身上。說到底，此母親是反其父母之道而行。

以上兩個例子都證明了一件事：我們都活在一個極度有限的世界裏，這世界的形成，除了世局的大環境和處身的小環境外，便是我們的原生家庭。換言之，我們的思維早已定格，大部分想法都難以改變，視野很有限。

保羅出生於大數，或多或少都受著其背景及原生家庭的影響。然而，他要成為使徒保羅，成就宣教工作的豐功偉業，就必須持續不斷的學習和突破，久經磨練，才能成就一個更好的自己。

總之，我們必須好學不倦，在知識和見識上不斷求進步（見腓一9），好壯大我們的胸懷，開闊我們的視野。更重要的，便是我們要與復活主聯上，讓祂和我們生命交融。惟有這樣，祂的世界觀才能成為我們的世界觀，我們才能有重大的生命突破，走出困擾著我們的小世界，成就更好的未來，活一個更好的自己。

靠著主，我們要好好打造自己的人生，銳意地經營自己的生命，因為祂是至高神，配得一個美好的生命來服事祂。換言之，我們要努力成長，全力以赴，不是為了自己，而是要傳揚主的美名。

3 受教於拉比迦瑪列

學者馬諾（H. I. Marrou）指出，不論是猶太人還是外邦人，孩童六歲時便開始接受教育。[1] 猶太人在會堂裏學習，而外邦人則在教育學府裏學習。按保羅的自我介紹（徒二一二3～4），他在耶路撒冷受教於拉比迦瑪列。保羅說：我原是猶太人，生在基利家的大數，長在這城裏，在迦瑪列門下，按著我們祖宗嚴緊的律法受教，熱心事奉神。

保羅特別提到迦瑪列，是因為迦瑪列享有赫赫威名。[2] 迦瑪列更被譽為當代最偉大的猶太拉比。[3] 按家族血脈論，迦瑪列是著名拉比希列（Rabbi Hillel）的孫兒。[4] 端此，他繼承了前人的學術水平，[5] 成為一代名師，享譽當代。[6]

話說回來，當代猶太人的教育是相當有規模的，小孩子自小就會在家裏受父親的教育，直到能上會堂，跟會堂中的長老們學習。繼而，便是拜師於某些知名的拉比門下 在其所設的院舍中學習，成為其門生。由於保羅自言出生後八天便受了割禮（腓三5），可見他父母親是敬虔的猶太人（也許崇尚法利賽人之道）。他們的敬虔，促使他們決定要把保羅送到聖地耶路撒冷，讓他跟隨法利賽教派的名師迦瑪列習練妥拉（Torah）。[7]

3.1 法利賽教派

法利賽（Pharisees）此字的希伯來文意思是分離者（separatist）；[8] 他們亦被稱為哈西典人（Hasidim，意即敬虔者）。

法利賽派大概源於兩約中間，由一羣猶太人在馬卡比革命之後的哈斯摩尼王朝間所建立。[9] 那時因政府內部鬥爭不斷，而大祭司也被捲入政治漩渦中，引起猶太教內不少有識之士的不滿。法利賽主義便應時而生，也迎風而起，以抗衡當時社會的頹風。

法利賽的主格調，是反對信仰世俗化的社會趨勢，主張要虔守摩西律法，以守安息日及飲食之禮來抗衡信仰庸俗化，從而實現分別為聖的道理。觀此，法利賽主義是以分離及成聖為主調的信仰復興運動。

到了新約時代，留意使徒行傳五章27至40節記錄了彼得等使徒被公會捉拿及公審，公審團中有拉比迦瑪列，他發出智慧之言，勸告公會不要魯莽行事，壞了大事。經文指出他是法利賽人（徒五 34～39）。

在耶穌時代，法利賽主義是猶太教主流。他們與祭司長，即撒都該人組成了耶路撒冷的猶太公會（見約十一 47；徒二十三 5～10）。按約翰福音的記載，法利賽人是猶太教教理的詮釋者和教法師（見約九 13～17）。

大部分的法利賽人住在猶太地，人數約六千。他們沒有政治取向，對於羅馬政權採取中立的態度。他們在強調恪守摩西律法及禮儀之際，卻以不嚴守者為不潔的罪人。在宗教上他們相信人死後會復活，並且接受審判。

法利賽人中亦有當文士者（文士始源大概是以斯拉時代；又稱為律法師），專門深究律法書及作出詮釋，從而教導一般百姓，故又稱為經學教師，甚得百姓尊重，其社會地位甚至高於祭司。有些出色的文士會成為擁有教席的拉比（「拉比」乃亞蘭文，意即偉大者，意思等同教師；公元一世紀末，拉比要經過正式考核才能得著教席，是一有公信力的頭銜）。著名的有希列（公元前 20 年）、煞買（Shammai；公元前 20 年）和迦瑪列，[10] 他們都是法利賽人。

法利賽人把律法分成兩類，一為摩西的律法，是寫在律法書的；另一為口傳律法（共六百三十八條），是歸納摩西律法而得的細緻指示，是實際和具體的教條；二者都同被重視。久而久之，一般老百姓都把二者的權威混為一談，等量齊觀。於是，律法主義漸漸成為法利賽派的品評。他們屬靈的霸凌，被耶穌狠批為偽善者（見太十六11，二十三13～36）。

畢竟，法利賽人的精神影響猶太教最為長遠。公元七〇年聖殿被毀後，祭司制度也不再存在，撒都該人也消失於歷史的時空中，反而法利賽派猶存，其精神甚至成為敬虔猶太人學習的方向。[11] 再者，它把律法應用到每一個猶太人的生活裏，更掀起了拉比文獻的盛行。

3.2 | 迦瑪列的風采

上文已說及，迦瑪列是猶太極負盛名的拉比希列的孫兒，可見他是甚有背景的。新約學者艾撒度（F. B. A. Asiedu）的研究顯示，迦瑪列是法利賽派中最為顯赫的成員，[12] 一如使徒行傳五章34節所形容的：是眾百姓所敬重的教法師。學者波希爾（John B. Pohill）更指出，使徒行傳五章35至39節中迦瑪列在公會的發言，其語調有如公會的主席，而成員也聽從他的意見，足見他的影響力巨大。[13]

猶太文獻如此形容他：「當迦瑪列死時，律法的榮耀便終止，聖潔和純淨也死去。」[14] 繼而，當代猶太人的大文豪約瑟夫（Josephus）曾表示，拉比迦瑪列不單是人所共知的拉比，他的兒子西門亦出眾。[15] 約瑟夫形容西門來自耶路撒冷，有著極出色的先祖血緣（指希列及迦瑪列）。西門是法利賽人，很有見地和智慧，能把本來是錯謬的東西修正過來。[16]

3.3 | 名師出高徒

迦瑪列極具影響力，被邀成為猶太公會的主要成員。在當代，耶路撒冷的猶太公會是管治巴勒斯坦一帶的最高法定行政機關。而當公會審問使徒之時，迦瑪列敢於獨排眾議，要求會員不宜輕舉妄動。他更援引近期發生的政治事件，以支持他的見解（徒五 36～37）。[17] 可見他明白，歷史乃一扇了解神心意的窗，人必須從中有所洞察，順應神的帶領，切不可妄動造次，破壞神的工作。他所說的話，在在顯出他胸懷大度，甚有屬靈視野。他侃侃而談，言之成理。公會也接受他的勸說，釋放了眾使徒。

觀此，保羅拜他為師，習練法利賽派的精湛教理。按上文保羅自言在信仰上大發熱心，又加上他積極迫害教會之舉措（腓三 6），足見保羅野心勃勃，務要在其族羣中突圍而出。

3.4 | 層次不同的法利賽人

雖然法利賽主義的重點是虔守律法，如守安息日、祭禮和飲食的條例等，但不同的法利賽人在實際執行上卻有分別。此分別主要是來自他們如何詮釋他們所高舉的摩西律法，詮釋不同，實行亦迥異。

福音書中的耶穌，經常指斥法利賽人乃假冒為善之徒。[18]

最經典的，便是詬病他們為粉飾了的墳墓，外表美觀，內裏卻藏污納垢（太二十三27）。不過，其實在法利賽人中，是有層次等級之分的。

留意福音書中記載了一位名叫尼哥德慕的法利賽人。從他與耶穌的交談中，我們可以見到他在追求外表虔守律法之餘，也明白內在生命的道理，故在夜間到耶穌那裏求問生命之道（約三1～21，又十九39）。可見在法利賽人中亦有謙虛求教者。[19]

在此，保羅曾表明他是一極度熱心、超越同儕的法利賽人。留意保羅的自白：我第八天受割禮；我是以色列族、便雅憫支派的人，是希伯來人所生的希伯來人。就律法說，我是法利賽人；就熱心說，我是逼迫教會的；就律法上的義說，我是無可指摘的。（腓三5～6）無可指摘固然有點誇大其辭，不過，其也顯出保羅那份學習態度的認真，是到了極致的階段。

又例如：我又在猶太教中，比我本國許多同歲的人更有長進，為我祖宗的遺傳更加熱心。（加一14）再舉例：我從起初在本國的民中，並在耶路撒冷，自幼為人如何，猶太人都知道。他們若肯作見證就曉得，我從起初是按著我們教中最嚴緊的教門作了法利賽人。（徒二十六4～5）

以上保羅的自白，在在顯出他在學習法利賽人之道上，是認真、熱心和極致的。在此，我們可以說，不是所有猶太人都是法利賽人，不是所有法利賽人都大發熱心，不是所有大發熱心的法利賽人都會做到極致，例如迫害基督徒。畢竟，保羅追擊基督徒如獵物，更領了文書，往大馬士革城去（位於耶路撒冷之東北135哩，屬敍利亞省，該城商貿繁盛，故有不少猶太人定居），然後進入各會堂（原文是眾數），要把那裏信了主的猶太人捆綁，帶回耶路撒冷受審，此實乃劍走偏鋒的極端舉措。

且看路加的記述：掃羅仍然向主的門徒口吐威嚇凶煞的話，去見大祭司，求文書給大馬士革的各會堂，若是找著信奉這道的人，無論男女，都准他捆綁帶到耶路撒冷。（徒九1～2）又看保羅自己的見證：……在迦瑪列門下，按著我們祖宗嚴緊的律法受教，熱心事奉神……我也曾逼迫奉這道的人，直到死地，無論男女都鎖拿下監。這是大祭司和眾長老都可以給我作見證的。（徒二十二3～5）

我們可以推想，因著保羅的極度認真和大發熱心，他在猶太教中已擁有一定的社會地位，被眾猶太教領袖所認受，[20] 他才能順當地進行以上如此冒進的、公然逼迫基督徒的雷厲行動。在此，學者艾撒度有言，如果保羅沒有重生的話，他也許將會是拉比迦瑪列的接班人，遐邇聞名，並以耶路撒冷為大本營而揚名立萬。[21]

若是如此，則耶路撒冷本來便是保羅要圓其拉比夢之地。但如今，相反地，神要差他到外邦之地，甚至遠走到了帝國西面的極地：西班牙（見羅十五23、28），這種人生方向的大逆轉，絕對是保羅所意想不到的。

3.5 結論

總的來說，雖然我們不肯定保羅受教於迦瑪列多久，不過，有這樣一位有德有能、思維通達的老師，正是名師出高徒。保羅所學習的不只是法利賽人的教理，而是他老師的視野和思維模式。換言之，保羅不單只是一虔守律法、重視潔淨之禮的法利賽人，他的心思亦通達，一旦有嶄新，並且是合乎情理的道理出現時，即使其與自己所學的迥異，也願意虛心求教，經過反覆審視和融通後，自必欣然接受，一如他於腓立比書三章7至8節所力陳的：只是我先前以為與我有益的，我現在因基督都當作有損的……我為他已經丟棄萬事，看作糞土，為要得著基督。

此外，本來打算要打造自己，傳承師傅拉比迦瑪列的豐功偉業，成為著名拉比的保羅，因著復活主的顯現，變身成為使徒，獻身於福音工作，最後更為信仰而殉道。如此，他是在神的國度裏揚名立萬，造福後世教會。

在此，留意公元四世紀出現了多封保羅與塞內卡（Seneca；約公元前4～公元65年）往來的信簡，塞內卡是保羅時代一位聲譽超卓的哲學家和政治家，[22]這些信簡大概不是出於二人的手筆，而是後人的杜撰。然而，其出現的原因，大有可能是因為坊間流傳說塞內卡歸信了基督。由於塞內卡那斯多亞學派的思想，與保羅的教導有點相近，再加上塞內卡的哥哥迦流

（Gallio），曾在亞該亞當省長（公元51～52年），並且在哥林多處理過正在宣教的保羅之事件（見徒十八12～23），故坊間流傳著保羅及塞內卡二人成了好朋友的說法。此情況映現了保羅的文化水平在當代教會的眼中，被視為極其崇高，堪與一代名哲塞內卡相比擬。

| 末了的話 |

啟蒙老師，影響巨大

保羅受老師的影響，自是不在話下。說到底，拉比迦瑪列是他在信仰上的啟蒙老師。啟蒙老師對學生的影響，可以是一生之久的。按此了解，我們不難明白，當保羅在大馬士革路上遇見了復活主後，他即時進入禁食和默想中（見徒九8～9）。在深思熟慮後，他毅然接受基督，並且受亞拿尼亞的洗禮（徒九17～19） 接受主的差派，義無反顧地為主作見證（徒二十六16～19）。

留意保羅的思維模式，他不會因著個人的偏執而故步自封。重生後的保羅，其神學的融通，反映他的思維是博大而細緻的。他視野寬廣，對於神藉著基督所要達成的計劃能清楚掌握，而在應用屬靈真理時，既靈活卻不將就，再加上他的修辭學養，使他筆下書簡中的言辭，甚能動之以情，説之以理，使人心折。

　　以上保羅的學養，映現著他老師迦瑪列的闊大胸懷，足見老師對人的影響，深遠而巨大。

| 靈思小品 |

憶保羅

我現在被澆奠，我離世的時候到了。那美好的仗我已經打過了……從此以後，有公義的冠冕為我存留……（提後四 6～8）

保羅寫下了以上的遺願。他回望僕僕風塵、歷盡滄桑的一生，一點兒也沒有遺憾，還滿懷安慰，等待那榮耀大日的破曉：主的再來；恩主必重酬他。

保羅來自羅馬帝國的大學城大數，大概在少年時代便被父母送到耶路撒冷，跟隨一代名師拉比迦瑪列（見徒二十一 39，二十二 3～4）。這迦瑪列師承另一位猶太名拉比希列，更是他的孫兒。

少年的保羅，自然懷著夢想。跟隨這位有胸襟、學識淵博的名師（見徒五 34～38），保羅全力以赴，習練成為一位出眾的法利賽人（徒二十六 4～5）。

他不單自律極嚴，還大發熱心，在耶路撒冷一地大力打擊基督徒（基督徒被猶太教看為叛教者），他自言比本國的人更熱心（加一 14）。如是者，他還帶了官方文書，遠走至敘利亞的大馬士革，跨境捉拿基督徒，然後把他們帶返耶路撒冷，猶太教的大本營，待官方處決（徒九 1～2，二十二 3～4）。在這件事上，我們發現：

（1）他很有本領，能得著官方的信任，承擔此跨境重任。
（2）他表現出其處事的極致；對於叛教者，絕不留手。
（3）如能成事，必使他在猶太教中遐邇聞名。

由此可見，保羅如此的熱心，做到極致，是要在人面前凸顯自己，大顯身手，目的大有可能是要繼承迦瑪列，成為一代名師，廣收門生，在耶路撒冷揚名立萬，成就功業。

然而，神呼召了他，要他放下原來所追的拉比夢，殫精竭慮地成就天國夢。

他看來好像失去很多，但其實並非如此。因為如今他揚名立萬的地方，不是耶路撒冷此城，而是整個羅馬社會，整個基督教世界。在世的他，看來只收了不超過數名入室弟子（如提摩太、提多、路加等），然而，他的屬靈兒女滿天下，因他在各地建立教會，帶領無數的人信主。

最重要的是，他所寫的共十三封書簡更被納入正典，供後世傳閱。信內所言，教導精闢、意蘊深遠，影響所及，無遠弗屆，讓人銘記。受他深度影響的名人，上古有奧古斯丁（Augustine），近代有馬丁路德（Martin

Luther)、加爾文(John Calvin)和巴特(Karl Barth)等;這些人都受他的教導,師承於他。

保羅學院的弟子海量;他名垂千古。保羅所得的,比起先前他所放下的,多得難以估計。誰會想到,這竟然是他的一句:我為他〔基督〕已經丟棄萬事,看作糞土,為要得著基督(腓三8)這取態所使然。

反省

順從主的帶領,為祂勇闖人生,進入事丟的深處者,其不單沒有失去,還會換來一個意想不到、妙不可言的人生。

保羅的其人其事儼然是我們屬靈生命的教室,但願我們都能好學不倦,孜孜以求地學習,望著那屬靈的標竿奮力前行,直跑到終點(參腓三13~14)。

在此,二十世紀華人作家柳青有曰:「我來這世界上,只有這一回,而且時間只有幾十年,我不能與世沉浮,只能以十分穩健的步伐,足踏實地地走這只有一回的路程。」

更何況我們有主同行,請快快提速前行。

請不要忘記復活主在那標竿的日出之處等待著我們。

禱告

感謝主給我認識保羅的一生。求主助我效法保羅，在人生的路上快快起步，迅步前行，向著標竿直跑，不要再給自己藉口，窩在自己的安舒區裏。

4 | 司提反：燃點生命的星火

使徒行傳的作者指出，司提反的出現、事奉及殉道，標示著初期教會的多個重要轉捩點。新約學者海格尼（Donald A. Hagner）指出，使徒行傳記錄了司提反的出現及他的講道，其作用有：

（1）他是第一位初期教會的殉道者，他本是猶太裔僑民，住在耶路撒冷，操流利希臘語。

（2）自他開始，福音工作從耶路撒冷向外地發展；例如腓利之於撒馬利亞。司提反死後，門徒四散，如是者，福音得以傳至塞浦路斯、泰爾、西頓及安提阿等地（徒八1～40，十一19～21）。

（3）他的講道，焦點是耶穌的救恩已為選民開始了一新的篇章。如今，信仰的中心不是聖地，也不是聖殿，而是主耶穌基督（徒七 48～49、52）。[1]

（4）司提反在信仰上那份大無畏精神，影響著日後的保羅，更映現於保羅後來的事奉中。[2]

一如上文所指出，司提反表明信仰的焦點已不是聖地和聖殿，對於他的聽眾，即一羣回歸巴勒斯坦地的猶太裔人士來說，是極度震撼的。因為對這一羣本來居住於外地的猶太人來說，他們千辛萬苦從外地回到巴勒斯坦，住在聖城耶路撒冷，是相信生活在聖地，甚至死而埋葬於此是敬虔的表現，必然得著耶和華神的祝福。如今司提反卻反對此看法，他們的反應自然是極度的反感，要把司提反除滅。

不過，一如學者海格尼所主張的，司提反絕對可被視作為保羅的開路先鋒。[3]

在此，留意使徒行傳主要描述的是彼得和保羅兩位門徒，即他們二人的改變和事奉的佳績。彼得的思維改變了，他原本認為福音只傳給猶太人，但後來明白了也要傳給外邦人；使徒行傳的作者表示，彼得的改變主要是由兩件事所觸發的：（1）異象：有聲音吩咐彼得要吃猶太人所認為的不潔之物（徒十 9～16）。（2）帶領羅馬的百夫長哥尼流及其家人信主：此役觸動了彼得，他相信主既然悅納了百夫長及其一家，故外邦人信主已得著主的確認。此事在使徒行傳十章 1 至 48 節有詳細的描述，之後又再出現於十一章 4 至 17 節及十五章 7 至 9 節彼得本人的憶述裏（即共三次）。

事實上，作者亦以類似手法，寫下觸發保羅改變的人及事：（1）司提反的見證；（2）大馬士革路上的神顯。後者同樣出現了三次，首次同樣是作者的記述（徒九1～9），後兩次是保羅本人的憶述（徒二十二3～21及二十六12～23）。

按此了解，司提反之於保羅，其影響力等同於百夫長之於彼得了。

畢竟，如果保羅在大馬士革路上，因著主的顯現，生命瞬間起了巨變——從逼迫基督徒，變成傳揚基督——此巨變大有可能始自司提反那大無畏的表現，當時保羅的思想維新已萌生，只是在外表的行動上並未配合。我們相信，這也是使徒行傳作者為何大幅度地描述司提反（徒六1～七60），尤其是他講道和殉道時那神勇表現的潛存理由。

4.1 司提反的勇力

留意當使徒行傳的作者第一次提及保羅（即掃羅）時，他同時亦言及司提反。一如上文所指，我們有理由相信作者刻意有此鋪排，旨在表示司提反對掃羅的影響是不可抹煞的。

在此，使徒行傳的作者如此形容掃羅（即保羅）的出現：〔眾人〕把他〔司提反〕推到城外，用石頭打他。作見證的人把衣裳放在一個少年人名叫掃羅的腳前。（徒七58）這裏少年人應作青年人（《新譯》），大概是指從二十四至四十歲之間的人士；[4]「把東西放在某人的腳前」此措辭，早於使徒行傳四章35節及五章2節出現過，是指眾信徒把金錢交由使徒們處理。可見把衣服放在掃羅的腳前，大有可能映現掃羅是殺害司提反的幕後主謀，[5]只是動手殺人的不是他。再加上掃羅也喜悅他被害（徒七60）此言作為全段的結束，亦支持這一個看法；他的謀劃成功了，因而沾沾自喜。然而，他心中卻難忘司提反那勇毅的表現和殉道時的壯烈精神。換言之，因著司提反的殉道，不安和疑惑不時困擾著他，揮之不去（留意在多年後，保羅又再提及司提反之役；見徒二十二17～20）。

說白了，信仰維新的思潮早已潛存在掃羅心靈的隱密處。

4.2 | 司提反的冒起

使徒行傳的作者指出，司提反是被選出來的，[6]目的是要服事說希臘語的信主寡婦的飯食需要。司提反這名字也是希臘人的名字（意即「冠冕」），可見他是那些散居於外地，如今卻居住在耶路撒冷的猶太人。這一點，與保羅的背景相似。我們有理由相信，他們在同一所會堂聚會，此會堂名叫利百地拿（徒六9；意思是自由人）。[7]在這會堂聚會者都是從外地回流耶路撒冷的猶太人。作者進一步展示，其成員來自世界各地，其中有來自基利家的。[8]正如上文所指出，基利家乃小亞細亞中一個省份的名字，省內的名城便是大數，即保羅的出生地。

司提反是如何冒起的呢？留意他是被耶路撒冷教會推舉出來，是十二使徒之外的教會領袖。因著教會內部的需要，教會推舉了七個人，期望能妥善處理其中的問題。留意當時教會已不是按先前搖籤的方式（徒一 26）來選立領袖，而是採用了一些客觀而又合乎情理的方式。選立的條件有三：

（1）有好名聲：意思是在耶路撒冷教會這羣體中，此人必須已被眾人公認為突出的人物，適合成為領袖，可說是眾望所歸。換言之，此人是被眾人客觀評審過又經得起考驗的，才合乎條件。

（2）被聖靈充滿：原文是「滿有聖靈」（full of Holy Spirit），在此，作者兩次提及司提反是「滿有聖靈」的（徒六 3、5）。留意路加福音四章 1 節形容耶穌也是「滿有聖靈」。

（3）智慧充足：猶太人認為只有真正的智者，才能處理複雜的問題。[9] 留意新約形容耶穌同樣是滿有神的智慧（見路二 40、52；林前一 24；西二 3）。

4.3 | 司提反的事奉

在形容司提反事奉的表現時，使徒行傳的作者如此形容司提反：滿得恩惠、能力，在民間行了大奇事和神蹟（徒六 8）。

他的活動軌迹，主要是在耶路撒冷一間操希臘話、稱為利百地拿的會堂（徒六9）。其時，司提反和會堂中的成員在信仰上發生多場激烈的論戰，結果司提反以智慧和聖靈說話，眾人敵擋不住（徒六10）。如是者，猶太羣體惟有出此下策：就買出人來說：「我們聽見他說謗讟摩西和神的話。」（徒六11）又說：「這個人說話，不住地糟踐聖所和律法。」（徒六13）似曾相識的是：在世的耶穌在言語較量上，也同樣勝過猶太教的眾領袖（太二十一23～二十二45），眾人惟有以言入罪，誣告耶穌褻瀆和毀謗（太二十六59～65）。

事實上，作者刻意表示，司提反的表現及遭遇跟主耶穌在世時的受審、遇害和殉道毫無二致。甚至司提反在殉道前的禱告，內容與耶穌在十架上的禱告也是一樣的：求主寬恕那些敵擋的人，並且將自己的靈魂交給主（見徒七59～60，對比路二十三34、46），可見司提反絕對是主耶穌基督的門徒；他忠虔篤敬地跟隨主，更一如主耶穌走上了殉道的路，成為烈士。[10]

4.4 | 司提反的講道

留意這一篇司提反在公會中的宣講，是使徒行傳全書中篇幅最長的講章（徒七2～53）。事實上，使徒行傳以記錄多篇使徒們的講章見稱，當中有多篇彼得和保羅兩大使徒的講道。然而，作者卻以最長的篇幅，寫下司提反惟一一篇講章。

在此，我們有理由相信，既然作者表示司提反殉道時，掃羅也在場（徒七60）；雖然掃羅並沒有因而重生得救，但司提反的勇力，尤其是他那鏗鏘有力的宣講，必然為掃羅留下深刻的印象，加上司提反死時那大義凜然的氣概，為敵人禱告的寬大胸懷，若然沒有大大感動在場的掃羅，也必然衍生漣漪效應，牽動他的心魂。

4.5 | 對保羅的影響

由是觀之，我們有理由相信，在利百地拿此會堂聚會的人中，既有來自基利家的人（見徒六9），其中則大有可能包括掃羅。換言之，掃羅與司提反是在同一所會堂中聚會。司提反的勇力，必然為他所目睹，與司提反的信仰之爭論，他亦大有可能參與其事（若沒論戰，也有觀戰）。[11] 觀此，保羅與基督教的信仰，早已有多次的近距離接觸。而到了司提反殉道時，他也在場，目擊整個過程。

也許，對於在場的掃羅來說，他的心情是極為矛盾的。作為忠虔篤敬的法利賽人，他必然抗拒司提反的見解，也因而參與了殺害司提反的事宜。然而，作為思想較為開放的散居於海外的猶太人，更受教於思維通達的拉比迦瑪列，他的心中盡是糾結。也許，他會如此想：

「何解司提反有如此大無畏、不怕死的精神？」

「他的勇氣從何而來？他更為置他於死地的人禱告，這種胸懷大度的情操，又從何而來？」

「司提反所行的神蹟奇事又如何理解？」

「他死時宣稱看見神顯：坐在天上的人子向他顯現，這是真的嗎？人子耶穌真的復活了，是神子民的真命救主嗎？」

「以上種種都在質問我，難道我錯判了？」

以上心靈的糾結，埋下了伏線，以致他後來在大馬士革路上，遇見復活主後進入禁食沉思，生命從此得以改寫，思想維新。[12]

值得留意的是，上文已有提及，司提反的表現，尤其他的遇害和殉道，與在世的主耶穌是一致的，再加上他生前事奉的勇力和強大生命力的表現，雖然保羅沒有遇見在世的主耶穌，一睹祂的風采，並且受教於祂，但他與司提反的近距離接觸，幾乎等同於遇見在世的主耶穌。

| 末了的話 |

門訓便是效法

稍後，當保羅寫信給哥林多教會時，他對受信人有此要求：你們該效法我，像我效法基督一樣。（林前十一1）

問題是，保羅沒有跟隨過在世的主耶穌，他如何效法主？在此，答案有二：

（1）深度閱讀流轉於坊間，關於耶穌基督的其人其事，從而認識及效法祂。

（2）藉著耶穌的傳人（包括十二使徒和司提反），從他們的為人，認識影響著他們的主耶穌。

在此，我們可以說，一如上文所分析的，保羅從司提反及其他使徒身上認識主耶穌及效法祂，同樣他也要求所牧養的眾教會，藉著效法他而效法主，活出基督徒應有的樣式。

值得留意的是，司提反在說希臘語的猶太會堂傳道，表現非常突出，其後卻遭殺害殉道，而保羅也有分參與謀害司提反。後來保羅信了主，當回想他過去那些逼迫教會及殺害司提反的惡行時，一定耿耿於懷，心存愧疚（見徒二十二19～20；林前十五9～10；提前一13）。為了補救他那不堪的過去，尤其是把司提反殺害的這件事（徒二十二19～20），他便毅然承接司提反那未完成的福音使命，在說希臘語的猶太會堂中傳道，這一點可從使徒行傳九章29節中得著證實。如是者，當他日後開始宣教工作時，他亦是先進入外邦各地的猶太會堂傳道，然後因著猶太人的排拒趕逐，才轉而在信徒家中聚會，把福音也傳給外邦聽眾。如此成就了他所言的，福音是先傳給猶太人，後是希臘人的宣教策略（羅一16）。

且看以下一則見證：

有一對信主的夫婦，他們的異象，是在某國家中建立一社區中心，以教導英語為招徠，然後伺機分享信仰。其中的一位年青學員被問及他未來有甚麼夢想。他的回答是：「我的夢想，便是效法他們。」所指的便是這對夫婦。

由此可見，在世活著的主耶穌，祂的屬靈生命，因著祂門徒生命的見證，得以代代相傳，無盡無了。說白了，司提反的生命及傳道的模式，大大影響著保羅，也傳承了給保羅。保羅傳承給他的同工，同時也傳承了給他所牧養的教會。

因著主的介入，保羅從他的拉比夢甦醒過來，又在主的感動下，夢想再現，更插上了翅膀，展翅高飛，終成就了他的宣教夢。

讓我們都有夢想，在主的感召和賦能下，夢想終能成真。

| 靈思小品 |

柯爾克孜人的餐布

惟有基督在我們還作罪人的時候為我們死，神的愛就在此向我們顯明了。（羅五 8）

保羅深諳主的大愛，他這罪魁禍首也竟蒙拯救，更被召成為使徒服事祂。這份容納罪人的壯大胸懷，是主大愛所使然。因此，上面的經文，是他本人的經驗所談。

我國有很多少數民族，其中一個叫柯爾克孜，人口約二十萬。他們居於新疆及黑龍江省一帶，本屬突厥族。一八六〇年，中俄簽定了條約，以「人隨地歸」方式，把這民族劃分成兩地兩族，一是位於俄羅斯的吉爾吉斯，另一是位於我國新疆的柯爾克孜人。

這民族信奉穆斯林，以畜牧為主，農耕為助。他們驍勇善戰，刻苦耐勞。遊牧民族都很好客，柯爾克孜人更甚。他們會在一些特別節期大宴親友，甚至是外地人。節期的情況是這樣的：在進食時，他們都席地而坐，然後把食物放滿餐布，喜洋洋地圍著餐布分享美食。

有人說，他們的房子有多大，餐布便有多大。餐布盡顯他們的好客、慷慨和豪情。

反省

我們的心裏，也有一塊餐布，稱為胸襟。胸襟壯大，顯出其容量之廣。這些容量，包括吸納各類的知識、容納不同人的特性、適應不同環境的順逆等。

當我們與復活主在生命裏聯上時，我們的生命便愈發成長。我們的心，也因而溫暖起來，所說的話，也溫潤起來，愛心滿滿。這樣，廣闊的胸襟便自來。

禱告

父神，願我心中有一塊很大的餐布，能盛載著生命中所有的點點滴滴。願我能有祢那廣闊無邊的胸懷，極愛世人，好叫我把主大愛的信息向世人傳揚。

| 第三部 |

保羅的世界

5 羅馬世界的原貌

上文已言及，保羅生於大數，我們不肯定他在這原生城市逗留了多久才被父母送到耶路撒冷，拜拉比迦瑪列為師。不過，他後來逃離耶路撒冷回到大數住了好一段時間，然後得巴拿巴提攜，回安提阿事奉，其後展開他多次向外邦之地的宣教等，與羅馬帝國的社會必然有多次深度的接觸，這些經歷都深化了他對當代社會的認識，有助他作跨文化的福音工作。端此，我們有必要先認識保羅時代的羅馬世界，才能進一步了解保羅的宣教工場。

羅馬帝國是一個極為強大的帝國，國祚長達一千五百年。保羅的成長及宣教事奉皆發生在公元一世紀，其時是羅馬帝國的黃金時期，被譽稱為「羅馬治世」（*Pax Romana*）。

5.1 ｜ 羅馬帝國的社會

羅馬帝國本以共和制建國，但由於奧古士督（公元前27～公元14年）文韜武略，管治得體，便被奉為終身獨裁官，就等同於作王了。社會中更有人表示，他的出生便是福音，他的治績帶來和平和安全（peace and security）。[1] 年屆七十二的奧古士督，更在各城的神廟內刻上表揚狀，以宣示自己的赫赫威名，[2] 羅馬帝國的獨裁制度便應時而生。

在這制度下，羅馬帝國的社會極度分化，政治和經濟由少數人操控。社會奉行極明顯的菁英主義及階級制度。若然可行，人們都努力向上攀爬，殫精竭慮地提升自己的社會地位。因此，哥林多教會中的成員也抱持著這種心態，以一些教內享有盛名的領袖，如保羅、亞波羅，或是彼得，甚至是救主耶穌，作為他們的「生招牌」（林前一12），以提升個人在教會內的地位。

畢竟，帝國的絕大部分財富，都被一些菁英分子所操控；[3] 這類人包括王親國戚、元老院的成員（senators）、地方高官權貴等。菁英分子之下，便是一些富有的羅馬公民，他們大都是顯赫先祖的後人，擁有一定的財富及社會地位。由於有財有勢，甚得他人尊重。

端此，羅馬帝國所推崇那從君王而來的福音（即和平和安全），只會對社會上的權貴產生作用，對於勞苦大眾則毫無意義可言。

話說回來，菁英分子及這些富戶都樂意成為施恩人（patron）。施恩人之所以出現，有以下兩大因素：

（1）社會上的經濟需要很大，例如城市中的各項公共建設；施恩人便施贈以巨款。當建築物建成後，有關當局便把施恩人的名字和獻辭刻在建築物上，以作記念（見提後二19）。此類刻文會為施恩人及其家族帶來莫大的尊榮，如果這建築物能長存，施恩人的名字及功績則可望名垂千古，盡顯其恩澤連年，流芳百世。

（2）社會上充滿貧窮者，他們需要靠著施恩人經濟和物質的援助才可度日。然而，這慈善的行動，不能算是施捨，因為受惠者有義務回饋施恩人的恩情。回報可以是大肆宣揚施恩人的美德，增加施恩人的尊榮；也可以是以勞動報效；又或者是二者並濟。

從以上的角度看，羅馬的社會極為重視榮譽和美名，尊榮和美名無疑使人刮目相看，在社會得著尊重和優待，這使施恩人感覺極度良好。人要提升自己的名聲，方法便是與有聲譽的人打交道，例如大排筵席，以盛宴方式請來社會上的名流，和他們交好。有個案指出，有人甚至傾家盪產，務求打造一絕世盛宴，使其成為城中熱話，以提升自己的社會地位。[4]

在不少宴會中，主人還會安排一些聲譽超卓的賢哲，發表高瞻遠矚的言論，以饗大眾的心靈。這一點，也解釋了為何在世的耶穌經常赴宴會（如太九10，二十六7）——耶穌應邀赴會，以傑出拉比的身分在會中發言。[5]

榮譽是可以承傳的，父親得著尊榮，其家人妻兒都會受惠。這一點，也許解釋了為何保羅會表明：我不以福音為恥（羅一16）；更表明作為新約傳道者的他，是極為光榮的職事（林後三7～8），因為這新約的職事，是由榮耀的主所委任的。

保羅更向信徒表明，信主的人因著有榮耀的主的同在，終有一天能變成主的形狀，榮上加榮（林後三18），這是他極為期待的。他也要求受書人有此盼望，活得有尊榮。

在此，學者卡特（Warren Carter）所言甚是：「百分之二到三的人口，掌握著羅馬帝國大部分的財富。羅馬帝國的絕大部分人口都一貧如洗，而且經常要費盡心力才能勉強糊口。這已形成無止境的惡性循環，他們有時候溫飽，但更經常處於匱乏的狀態。」[6]

事實上，羅馬帝國大部分人口都屬勞苦大眾。其中有公民、非公民、自由人，甚至奴隸。這羣人有只靠勞力維生者（如在田中工作、搬運工人、打掃工人、清潔工人、礦工等），也有技術人員（如木匠、鐵匠和各行業的維修工匠等）；[7] 他們所賺取的金錢，大致上能勉強維持生計，他們日出而作，日入而息，營營役役，絕對談不上享受生活，更遑論活出生命的意義了。

還看社會的最底層，他們的生活條件十分惡劣。他們大都是殘障人士，或是身患頑疾、久治不愈者。也許，一些日發工資，常在市場中待聘的工人（day wage workers；留意耶穌在太二十1～8所用的比喻）也屬於這階層。一般而言，男的成了流浪漢，以討飯為生，女的成為妓女，情況實在可憐。

在此，學者張略如此介紹這羣低貧人士：「……這些包括失去自己土地的貧農、受雇的工人、孤兒和寡婦、流浪者和乞丐及地位卑微的，如患痲瘋的、妓女、苦力、開礦工人及其他幹禮儀不潔工作的人。」[8] 我國詩人杜甫的一句：「朱門酒肉臭，路有凍死骨」，寫盡富者的醉生夢死，窮者的飢寒交迫，二者呈強烈對比，顯示社會的偏險黑暗，實在震撼人心；古羅馬亦然。

雖然社會上有很多不幸人，但羅馬社會並不鼓吹施捨（因他們相信，施捨給這些社會上被遺棄者，只是延長他們注定受苦的一生，故施捨並不是善舉）。[9] 話雖如此，行乞者卻仍然集中於神廟門前，希望有善心人在參拜神明後，能向他們伸出援手。

事實上，保羅在帝國各地所接觸的羣眾及所組成的教會，大部分都不是菁英分子，大都活得一窮二白，肉身和心靈的需要很大，對於福音自然有良好的反應。至於背景較好的，如保羅在羅馬書十六章1節所極力推薦的非比，是一位於哥林多城出口港堅革哩教會中的女執事。她大概是屬富戶及施恩主，幫助了不少有需要的人，故保羅如此形容她：她素來幫助許多人，也幫助了我（羅十六2），看來，她大有可能是在金錢上支持保羅的福音工作。[10]

末了，留意保羅於哥林多前書一章26節所表示的：弟兄們哪，可見你們蒙召的，按著肉體有智慧的不多，有能力的不多，有尊貴的也不多。此言反映了受書人哥林多教會的成員之社會背景。我們相信，保羅所建立的其他教會之成員組合也大同小異：都屬於社會上的中下階層人士，[11] 也因著他們活得艱苦，在社會向上流的機會幾等於零，他們極需要活得有盼望。保羅所傳的福音，可說是大大滿足了他們的渴求，故信主者眾。

5.2 居住及生活環境

據估計，當時大城市的排名，以人口計，大概如下：[12]

城市	人口
羅馬	650,000
亞歷山大	400,000
以弗所	200,000
安提阿	150,000
阿帕米亞（Apamea）	125,000
別迦摩	100,000
撒狄	100,000
哥林多	100,000

以上超過十萬人的八個城市排名中，保羅的宣教行程已到過其中四個。他堪稱「城市的使徒」(Apostle to the city)。城市是人聚居之地，自然是他傳福音的目標。

總的來說，由於古代城市都先建有城牆作軍事防禦，儘管人口隨著時間增加，人們都會選擇進住城牆內；而由於要把已建好的城牆拆毀和擴建並不容易，住在城牆內的人卻日益增加，結果大部分羅馬城市的人口密度都極高，城市設計大都沒有規則而且混亂，居住環境極度擠迫，街道大都狹窄，衞生條件亦差。

不過，在一些較重要的城市，因著地方政府較為富有，再加上社會上有不少權貴願作施恩人大筆捐款以助建設，這些城市能擁有完善的輸水和排水系統，衞生條件倒算不錯，有些城市(如腓立比及以弗所等)甚至建有公眾浴房、運動場、劇院、[13]醫院和圖書館等。

一般而言，除了達官貴人外，一般老百姓的居住環境都欠理想，住的空間狹小，家人都擠在一起。由於建材易於著火，一旦火災，附近的大部分房子都不能倖免，人們惟有選擇在室外煮食，或是在小店中購買熟食裹腹。尤有甚者，一旦有疫症發生，情況更是一發不可收拾。資料顯示，公元二世紀中葉有疫症流行，估計是天花，帝國人口的四分一至三分一人因而死亡。公元三世紀又出現一嚴重傳染病，估計是麻疹，死者更不計其數。[14]

城市中有市集（market place），是小市民平日擺賣謀生，購買食用品之地，必要時更可成為居民聚集的地方，以商討市政事務。一些被選出來的人士會專責帶領羣眾，討論要事。被選上的這羣人，稱為 *ekklēsia*。保羅便是以此字來形容他所建立的屬神羣體：教會。

5.3 | 總結：宣教策略概述

按使徒行傳及保羅書信所提供的資料，保羅及他的同工之宣教策略如下：

（1）他們先找著猶太人聚集的地方，即會堂，在當中宣揚福音（見羅一16；徒十三5、14、44，十四1，十七1～2，十八4，十九8等）。

（2）當保羅被迫離開會堂後，他便走到城市的中心地帶，即市集，以之為傳揚福音的場地（徒十七17）。[15]

（3）保羅本人是織帳棚的，故他會在市集中設下營商單位，以接觸不同階層的社會人士。

（4）他以信徒的家為福音基地，邀請所接觸的各行各業人士（包括鄰居），到其家中聚會（見徒十八6～7）。

（5）聚會主要的項目有二：以愛筵接待來賓，以及在愛筵中以主餐介紹並宣揚福音（見林前十一26）。

（6）到集結了為數約十人的羣眾後，他又轉移陣地，把聚集地點移至另一信徒的家。然後重複以上的步驟。

（7）如是者，在某一城市內，他設立了數個家庭成為聚會點，然後再找一寬大、能容納數十人聚集的地方，一起聚會，藉此把各家庭聚會點結合起來，組成地方教會。

此外，留意保羅的宣教經費，來源主要如下：

（1）他自己親手作工，以織帳棚賺取金錢，不單維持宣教團隊的生計，還作晚間擺設愛筵的經費（見徒二十 33～35）。

（2）各地教會有人為他奉獻，以支持他的宣教工作。這是一自願的愛的行動（見腓四 15～16）。

（3）本地有信主的施恩人支持他的經費（見羅十六 1～2）。

（4）保羅本人自資。[16]

對於那些支持保羅宣教的人士，他們可被看作為施恩人，然而，因著他們信了主，故我們推想，他們支持保羅的原因大概有三：

（1）在保羅的教導中，他不斷地要求信徒效法他（見腓四 8～9；林前四 16，十一 1；帖後三 9），這是因為他作為使徒，已效法了差他的主耶穌基督（林前十一 1；又腓二 5）。

故施恩此善行，是一效法基督、效法保羅的行動。

(2) 因著認同保羅的福音工作，明白他不靠福音養生，即不要求當地信徒作出金錢的奉獻，好叫當地人全然相信這福音是白白的（見林前九 15～18），全是神恩典所使然。

(3) 因著親身經驗基督的大愛，故施贈是一心被恩感的愛心行動。

在宣教的策略上，保羅主攻家庭，有以下多方面的好處：

(1) 經濟上：保羅不用另找建築物作為聚會之用，自然省卻物力及財力。

(2) 牧養上：由於城內交通不便，信徒要經常參加某固定地點的聚會是不方便的。反而，如果聚會地方能廣泛地羅布於城中，例如城的東、南、西、北都有聚會點，則參加聚會便不成問題了。

(3) 政治上：在各信徒家中聚會自然顯得低調。原本，城市是背景不同的人士雲集的地方，當保羅及其同寅進入城市時，只要保持低調，自然不會特別引起官方的注意，或不必要的猜疑，甚至打壓。

(4) 生活上：基督教是以愛為核心價值的信仰。愛的營造及實踐，以家人為對象是最方便不過的；例如丈夫要愛妻子，妻子回饋以敬重；兒女要孝敬父母，父母要按情理與子女相處；主人如何善待僕人，僕人如何順服主人等。這一類的教導，可稱為家庭規章（household code），其多次出現於保羅的書信中（見弗五 21 ～ 六 9；西三 18 ～ 25）。如是者，福音的傳播便是以家庭為單位，踏實地在各城市中如星火燎般迅速發展。

| 靈思小品 |

恩賜配搭在家庭

這一切都是這位聖靈所運行、隨己意分給各人的。就如身子是一個，卻有許多肢體；而且肢體雖多，仍是一個身子……（林前十二11～12）

在談論各人的天賦才能時，保羅表明這是從聖靈所給予的恩賜。他更以人的身體為比喻，說明教會內的成員很多元化，各人有不同的專長、恩賜，這不單是自然的，更是必然的。情況就如人的身體，器官是多元化的——人之所以能夠活著，全在乎各器官功能的不同，配合起來各有功用。

在一個表揚母親的節目中，出現了一對很特別的男女；他們的表演是共舞。

二人穿著白色的舞衣，以優美的舞姿，翩翩起舞，合作無間。舞畢，觀眾掌聲不絕，主持人更拍案叫絕。眾人不禁猜想：二人是夫妻，在跳舞學校認識，是學校的成員，充滿運動細胞。

稍後，主持人才知道，夫妻二人都是殘障人士。男的聽覺正常，但發聲困難，說話含糊。女的則失去聽覺，但口齒尚算伶俐。

在與主持人對話時，男的聽明白，用手語向妻子表達，然後由妻子出言回答。多次的對話，盡顯夫妻二人的配合，非常順當。在談及他們二人如何走在一起時，他們表示，情況極不容易。然而，因著彼此極愛對方，終能排除萬難，幸福地在一起生活。

在結束時，主持人有此感言：「夫妻二人到底是彼此接近，易於融合，還是各有不同，以能互相補足為佳？這裏的一個組合，證明了互相補足的重要。」另一位主持人接著說：「對方都有自己所沒有的，而自己極為需要的東西。於是彼此付出了，也彼此祝福了。」

反省

不論是婚姻還是教會，男女有別，各人背景也不同。惟有明白互補的道理，否則小則磨擦，大至離異是大有可能發生的。

以上保羅以人的身體為喻，説明了人體的器官必然是各有不同、功能迥異的，然而惟有這樣，才能彼此配合，運作順當。

禱告

求主助我，有足夠的胸襟，接受別人一些難以接受、與自己不同的東西；更使我發現對方的長處，好叫我不單不排拒對方，還能刻意地幫助對方發揮長處，達成人生的使命，實踐恩賜配搭的道理。

6 | 帝國的宗教信仰

羅馬帝國承襲了希臘時代的多神思想，再加上各地方有著其敬拜的神明，故羅馬社會是奉行多神敬拜，有各式各樣的宗教信仰。當然，這與一神觀的猶太教及基督教自然難以協調，衝突是少不免的。

6.1 | 多神敬拜的由來

雖然因果循環是一種人所共知的生活常態，然而，世事往往沒有這麼簡單。有些人畢生都很努力，為人也正直可靠，例如希臘名哲蘇格拉底，然而，其追求學問，言出必行的颯爽性格，反而引來了敵人的迫害，以致他被迫服毒自殺。此情況看來不合乎因果循環的信念，再加上社會貧病者眾，孤寡者無人照顧，鬱鬱而終，人們惟有訴諸天上的神明。

由於一般人不會像猶太教和基督教一樣，得到從神而來的特殊啟示，他們只能夠以人間的想法，嘗試詮釋神明的存在及功能。神明的存在必須有兩大條件：

（1）它必須有名字，一如世上的人。
（2）它必須有功能，否則，它便與人沒有關係，其存在變得可有可無。

眾神明由此出現，多神觀也應運而生。有些神明是社會所共識和敬拜的，如宙斯（Zeus），他是眾神之王，負責統管神界。繼而是赫拉（Hera），所謂的天后，即宙斯之妻；然後是光明之神阿波羅（Apollo），負責管理音樂、醫藥和提供預言；還有的是管理海洋的波賽冬（Poseidon）、智慧女神雅典娜（Athena）、戰爭之神阿瑞斯（Ares）和傳達信息的赫爾墨斯（Hermes；即徒十四12的希耳米；保羅的講道了得，故被眾人誤拜為神明希耳米）等，總共十二位。他們都住在奧林匹克山上。

不在以上十二神明之列的還有管理愛情的維納斯（Venus），地府之神哈迪斯（Hades）等。留意當保羅來到雅典時，發現滿城都是偶像（徒十七16），而竟然還有一「未識之神」的神壇（the unknown god；徒十七23）。人們立此像的原因，便是恐怕他們因著一時大意，遺漏了一些神明未有設壇供奉，會招來咒詛，故以此「未識之神」代之。作為當代文化之都的雅典，居民也如此迷信，其他各地更不用說了。

至於地方性的神明更多不勝數。例如當保羅於以弗所傳道時，此城的人都尊崇亞底米女神（Artemis，又稱狄安娜〔Diana〕；見徒十九24），她是管理生育和富貴的女神。此外，還有從東方傳入的神祕宗教，其中最負盛名的，是來自埃及的女神伊西斯（Isis），她是埃及法老王的保護神荷魯斯（Horus）的妻子，是管理婚姻、生育和魔法的女神。[1]

至於其他的旁門左道，如出現於撒馬利亞地行邪術的西門，他被眾人譽稱為神的大能者（徒八9～24）；又如保羅在塞浦路斯所遇到的假先知巴．耶穌及弄法術的以呂馬等（徒十三6～12），其數之海量，難以點數。

以上的態勢，造成了一個眾多神明並存的局面，而由於眾神明都不是全能的——它們只管理某些世情世事，故人們可同時敬拜多個神明，以能在各層面都得著眾神明的庇祐。再者，人們相信，天上的神明也不是各自為政、互不相干的。他們好像人間一樣，以會議的方式共謀人間的運程，於是便出現了天庭（heavenly council）的理念。人們相信，人世間的一切事，大的如國度的興衰、君王的交替，小的如個人的運程、日常生活的好壞等，都是出於這天庭會議的議決。如是者，人們惟有熱心地敬奉眾神明，討它們的歡心，以致神明會在天庭會議中為善信們說好話，又或者在執行時恩寵善信。

為了討好神明，人們在各地建造宏偉的廟宇以作供奉。正因此故，在考古學上，如今留下來的古羅馬遺迹，大都以神廟為主，如在哥林多古城和德爾非城（Delphi）的太陽神阿波羅神廟所留下的巨型石柱等。人們都相信，天上的神明是附在他們為神明所建立的神像裏。如是者，敬拜偶像便是供奉天上的神明。而當神明因而喜悅，大大祝福善信時，善信便會為這神明建造更壯觀的神廟，表明這神明實在靈驗，善信也蒙福。如是者，天上的神明與人間的善信產生了一共生的關係（symbiotic relationship）。

當然，不少人亦發現，不論他們如何善心，不斷地求神問卜，也無補於事。他們個人仍然是一貧如洗，社會上仍然充斥著不公不義的事。在這心靈的需索下，保羅及其團隊來到其中，教導真理，叫人認識真神，信靠救主，使罪得赦免，體驗信、望和愛等，不少人自然願意聆聽他的福音，甚至歸信基督。

6.2 ｜ 多神敬拜的作用

在羅馬帝國時期，多神敬拜大行其道，其原因主要有三：

一、滿足人心的需索：一如上文所言，大部分老百姓都活得艱苦，心靈和肉身的需要極大，為他們提供神明來膜拜，有安定人心、穩定國情的作用。

二、帶動經濟的發展：出名的神明能吸引各地善信前來參拜，從而帶動旅遊，促進經濟。再者，敬拜偶像亦衍生了相關的行業，如此亦增加人們就業的機會。

舉一些例子，在哥林多附近有一德爾非城。此城建在內陸，本不甚吸引人們聚居，然而，其有一特別之處，便是城中建有一宏偉的阿波羅神廟，廟內有一位遠近馳名的女祭司，她的預言被公認為極度靈驗，各地善信慕名前來參拜，求問運程。德爾非便因而盛名遠播，經濟欣欣向榮，譽滿當代。

另一個例子來自保羅的宣教旅程，他在第三次的宣教之旅，跟團隊來到以弗所。先前他已留下助手百基拉和亞居拉於此城作工，他也留在此地三年之久，神亦祝福他的福音工作。福音的能力撼動全城，不少人信了耶穌，因而大大影響了敬拜供奉亞底米女神所帶來的經濟效益，以致保羅被當地人打壓，險些兒喪命（見徒十九1～41）。

從以上兩個實例來看，羅馬帝國各地人民信奉多神，這種宗教模式的出現，與促進當地經濟活動息息相關。按此了解，各地政府也樂意，甚至推崇這種敬拜模式，因其帶來的實際效益是無法估量的。

三、帶來政治效益：多神主義與羅馬帝國的國策是極為配合的，因為羅馬帝國奉行懷柔政策，主張帝國的各地民族和平共處。

對比起先前的諸帝國如亞述和巴比倫，這些古帝國在征服強鄰時，都必定焚毀其城，殺害及俘擄其居民，使其無法東山再起。然而，羅馬帝國面對一橫跨歐、亞及非洲的莫大領土，要有效地管治全地誠非易事。帝國的版圖如下：東端與印度接壤；西端臨大西洋的西班牙；北方是不列顛島；南面是北非的埃塞俄比亞。

如此波瀾壯闊的帝國版圖住了各個不同文化的族裔，如北非的埃及人、古利奈人和迦太基人；近東的有波斯人、猶太人和帕提亞人；小亞細亞、希臘半島和法國一帶的有高盧人、加拉太人和希臘人；還有的是西羅馬帝國，以操拉丁語為主的西班牙人；甚至是文化落後的化外人（如北方的日耳曼人）等。

如是者，帝國便採取了一懷柔統治方式，容許各地人民自治，但其條件有二：（1）必須服膺羅馬政權；（2）必須不威脅帝國的和平。如是者，政府採取了懷柔政策，容讓各地居民保留自己的信仰，以維持帝國的統一。

一如上文所指，立國以來，羅馬帝國以凱撒奧古士督為有能的君主。如是者，各地各城因著對君王的尊崇，便開始了奉君王為神，立壇建廟供奉君王。本來，君王乃朽壞之身，以他為神明供奉是不合情理的，然而，當代人對在位的君王有以下的理解：

（1）他是神的兒子；一如我國的君王被尊為天子，上古時代的君王亦然。他們代表了天上神明，管治著大地。他們是替天行道的，順應他的管治，便是尊敬天上的神明。此理念有助穩定帝位，為君王本人及一切造王者和護王者所擁護；如是者，敬拜君王便應時而生。

(2) 他的出現及其政績被譽為救恩，那麼，君王便是救主了。在「羅馬治世」的兩百年間，國內相對平靖，人民也能鬆一口氣地幹活，因此懷有感恩之情。在國家推崇下，各地建有神廟供奉君王是可預期的。

(3) 君王聰明能幹是因著守護著他的精靈（genius）所使然，因此，人們在開始時大概不是真的敬拜君王，而是敬拜其背後的精靈，即君王的守護神。不過，由於神壇或神廟中所雕塑的，是君王的像而非君王的精靈（畢竟，實際上是在位的君王在管治而非精靈），君王敬拜便自然而生了。

值得留意的是，對於中央政府來說，敬拜君王能統一民心，帶來國家的穩定。對於地方政府來說，興建宏大的君王神廟說明他們是極為擁護中央政權的，這樣亦能換來中央政府的青睞，使政府對其城其民恩寵有加，施行如免賦稅等優惠。

總結而言，以上便是保羅的宣教隊伍所要進入的世界，保羅等人卻信奉一神，傳一個使人與神和好的福音。當時階級觀念極強，人們生活環境無法改善，天上眾神明都默然不語，百姓生計難料，前路茫茫，日子苦澀，保羅的福音自然有極大的吸引力。

末了，談及羅馬時代的娛樂，其有以下幾樣 到劇院或競技場觀賞表演，到浴堂沐浴，到宴會享受美酒佳餚、玩小型遊戲如棋局和賭博等。其他的還有赴圖書館及到運動場等。

6.3 | 自由傳道者

而在多神敬拜的背景下，有一類工作值得留意，其被稱為「自由傳道者」。

在初期教會時期，羅馬世界出現了一羣遊走於各地的人士，包括賢哲、政客、賣藝者、傳教者，甚至江湖術士。其目的一方面是要弘揚其學說，另一方面是謀生。因為一旦旁觀者或旁聽者被吸引時，他們在認同之餘，還會以錢財支持，甚至邀請其進入家中，以上賓之禮接待，旨在學習其教導，得著其祝福。

如此求知若渴的生態，造成這類四處遊走的人士大量湧現，其不單包括了哲學界，還包括了宗教界。這些從事宗教活動的人士，自命有特殊本領，如說預言，能指點人生迷津。其他的還有：雜耍人士，其表演使人目眩；弄法術者，其風采使人神往；神醫者，使久病者康復等；可說是各自精彩，琳琅滿目，但也良莠不齊，真偽難分。

| 靈思小品 |

花生的比喻

天國又好比一個人要往外國去，就叫了僕人來，把他的家業交給他們，按著各人的才幹給他們銀子：一個給了五千，一個給了二千，一個給了一千……但那領一千的去掘開地，把主人的銀子埋藏了。（太二十五 14～18）

以上分銀比喻的中心思想，便是要教導門徒如何才算是警醒地活在當下，好等候主的再來。

那領一千的把錢銀埋在地裏，是當時不少人處理財物的方法（因上古沒有銀行或保險庫等）。平情而論，此僕人的做法只是按照當代處理財寶的方法而行（見太六19～21），他卻被主人重重責備，究竟原因何在？

小時候讀過台灣作家許地山的一篇短文〈落花生〉，文筆流暢明快，沒有矯情和青澀，故此印象深刻。

作者描述兄弟姊妹和母親在田間種了花生。在收成的那一天，他們興高采烈地慶祝，還叫來父親一起欣賞他們的收成。

父親問他們花生有甚麼用途。他們的答案很多，如花生味道很美，可以作糕點，可以作湯料，還可以壓榨成油等等。

這時，父親便以花生為喻教導他們。花生的外殼並不美麗，然而，用途卻眾多，是實而不華。父親如此說：「所以，你們要像花生，不要做偉大、體面的人，這是我對你們的期望。」

| 反省 |

在分銀比喻中，那不思進取，把銀錢埋在地裏的僕人，最大的問題便是他是一個又惡又懶的人（太二十五26），即一個無用的人。

聖經教導我們要效法基督，我們也經常以聖經的先賢古聖為榜樣。然而，不論我們如何努力，總及不上他們的偉大，難以擁有他們那光芒萬丈的一生。

事實上，神從來沒有要求我們要披著斗篷，變成超人，試圖改變世界。只有神能改變世界。

我們都要活一個獨一無二的人生。只要我們在神的國度裏，有如花生，成為有用的人，為神所用便可。

| 禱告 |

求主除去我的懶惰心，好叫我能成為一個為主所重用的人。

7 | 自由傳道者

初期教會的自由傳道方式，是由上一章談到的希羅世界自由講學方式演變而來。耶穌的門徒及保羅便是以這種方式傳揚福音。自由傳道的方式為初期教會帶來的好處甚多，臚列如下。

7.1 | 自由傳道對教會帶來的好處

自接獲主的大使命後，門徒在巴勒斯坦及其他各城鎮中，在其廣場、市集和學房裏，面對著四方八面的人羣，可以自由自在地站在其中，揚聲宣講福音，並沒有人禁止；這無疑有助於福音的廣傳。

且看以下一些實例：

實例一：保羅在第二次宣教時獨自來到雅典，在會堂及市集中講學（徒十七 17）。在辯論中他更遇上斯多亞派和伊壁鳩魯派等學人。後來，在市上辯論不足以滿足這些學人，他們還帶保羅到雅典衛城之西北的亞略．巴古（位於一山丘之上），一個充滿學術氣氛的場所，好讓他們可以和保羅辯論過痛快（徒十七18～19）。結果，亞略．巴古的官丟尼修，並一個婦人，名叫大馬哩，還有別人一同信從（徒十七34）。

實例二：在第三次宣教之初，保羅等人來到以弗所城，在被猶太會堂排拒後，保羅便於推喇奴學房（一個供學人研究討論哲理的公眾場所）內講學凡兩年（徒十九9～10）。有人更相信，保羅久留以弗所，建立了以弗所及周邊的教會，如歌羅西、老底嘉和希拉坡里的教會，故這一帶地方受保羅影響甚深，更成為繼耶路撒冷和安提阿之後的基督教大本營，亦大有可能是保羅文集（Pauline corpus）的集結地。

7.1.1｜招待傳道者

傳道者如得某人垂青，便會被接到家中，讓這家主人能更深入認識信仰。傳道者便能因而解決住宿問題，而保羅及其同寅也得著過這樣的招待。雖然不少城市及羅馬大道的路旁都設有旅館，但旅館的住客品流複雜，隨時有被搶劫之險。再者，其衛生情況也較差。留意在世的耶穌在論及傳道時，也吩咐傳道者要住在歡迎他們的人士家中，而非旅店（太十11～14）。

且看以下的例子：

保羅在第二次宣教首度踏足歐洲，於首個宣教工場腓立比工作。那時，因為此城是羅馬兵駐紮及其家屬居住的地方，故甚少猶太人。保羅等人找不到猶太會堂，卻找到一婦女禱告的地方。他們便在那裏傳道（徒十六13）。其中有一名經商賣紫色布匹，名叫呂底亞的婦女信了主，並且殷切地邀請保羅等人到她家中住下來（徒十六14～15）。後來，她的家更成為教會聚會的地點（徒十六40）。

7.1.2｜促進真理交流

自由傳道者無疑能促進真理的交流、聖徒的相通。

當各地的教會林立，使徒等人不可能長駐在其中施以教導，當他們離開後，實在需要屬靈的有識之士跟進。因此，保羅在第二次宣教時，有一半的行程都是造訪第一次宣教時所建立的各地教會，並且按立長老，以牧養及帶領教會。不過，保羅總要離開，在離開後，某些地方教會可能產生了一屬靈的真空，如果有其他的傳道者到訪，便能接續牧養工作。

也因這緣故，腓利、亞波羅、百基拉和亞居拉等的屬靈領袖先後冒起。腓利遊走於巴勒斯坦地撒馬利亞及西岸迦薩一帶；亞波羅則活躍於哥林多和以弗所一帶（徒十八24）；百基拉和亞居拉乃來自羅馬教會的猶太裔信徒領袖，他們和保羅作工於哥林多（徒十八2），並且多方配合保羅，以建立教會（見徒十八18～19）。

末了，在新約正典還沒有成書時，加上文盲處處，這類奔走相告的自由傳道方式，因著羅馬道路建設的發達，大大促進了真理的交流、聖徒的相通，拓闊了信徒的視野，更有助福音的普傳，亦大受各地教會歡迎。有分量的自由傳道者把福音真理教導各人，更以身作則，活演信仰，正是言教身教，令信徒受惠匪淺。

7.2 | 自由傳道也對教會帶來衝擊

7.2.1 | 權能較勁

在自由傳道的過程中，難免會遇到一些傳異教，或是弄邪術的野心家，與保羅等人對壘。如是者，便產生了「權能較勁」（power encounter）的情況。

例如在第一次宣教中，保羅和巴拿巴首先來到巴拿巴的故鄉塞浦路斯傳道。塞浦路斯的方伯（即省長），很想聽取真理，便誠邀保羅等人向他講解真道。然而，方伯亦與一位弄法術，名叫以呂馬的人早有接觸。眼見保羅等人要搶走他的聽眾，這甚有權勢的以呂馬，自然是極不願意，於是敵擋使徒，要叫方伯不信真道（徒十三8）。

時至此境，「權能較勁」便出現了，此乃福音的大能與異教邪術的比拼。結果後者落敗，以呂馬瞎了眼不能看見（徒十三11）。方伯目睹整個過程，終於信主（徒十三12）。

我們相信，以上的記錄只是其中一例。其他門徒的福音工作及保羅的多次宣教中，必然出現以上「權能較勁」的情況。當然，福音本是神的大能，誰勝誰負早成定局，不過，這過程無疑會考驗到傳道者的信心，也會使在場人士目擊福音的大能，有助他們歸主。

7.2.2｜異端邪說充斥，更直接入侵教會

綜觀新約眾書卷，幾乎一半的寫作，都是為了要指斥威脅教會，甚至已極度困擾教會的異端。明顯的如哥林多後書、加拉太書、腓立比書、歌羅西書、提摩太前書、提多書、約翰一及二書、彼得後書及猶大書等。由此可見問題的嚴重性。

整體而言，威脅性最大的，是來自兩方面的異端：(1)有強烈猶太教背景的；(2)有希羅哲學思想元素的。

前者的威脅極大，因為基督教本源自猶太教，與猶太教有持續性和非持續性的關係。持續性的例如：猶太人的聖經也是初期教會所公認的最高屬靈權威；律法中的某些部分，如盡心盡力愛神；要孝敬父母；在性生活上聖潔等，仍然需要持守。事實上，耶路撒冷教會仍在聖殿中聚會(在其內的所羅門廊)，又在猶太會堂中敬拜。非持續性的例如：外邦信徒不用守割禮和安息日，也沒有食物上的禁令(留意這些都是猶太人以之為神子民標誌的律例)。

換言之，如果信徒不清楚如何辨析持續性和非持續性的關係，則甚為容易被那些高抬猶太教的自由傳道者所迷惑，在信

仰上變得迷茫。

7.2.3｜考驗教會的真理裝備

也許，最致命的，是信徒在真理上裝備不足。

基督教是一新興的宗教，各地的教會成立年日也不長，再加上教導不足時，很容易淪為一些不良分子的獵物。

在此，保羅的教導是：屬靈辨析能力必須提升，以能分辨真偽先知。事實上，早於福音書中，在世的主耶穌已叮嚀門徒等人，心中的眼睛必須明亮，否則，必然面對黑暗勢力的脅逼（太六22～23）。繼而，保羅於羅馬書十二章2節表明，要心意更新而變化，意即信了主的人必須在思想上有所蛻變，即把辨析能力提高。這樣，才能察驗何為神的善良、純全、可喜悅的旨意，即能知悉神的心意。之後，保羅還舉了數個案例，恩賜如何配搭（羅十二3～7）、肢體如何實踐愛的律（十二8～18）、與外人甚至是敵人應如何相處（十二19～21）、教會與政府的關係（十三1～7）、教會內部信仰強者和信心弱者如何相處（十四1～十五13）等，以說明辨析能力的重要。

再者，保羅表示：我所禱告的，就是要你們的愛心在知識和各樣見識上多而又多（腓一9）。在這裏，愛心、知識和見識三足鼎立。愛心是信徒品德成長的標誌；知識（*epignosis*）是指屬靈的知識，即對福音真理的學習；見識是指從人生歷練中提取的知識，各樣見識即指人生百般的歷練。保羅明言，受書人若能三頭並進，他們才能分別是非，作誠實無過的人，直到基督的日子；並靠著耶穌基督結滿了仁義的果子，叫榮耀稱讚歸與神（腓一 10～11）。

留意保羅於歌羅西書一章 9 至 10 節有曰：願你們在一切屬靈的智慧悟性上，滿心知道神的旨意；如上文所言的一樣，成熟的屬靈辨析力能使受書人行事為人對得起主，凡事蒙他喜悅，在一切善事上結果子，漸漸地多知道神。

總結而言，假教師的湧現，雖然帶給神國子民莫大的衝擊，但也有著其積極的作用，且看以下的點列：

（1）這是一項重要的指標：神國子民已身處末世；一如在世的耶穌早有預告（太二十四 4～5、23～26）。

（2）信徒必須在真理上裝備自己，大大提升屬靈的辨析力。

（3）與此同時，心靈的警覺要提高，堅決地拒絕相信假教師的話（太二十四 26）。

（4）神國子民深知主來的日子近了，務必堅守信仰，廣傳福音（太二十四 14），生命不斷成長；警醒等候，迎接主的再來（太二十四 42～44）。

（5）因著假教師對當代教會的衝擊，新約眾作者才著墨成書，羣起衞道，以致日後教會也能受惠，更明白真理，這倒是一意想不到的收穫。

| 靈思小品 |

成為有知識及見識的人

我所禱告的，就是要你們的愛心在知識和各樣見識上多而又多，使你們能分別是非，作誠實無過的人……（腓一 9～10）

保羅的禱文，映現了他對教會的期望。人必須要有知識和見識，然後成為一個有智慧和愛心的人。這樣的人才能有高水平的認知能力，能識別是非，分辨對錯，去偽存真，活一個榮神益人的生命。

話說古代有一秀才上京赴考。他早一個月便入住京城一旅店，這已是他第三次赴考了，也是他第三次入住這旅店。秀才心想這可能是最後一次，於是每天便以破釜沉舟的心態埋首苦讀。

考試前幾天他做了三個夢，而且連續兩晚如此。他感到極其不安，心想也許是仙人向他顯靈，報夢給他。於是，他走到街上，找來一解籤者，把三個夢的內容坦言相告。第一個夢是他在高山上種白菜；第二個夢是他在下雨天穿了斗笠，又打著雨傘；第三個夢是他進了考場，坐下應考，怎料因緊張過度而腦子裏一片空白；結果他從夢中驚醒。

解籤者這樣回答：「你的夢意思其實很淺白；高山上種白菜豈不是枉費心機嗎？下雨天穿了斗笠還打著雨傘不就是多此一舉嗎？你進入考場，腦袋卻一片空白不就是表明此考必然落第嗎？所以，我勸你還是早點回鄉好了。」

秀才聽後感到此解籤者不無道理，於是便垂頭喪氣地回到旅店，收拾行李起行回家。店主感到奇怪，便問他：「明天才開考，你為何今天便離去？」秀才便把解籤者的話如實相告；旅店主人邊聽邊搖著頭，然後向秀才說：「我明白你的心情，但這解籤者乃江湖術士，他的話不能盡信。坦白而言，我看你已有兩次考試經驗，而且這一次你顯得胸有成竹，高中的機會很大。」

店主續稱：「依我看來，你的夢其實應該這樣理解：在高山上種白菜意思不就是高中嗎？下雨天穿了斗笠還打雨傘說明你準備充足，必有所成。進入考場，腦子卻一片空白便是勸告你不要過分緊張，更不要誤聽人言，誤了大事。」店主拍拍秀才的肩膊，對他說：「年青人，你要對自己有信心，不必緊張，也無用惶惑，只要盡力而為，全力以赴便可；我對你很有信心。」

秀才回到房間，仔細思想所聽到的話。他的結論是，解籤者的話不可盡信，館主的話雖然只是他的看法，卻是一番好意，旨在勉勵他。畢竟，自己走了這麼遠的路，目的就是赴考。如果不戰而退，豈不可惜？如果考後真的落第，也總算是盡了全力，沒有遺憾。於是，在思想上較量一番後，他決定留下來赴考。

一如店主所料，他果然高中，衣錦還鄉。

反省

運用智慧，仔細考量所得到的資料，經過統合而得出的結論，使這秀才不至因為片面之辭，錯失大好良機。按此了解，秀才那有智慧的研判，構成了他生命的轉捩點。

有知識和見識，不單如上文所言，能清楚辨析道理的真假，甚至能在真假交雜中去偽存真。還有，在這知識膨脹、資訊發達的高端科技世界裏，知識和見識能裝備我們不隨便誤信傳言，看事物看得精準。

禱告

求主開拓我的視野，提高我的眼界，好叫我能懂得如何去偽存真，分別是非，活得精明。

8 帝國的奴隸制度[1]

奴隸制度早已存在於人類上古的社會裏，更盛行於古羅馬帝國。

據估計，每年有二十五萬名奴隸被販賣。[2]公元前三〇九年，雅典的一次人口調查顯示，公民人數為二萬一千，外人人數為一萬，奴隸人數為四十萬。上古的人口統計一般都不準確，但亦有其參考價值。在此，奴隸數目無疑有點誇張，卻反映了奴隸人口之眾。估計帝國人口中，高達三分之一是奴隸，富有人家可能擁有上千奴隸。

奴隸制度是當代社會的特徵，滲透各行各業，是羅馬社會結構和經濟運作的骨幹。

8.1 | 奴隸的本質

在定義上，且看希哲亞里士多德的描述：奴隸只算是人的財產，一個有活動能力的財產。那麼，其與家中所養的狗、農場的牛和豬是沒有分別的，其用處其實與動物分別不大。[3] 羅馬的法律把奴隸看作為物件，他們不能享有人應享有的權益，與生俱來便是屬於別人的。

留意羅馬的自由人，例如人所熟悉的「凱撒大帝」，其名字為 Gaius Julius Caesar，但奴隸一般而言只有一個名字，流行的名字有 happy（意即快樂）、lucky（意即幸運）等；腓利門書中的阿尼西謀，意即有益(profitable)，也是一典型奴隸的名字。

奴隸主要分為兩大類別：

（1）軍事上：大部分奴隸都是戰俘。有證據顯示其大都來自敍利亞及巴勒斯坦一帶（包括猶太人）；有些則是被海盜捉拿後，再被賣給別人者；又或者是犯了重罪的囚犯。這類奴隸的生活是極其艱苦的，奴釋（manumission）亦無望。

（2）家用上：成員大都來自因貧窮而自賣的人士，其所受的待遇較好，他們可以只作勞工，或是當上孩童的老師、家中的管家等；奴釋的機會也大。

8.2 | 奴隸的生活

奴隸的功能有低端至勞動者，高檔次至老師或醫師。[4] 在主人眼中，男性的奴隸永遠只是孩子，是長不大的。[5] 在當代，孩子被視為無知及無能，在社會及家庭中是沒有地位的；[6] 奴隸也是如此。儘管奴隸可以結婚，也不能得著法律上婚姻中男女所應有的法律保障，一切都視乎主人如何安排。奴隸生下的子女仍是奴隸，並歸主人所有。

奴隸的人生被形容為「工作、刑罰及食物」（work, punishment, food），此三項成為奴隸心中所想和生活的日常。他存在的原因，便是要為主人謀福祉，為主人帶來好處，故他必須以被派的工作，作為生存的目標。為了避免受罰，奴隸必須竭盡全力，討主人歡心，才能換來溫飽。

當然，如有可能，奴隸便謀求贖身，即得著奴釋，這便成為他人生的目標。奴釋的發生有以下三個情況：

（1）勤力的奴隸討主人喜悅，主人便把他釋放。
（2）主人死了，新的主人進行奴釋。
（3）有足夠贖金者可為自己贖身。

有文獻顯示，奴釋需要經過官方程序，透過法院，在文字上寫下被釋放奴隸的名字。他是從原有的主人手中，轉交給某神明；屬於某神明，意即獲得釋放，得著自由。[7] 這做法大概是要表示，奴隸得著釋放乃神明的守護所使然。按此了解，我們也許會更明白保羅在羅馬書六章16至23節以奴僕為喻，表明藉著洗禮，如奴隸般的受洗者，由本來服事罪這主人，如今變為服事神，一如他所力陳：但現今，你們既從罪裏得了釋放，作了神的奴僕，就有成聖的果子，那結局就是永生（羅六22）。

保羅的用意是：藉著洗禮，信徒已換了主人。從前是罪（指人的罪性）為主人，被它奴役，任其宰割，受其傷害，如今卻換了以神作主人。神的恩典和慈愛，帶來聖潔的人生，終至永生，是何等美好的事；這便是救贖的真義。

按法律，奴隸要滿三十歲，才可能有奴釋。[8] 再者，奴釋者也不易活下去。因為儘管是奴釋，此人仍活在諸多的限制中，因為被釋放的奴隸雖然是自由人，卻不是城中的公民，不能享有公民權。再者，如果他沒有一技之長在社會中謀生，他就只能回到前主人那裏，求他收容；這樣，前主人便成為施恩主，他變成受恩人。[9] 如此，其生活情況不一定比先前的好。一如學者麥里特（Scot Mcknight）所指出，儘管奴隸的地位變了，生活卻可以毫無改善。[10]

凡此種種，也許便解釋了何以在新約倫理的教導中，沒有清楚表明奴隸制度是一不公平、非人道的制度，應被廢除（見弗六5～9；西三22～23），因為儘管廢除了，解決了制度上的問題，卻會帶來其他更為嚴重、難以消解的問題。反而，新約作者關注的，是信主的人內在生命改變了，人生取態亦改變。[11] 態度改變，制度的改變才有希望。

8.3 | 奴隸的厄運

不良的主人會以奴隸為出氣袋，經常虐待他們。被虐的奴隸惟有逆來順受，敢怒而不敢言。犯了事的奴隸，其刑罰包括鞭打、火烙、肢解，甚至被處死刑等。主人若不願親自下手，大可雇用他人代勞。[12]

不良的奴隸可能會撒謊、背後說主人壞話、捉弄主人、破壞家具，甚至盜取家中物品，或是偽裝重病。總之，方式是海量的，特色是陽奉陰違。極端的行動包括：自殺、殺害主人及逃亡等。例如當時有一名叫斯巴達克斯（Spartacus）的奴隸，引發了一場革命，帶著數千奴隸為爭取自由而戰，但終被政府平息；此事有近六千名叛軍被殺，他們都被處以極刑：釘十字架而死。[13]

若有私逃的奴隸，其必遭嚴懲。主人可申請通緝令追捕他，罪名的拉丁文是 *fugitivus*，即今天英文的 fugitive 一字（意即逃亡者）。私逃的奴隸若要避過刑責，他們必須要在二十天內，帶著要繳交的罰款回到主人那裏。逃走的奴隸一旦被捕，其下場堪憂。儘管能避過捉拿，也會因身分不明而要淪落街頭，行乞度日，更有淪為盜匪者，打家劫舍，無所不用其極以求活下去。

收留在逃的奴隸同樣是犯法的，有如盜取了別人的東西（指這奴隸，以其為物品）。被捉回的奴隸多被嚴懲，例如被毒打、頸項被扣上鐵環，甚至被賣給別人作更艱苦的工作。

末了，生為奴隸，一切看來已命定，他的命運便是過奴隸的非人生活。例外的情況是有的，且看以下的個案。

8.4 ｜ 百夫長的奴隸

馬太福音八章5至13節記錄了在世的耶穌，醫治一位百夫長的僕人的個案。

這位百夫長千方百計地為病重的僕人（即奴隸）向耶穌求醫治。留意約翰福音四章46至54節也有此個案的記錄，不過，卻把僕人寫成兒子。有人以為此乃另一個案，但其大概是指同一事件，因二者都發生在迦百農。可能這百夫長視此奴僕如兒子，對他極其關愛，這一點亦解釋了他何以要為病人大費周章，懇求耶穌醫治。

此事件證明了在當代的奴隸制度裏，也有良善的主人。他們善待奴僕，甚至視之如兒子，親之如手足。

這百夫長蒙主稱讚：*我實在告訴你們，這麼大的信心，就是在以色列中，我也沒有遇見過*（太八10）。此讚賞之言的背後，是要為當代所奉行的奴隸制度，立下一良善主人的範式。正因此故，這事件記入了福音書裏（見路七 2 ～ 10 及約四 46 ～ 54）。由此可見，福音書的作者們是有意藉此事件，一方面表揚這外邦人的百夫長實在美好，另一方面是要以他為楷模，說明信了主的主人，應該這樣善待家中的奴隸。

| 末了的話 |

永為奴僕

一如上文所言，生為奴隸，他的命運看來早已篤定，然而，普通人的生活，也不見得好過。

華人作家王小波這樣形容人生：「……生與死是這麼相似，一個是從虛無中來，一個是到虛無中去，死是生的逆過程。生和死之間夾著我們有限的生命，一段能思想，能記憶的時間。」[1]

稍後，他又說：「宇宙是那麼的大，永恆是那麼的長，如果生了還要死，那麼我活著還有甚麼意義呢……也許，我活不到高齡，幾年之後就會死，也可能明天就會死，那麼我的生命又會留下甚麼呢，和沒有存在又差了多少？」[2]

如此看人生，看人的生和死，留下的，便是一份沉重的、一片茫茫的虛空。

然而，奇怪的是，在保羅書信中，作者保羅常以僕人自稱（見腓一1；多一1），又例如保羅在羅馬書一章1節的自我介紹：耶穌基督的僕人保羅，奉召為使徒，特派傳神的福音。其他經卷如雅各書（一1）、彼得後書（一1）、猶大書（1節）和約翰的啟示錄（一1）都有此自稱，看來此辭是新約眾作者的自畫像——他們都是主的僕人。

留意「僕人」此字原文便是「奴僕」，或「奴隸」。奴僕在希伯來人中卻有著榮耀的一面，原因來自兩方面：

其一，奴僕的地位固然低微，不過，還要看其主人是誰而定準。如果主人的社會地位極為崇高，則在其下為奴僕者也感自豪。值得留意的是，在君王之下工作的高官，也可被視作君王的奴僕，君王對他們有絕對的生殺之權。然而，在百姓的眼中，他們卻是高官。按此了解，當人被萬軍的耶和華神招攬，成為祂的僕人時，其地位也極為崇高。觀此，作耶穌基督這榮耀的天國之王的奴僕，自然也是滿有榮耀的。

其二，由於以色列人是被神揀選的神的子民，對於社會上極度不平等的奴隸制度，亦應有其更新的版本，好叫儘管成為奴僕者，也能活得人性化。留意申命記十五章12至18節摩西對奴僕制度的教導，其重點如下：

（1）因為以色列人也曾在埃及地為奴為婢，如今蒙神拯救，得著自由，故要善待家中為奴者。
（2）奴僕工作六年，第七年（即安息年）便要讓他自由離去。
（3）離去時，必須贈以牛羊等物，好叫他能維生。
（4）如果你待他好，他也捨不得離開，便讓他留下來。
（5）這時，便要為他行一個儀式：拿錐子將他的耳朵在門上刺透，他便永為你的奴僕了（申十五 17）。
（6）此做法通用在婢女身上；即男女平等。

如此善待奴僕，實在難得，盡顯神子民的厚德。留意這裏言及有一種僕人，他們是因著愛主人而留下來的，其被稱為"bond slave"，即「永為奴僕」。這便是保羅自稱為主耶穌基督僕人的背後理念。

換言之，因著主的大愛，保羅也以命相酬，甘願永作主的僕人，誓死服事祂。由是觀之，事奉主源出於一份愛的交融，被主大愛所感動，才能心甘情願，莫問艱辛地誓死報效主恩。從這份心意而出的服事，才能天長地久、永不言悔。

再者，生命中有了主，一切都不一樣，儘管人不能擺脫生命中的種種限制，然而，主使他心靈得釋放：隨時隨地，主的同在，便是他心靈的家園。不論是奴隸，還是自由人，有了主，生和死都非偶然，活在當下也踏實了。

| 第四部 |

重生及神學思想

9 保羅的重生

如果說保羅真的是「攪亂天下」的話(此話來自帖撒羅尼迦會堂對保羅的攻擊，見徒十七6，又十九26)，倒不如說他那翻江倒海的事奉，是來自他本人在大馬士革路上的驚天大逆轉，真的極為顛覆。

有云:「十年寒窗無人問，一舉成名天下知」。保羅的改變，真的是一鳴驚人，但任何人的生命改變，其實都不是一晃間的事;保羅的重生亦然。

如上文所指，司提反的表現及殉道，為保羅留下深刻的印象。雖然在司提反殉道後，保羅仍然殘害教會，進各人的家，拉著男女下在監裏(徒八3)，不過，復活主特意在大馬士革路上拯救他，他也頑石點頭，正如復活主的坦言相告，此舉其實是用腳踢刺是難的(見徒二十六14)。在此，學者們激烈討論的，倒是保羅在大馬士革路上的改變到底應被定為重生，還是呼召。[1]

如果保羅不是猶太人，他這樣的改變被稱為重生是沒有問題的。然而，他本是猶太人，更熱衷於猶太教，如今的改變是承認猶太人所拒絕的耶穌為基督，而這新興的、信靠耶穌的信仰本是源自猶太教，情況便變得複雜了。在此，我們便明白為何他的改變可以不被視為重生，而可說是更新了原本的猶太教信仰。

不過，在他的書簡中，他經常表示以律法為尊的猶太教已成過去，如今他以基督為焦點。他更把從前的自己，對比如今的自己，二者天差地別。他從前看為寶貴的，如今視為糞土，只有基督是至寶（腓三 5～8）。這份價值觀的大逆轉，無疑反映著他在信仰的全然改變。

再者，我們可以從猶太人如何對待改變後的保羅，[2] 以決定保羅是否在信仰上經歷重生。無庸置喙，改變後的保羅在猶太人當中是聲名狼藉的。猶太人對他的指控，是說他教導猶太人不用守割禮，甚至把摩西的律法全然摒棄（見徒二十一 21）。

留意在保羅第三次宣教的回程上，猶太人甚至想要殺他（徒二十 3；其實這已不是第一次；見徒九 23、29），保羅也自知此行凶險滿途，因此在行程中留在哥林多地三個月，在此期間寫了羅馬書，用意大概是指他甚願在未來造訪羅馬教會，但若然不幸被殺害，不能前行，也可寄語於此信，教導羅馬教會。他更要求受書人在禱告中記念他（羅十五 30～32）。

端此，當時的猶太人都以保羅為叛教者，更認定他煽動其他猶太人叛教，十惡不赦，必須置於死地。總的來說，這支持了保羅信仰的改變應該被視作重生經歷的說法。

使徒行傳記述了保羅重生的經歷凡三次之眾（徒九1～9，二十二6～22及二十六12～18），作者如此重複，無疑有修辭作用，可稱為功能性重複（functional redundancy），其作用有二：（1）表示重要；（2）有補足的作用。[3] 簡言之，保羅這重生的經歷，不單重鑄他的人生，更改寫了耶穌運動的發展史。

9.1 | 大馬士革路上的神顯

發生在大馬士革路上的事件，對於保羅來說，固然是出人意表，近乎不可思議。[4] 學者達爾更力陳，此事件構成了保羅後來如何活其人生，及建構其神學思想的基本前設。[5]

在此，復活主向保羅顯現，我們可稱之為「基督神顯」（Christophany）。其是一有聲有色的經驗，帶來聽覺和視覺的極度震撼。

視覺上是指天上發光，四面照著他（徒九3）。留意發生神顯的時間是在晌午（徒二十二6），晌午即正午，可見那時正是烈日當空，其並非幻覺。在這時間出現強光，表明此光比日照更猛烈，[6] 意思是復活主以祂那無與倫比的榮耀從天上發放，集束照射保羅，使保羅仆倒在地（徒九4），此不支倒地的情況與信仰傳統中，人在神顯中的反應是一致的（見但十8～9；啟一12～17），強調了人在榮耀的神面前顯得極度虛弱。

保羅目睹復活主那莫大的榮耀後被擊倒，使他感應到神那榮耀的光輝，是顯在祂愛子的身上，我們便明白為何後來在言及基督時，保羅會如此說：因為父喜歡叫一切的豐盛在他裏面居住（西一19）及所積蓄的一切智慧知識，都在他裏面藏著（西二3）。再者，在他屬靈生命成長的路上，他是以認識復活主及祂的大能成為他向著標竿直跑的標竿所在（腓三10～14）。再者，他更相信，再來的主必然在極大榮耀中強勢回歸。

至於聽覺上，在保羅身體不支倒地後，天上有聲音發出：掃羅！掃羅！你為甚麼逼迫我？這時，開始了保羅與基督的對話。主啊！你是誰？是保羅的詢問；主啊大概顯示保羅知道這位莫大榮耀的發言者是神。也許，此時的保羅感到奇怪，他只是逼迫教會，哪有逼迫這位神顯中的主？對方的回答是：我就是你所逼迫的耶穌（徒九5），這是一項澄清，說明過去保羅肆意逼迫教會，尤其是迫害司提反，便是逼迫主耶穌了。

留意在使徒行傳二十六章14節當保羅在亞基帕王面前重述此事時，在復活主的發言中，多了一句：你用腳踢刺是難的。此言大概是一希臘格言，意思便是以卵擊石，卵黃必散。用在這裏是指保羅與神為敵，其實是毫無意義的。[7]

保羅終於明白，這位神顯中的人物便是曾被釘在十字架上，那位他一向引以為恥的耶穌。如今，這位耶穌竟然能從死裏復活，更是榮耀極致，由此可見，保羅是全然錯判了耶穌，導致他行為偏激，逼迫教會，甚至殺害司提反。他真的是大錯特錯了。

9.2 | 對基督的改觀

保羅在神顯一事之後，對基督有了新的了解：

一、祂是義者。多年後保羅在眾猶太百姓面前為自己申辯時，引用了為他施洗的亞拿尼亞之話：……又得見那義者，聽他口中所出的聲音（徒二十二14）。[8] 在此，我們要留意的是，死而復活對於當代的猶太人（包括保羅在內）而言，其神學意涵便是神為這死者平反。

由於死而復活實乃最大的神蹟，其必然是出於父神無疑，無怪乎在憶述大馬士革路上的經歷時，保羅在亞基帕面前表明：神叫死人復活，你們為甚麼看作不可信的呢？（徒二十六8）即是說，經過保羅的深思和研判後，篤定了這位釘死的耶穌其實是義者，因為祂復活了，父神為祂平反了，這是一無庸置喙的事實。[9] 換言之，他過往逼迫一切信奉主名的人（即教會）便是不義了。[10]

二、這神顯的主角是復活主，可見祂是神的兒子，全然代表父神及映現神的真像，就如保羅在書簡中所言的：基督本是神的像（林後四4）；他本有神的形像（腓二6）。

三、如果基督的死，不是因著祂自己的罪而死，則祂的死到底是為誰呢？這一點，促使保羅篤定，基督的死有如贖罪祭，是一代贖的死（substitutionary death）。[11]

9.3 神顯之後

在深度考量後，保羅的思想改變了，價值觀也改變了，且看以下他的自白：

> 在罪人中我是個罪魁。然而，我蒙了憐憫，是因耶穌基督要在我這罪魁身上顯明他一切的忍耐，給後來信他得永生的人作榜樣。（提前一 15～16）

> 不憑著外貌認人了。雖然憑著外貌認過基督，如今卻不再這樣認他了。（林後五 16）

> 我如同未到產期而生的人一般。我原是使徒中最小的，不配稱為使徒，因為我從前逼迫神的教會。然而，我今日成了何等人，是蒙神的恩才成的……我比眾使徒格外勞苦；這原不是我，乃是神的恩與我同在。（林前十五 8～10）

按以上所言，保羅對於他在大馬士革的經歷，其結論是：

（1）出於神的恩惠：即復活主不念保羅的舊惡（是罪魁）和愚昧無知（即憑著外貌認人），揀選他並重用他，全是主恩典所使然。

（2）給他特殊任務：神的揀選帶著目的，此目的便是要他成為外邦人的使徒，把福音從巴勒斯坦猶太教的一個教內復興運動，轉變成為全世界的福音運動。

9.4 神顯的影響

保羅大馬士革的經歷，扭轉了他對基督的看法，就如他在哥林多後書五章16至17節所言：不憑著外貌認人了。雖然憑著外貌認過基督，如今卻不再這樣認他了。若有人在基督裏，他就是新造的人……換句話說，如果只視耶穌為被釘死在十字架上的重犯，這絕對是一粗淺的見解。[12] 再者，前些日子他目睹司提反為信仰而殉道，司提反看來是一猶太教的叛徒，他的殉道看來是死有餘辜。然而，這亦只是表層的膚淺看法。[13]

保羅不單在思想上改變了，留意使徒行傳九章20節表示，他就在各會堂裏宣傳耶穌，說他是神的兒子。就一辭原文是「即時」（*eutheōs*），可見保羅在行動上也發生巨變。

9.5 神顯是神恩所使然

在保羅的書信中，恩典（*charis*；名詞）及賜恩（*charizomai*；動詞）二字出現超過一百次。留意保羅在信首語把外邦人問安的快樂（*charien*），轉變成恩典（即恩惠），這情況出現在所有的保羅書信內；[14] 可見其重要性。

神的恩典是指：因著神的慈愛，祂對人採取了憐憫的行動，是人不配得的；[15] 這恩典的行動，主要是指耶穌基督的救恩，一如保羅於羅馬書五章8節所言，神的大愛，藉著耶穌基督的十字架已顯露無遺。說白了，在神恩典的安排下，基督降世，死在十架字上，成為挽回祭。且看他以下之言：

> 如今卻蒙神的恩典，因基督耶穌的救贖，就白白地稱義。神設立耶穌作挽回祭，是憑著耶穌的血……（羅三 24～25）

> 原來基督的愛激勵我們；因我們想，一人既替眾人死，眾人就都死了。（林後五 14）

> 因為神不是預定我們受刑，乃是預定我們藉著我們主耶穌基督得救。他替我們死……（帖前五 9～10）

總的來説，基督的死是代替性的，此實乃保羅所傳福音的要義。[16] 當然，對保羅本人而言，救恩並不是純粹的理論。重要的是，他本來逼迫神的教會，鍥而不捨地追擊基督徒，這偏激的行為是很大的錯誤。然而，他竟蒙復活主的憐憫，主向他顯現並拯救他，惟一可能的解釋，便是神在恩典中預定他蒙恩得救所使然（見羅八 29～30）。[17] 説到底，保羅的蒙恩，與他過去所虔守的律法毫無關係。[18]

尤有進者，神不單以恩慈待他，也以恩慈待一切信靠耶穌的人，一如他所力陳：如今卻蒙神的恩典，因基督耶穌的救贖，就白白地稱義（羅三 24）；又：你們得救是本乎恩，也因著信；這並不是出於自己，乃是神所賜的；也不是出於行為，免得有人自誇（弗二 8～9）。

至於心中頑梗的猶太人同胞，保羅同樣相信，因著神那預定的恩典，終有一天，以色列人會全家得救（羅十一 25～26）。這是因為神要憐憫誰就憐憫誰（羅九 18），世上無人能阻撓神應許的達成，神的應許必不落空。説到底，在回顧以色列人的歷史時，神總為屬靈不濟的以色列人留下餘種（羅九 27～29；即餘民），成為後來屬靈振興的種子，這一切也是神恩典所使然，正如他所力陳：這是照著揀選的恩典……所留的餘數（羅十一 5）。

| 靈思小品 |

慣性定律

掃羅行路，將到大馬士革，忽然從天上發光，四面照著他；他就仆倒在地……（徒九 3～4）

保羅於大馬士革路上遇見復活主的經歷，單單在路加的使徒行傳，便出現了凡三次之多（另兩次是徒二十二3～21，二十六1～23）。作者表明，這重大的一役全然改變了保羅的一生，他從一位狂熱的法利賽人，變成了熱切的基督跟隨者；他本來極力逼迫基督教，如今卻全然改變，成為基督的傳揚者。就是他，把福音傳遍羅馬帝國。

偉大科學家牛頓的第一運動定律稱為「慣性定律」（law of inertia）。其內容是這樣的：固定不動的物體仍是固定不動，除非有外加的力量。以某速度前行的物體，仍是以原先的固定速度前行，除非有外加的力量，它才會加速，或減速。

所以，放在桌子上的一本書，本處於不動的狀態，但我們用力推它一把，它便向前滑行。但一晃間，它便會減速，最後全然停頓，這是因為桌子的表面給它摩擦力，與向前的力量抗衡，直到最後靜止下來。

「慣性定律」同樣可以應用在屬靈的層面上。

如上文所指，如果保羅沒有遇見復活主，他必然是慣性地持續他的拉比夢。但一旦遇上復活主，這突然出現的外力，促使他轉向。換言之，這外加的因素，重鑄了保羅的人生。

舉另一個實例：使徒行傳八章1節記述了耶路撒冷教會大受逼迫，此推力反而促成了福音的外展。否則，福音可能只會慣性地在耶路撒冷附近的猶太人當中停留，過了好一段時間才會外傳至外邦各地。

再舉另一個案例：當保羅第二次宣教時，他本來打算慣性地停留在小亞細亞傳道，聖靈卻先禁止他，後又有馬其頓異象，把保羅的宣教推展至馬其頓，即歐洲的地域（徒十六6～9）。

梁實秋在他的作品《人生自有歡喜處》對男和女都有獨到的描繪。在論及男人的慣性生態時，他如此描繪：「男人懶，他可以懶洋洋坐在旋椅上，五官四肢，連同他的腦袋（假如有），一概停止活動……男人多半自私，他的人生觀中有一基本認識，即宇宙一切均是為了他的舒適而安排下來的。」[1] 也許，我們不一定完全贊同他對男人慣性生態的看法，但慣性定律的確成為生命成長的莫大阻力；更不分男女。

端此，生命中的種種突變，不論是順是逆，是好是壞，都可視作外加力量，迫使我們離開安舒區，離開我們原本的慣性生活，走向一陌生、甚至不可知的將來，一如昔日的亞伯拉罕蒙神呼召，離開本地本族父家，向著那未得之地進發（見創十二1），目的是要擴闊視野、開展人生，促成生命的成長，領受父神的祝福。已屆七十高齡的亞伯拉罕接受了挑戰，和故鄉來一個斷捨離，向著不可知的未來前行（創十二4），因而獲得「信心之父」的美名。

就筆者而言，自二〇一九年全球性新冠疫情的流行，工作不再如從前般繁忙，也知道了強身健體的重要，於是每天都花時間運動，隔天便往附近的海濱大道走去。如此操練至今已有三年，身體因而健康了，病痛也減少了，體檢的結果使醫生極為滿意。與此同時，在徒步的過程中，經常進入深層的思考中，思想不斷流轉，因而深度感悟人生，感知真理。就在這段時間裏，筆者寫了多本書，其中包括《馬太福音注釋：耶穌基督——多重身分，跨界高手》（上冊及下冊）、《你們說我是誰？——深度認識耶穌的36堂課》、《時代的星火》及本書。回想起來，一切都是從這駭人的疫情開始。

反省

一個飽經磨練，經常能走出慣性生活和思維的人，才有機會成為人中之傑。保羅生命中的諸般打擊（見林前四 11；林後十一 23～32，十二 7～8），以大馬士革路上的神顯為第一擊，都是從神而來的外加力量，目的是要抗衡慣性，推動他前行，為要打造他成為傑出的神學家、牧者和宣教士。這便集成了思維融通、胸懷大度、經驗豐饒的使徒保羅。

願我們都能將生命中的困難，看為從父神而來的外加力量，祂要打破我們的慣性定律，促使我們成為一個更好的自己。

禱告

求主打破我的慣性生活，好叫我敢於走出安舒區，不再靠自己，乃是全然信靠主，憑信而活。

10 包羅萬有的主耶穌基督

10.1 是基督，是主，是中保

當保羅在大馬士革路上遇見了榮耀的主時，他不單接受在世的主耶穌誠然如祂本人所說的，是神的兒子（見約五 25，十 30～39），他更明白到祂就是主，是基督。

保羅尊稱救主為耶穌基督（或基督耶穌；見羅一 1、3；林前一 1、4；林後一 1；腓一 1、2；提前一 1、2），此名號的意思有二：

（1）「基督」（*christos*）的希伯來文是「彌賽亞」，意即受膏者（the anointed）；故「耶穌基督」一辭，指出那死而復活的耶穌，是那末世才出現的、拯救神子民的、眾所期待的基督，即彌賽亞。

（2）基督乃一尊稱，有如稱呼羅馬君王為凱撒（如凱撒奧古士督），故基督耶穌是一尊稱教會元首的頭銜。

留意有時尊稱更是「主耶穌基督」（如林後一3；腓一2；帖前一1；提前一2），表明這位接受敬拜的耶穌基督，更是宇宙的主，即同時主宰著宇宙和教會。

話說回來，基督（即彌賽亞）一辭強調了耶穌便是那受膏者。留意保羅於加拉太書四章4節表明，耶穌基督乃是婦人所生，即耶穌的生母是馬利亞，強調耶穌的人性。再者，保羅於羅馬書一章3至4節表明：按肉體說，是從大衛後裔生的；按聖善的靈說，因從死裏復活，以大能顯明是神的兒子。肉體不含負面意思，是指耶穌乃一有血有肉、[1]為婦人所生的人，祂成就了大衛之約中的那位被膏立而永坐在寶座上的大衛之後裔（見撒下七12～17）。再者，祂從死復活，舉證著祂是神的兒子，[2]其也是聖善的靈的作為。[3]

至於聖靈在祂身上的工作，可追溯至舊約，凡膏立君王時，常有神的靈降臨在其身上；例如：撒母耳就用角裏的膏油，在他諸兄中膏了他〔指大衛〕。從這日起，耶和華的靈就大大感動大衛。（撒上十六13）又如僕人之篇中彌賽亞詩的一句：主耶和華的靈在我身上；因為耶和華用膏膏我……（賽六十一1）按此了解，對於保羅來說，耶穌的死而復活證明了祂是義者，是神膏立的君王，舉證著祂乃神的兒子，是神的靈的工作。換言之，是聖靈使耶穌從死裏復活（參羅八 11）。

論及耶穌的神性，保羅力陳：然而我們只有一位神，就是父——萬物都本於他；我們也歸於他——並有一位主，就是耶穌基督——萬物都是藉著他有的；我們也是藉著他有的。（林前八 6）新約名儒包衡（Richard Bauckham）指出，在這段經文中，保羅將猶太人會堂敬拜信仰宣言（示瑪禱文〔Shema〕，或譯聽命誦）所強調的，耶和華是「獨一神」的理念，改寫為加上耶穌基督。[4]

觀此，保羅在這裏把父神與主，即耶穌基督並列為創造主，並且與萬物，即所有被造之物全然分別出來。畢竟，以上的經文舉證著一項真理，就如狄首頓（Anthony C. Thiselton）所言，耶穌基督——萬物都是藉著他有的；我們也是藉著他有的這一節的意思，便是耶穌基督是被造之物和神之間的中保。[5] 按此了解，保羅傳承了猶太人的一神觀，更將之發展成「一神基督論」（monotheistic Christology）。[6]

綜上所論，基督耶穌是大衛的後裔，這是祂的人性。祂也是主，與父神一樣是創造主，這樣，基督耶穌誠然是神與人之間的中保，也是惟一的中保。[7]

10.2 | 耶穌基督與亞當神學

韓籍新約學者金世潤（Seyoon Kim）在他的名著《保羅福音

的本源》（*The Origin of Paul's Gospel*）一書中指出，整體而言，猶太拉比認為亞當的犯罪使人類失去了六樣東西，如失去生命、經歷死亡、失去永生、失去樂園及人的臉上失去神性的榮光等。不過，在後來神的眾僕人中，如挪亞、亞伯拉罕、摩西和大衛等人，把亞當失去的漸漸復原。然而，復原只是局部及暫時的。完全的復原只有末世出現的彌賽亞才能達成。[8]

正因此故，當保羅在大馬士革路上遇見了榮耀的主時，他不單接受在世的主耶穌誠然如祂本人所說的，是神的兒子，那擊倒保羅又使他仆倒在地的榮光，顯明了人類臉上所失去的屬神榮光，卻由這位末後的亞當耶穌全然復原。再者，人類都要死亡，即失去了永生，復活主卻因戰勝死亡，開啟人類能進入永生的新紀元（見羅五 12～21）。

無怪乎保羅以耶穌為末後的亞當（林前十五 45～47）。換句話說，保羅的亞當基督論與他在大馬士革路上的奇遇息息相關。

10.3 ｜ 因信稱義

作為猶太教法利賽人的熱切分子，保羅定然相信虔守律法必使他蒙神悅納，被神稱為義人。然而，也因著虔守律法，他才逼迫基督徒，甚至積極參與謀害司提反，實在是大錯特錯。在深度反省下，他自然明白到靠著律法不能使他得稱為義。

那麼，人得以稱義，必須要在律法之外尋找，這便是他於羅馬書三章21節所言：但如今，神的義在律法以外已經顯明出來。

要成為這末後亞當的後人，方法便是信靠耶穌基督。至於稱義一辭應被定格為是律法性的，一如保羅於羅馬書八章33節所力陳的：誰能控告神所揀選的人呢？有神稱他們為義了。留意控告是一法律措辭，稱義是來自神，意即神是法官，信徒在基督裏，父神因而宣告他是無罪的，[9] 即信徒不會被定罪，也不用受罪的刑罰。他所犯的罪一筆勾銷，不單罪得赦免，並且得著拯救（forgiven and delivered），從而開展了成聖的生活。[10]

至於保羅怎樣構思信主的人如何稱義，可能是這樣：

（1）既然復活主是義者，則祂死在十架上的意義，有如摩西律法中所設定的贖罪祭（羅三26），即替代眾人而死（林後五14），產生了贖罪的功能。

（2）一切信主的人，身分皆改變成為神的子民，即神的兒女。因此，外邦和猶太信徒都在敬拜禱告中稱呼神為阿爸父（羅八15）。

此身分地位轉變的可能，是基於信主的人藉著洗禮，與復活主聯合。由於復活主是神的兒子，信主的人亦然。這一點，保羅於羅馬書六章1至11節言及洗禮的意義時有所提及。從此，這兒子的名分是不會改變的，因有內住的聖靈為印記（羅八16；弗一13～14）。基於這名分，信徒與基督同為後嗣，同得永恆的基業，即永生。

因此，新約神的子民進入了基督所立的新約中。活著便是要效法基督；其方向有二：（1）宣揚主的福音，藉此開展神的國度；此乃發展性。（2）尊崇敬拜復活主，藉此建立信眾的生命；此乃固本性。觀此，前者是外展性福音遍傳運動，後者是固本性的敬拜運動，二者關係也密切。畢竟，羣體敬拜運動能為這屬神羣體注入能量，個別信徒也因而生命成長，福音運動才能持續不斷，歷久不衰。而普世性的福音運動，使這敬拜的羣體在量方面得以增長，教會林立於世界各地，氣勢磅礴。到主再來，神的國便能完全建立於地上。

10.4 ｜ 神顯與耶穌基督有神的形像之關係

當然，耶穌也是亞當的後人，從而遺傳了人的形像。然而，祂只是因要救贖世人，全然順服於父神的計劃，才虛己為人，這是暫時的。祂本來是聖子，活在永恆的榮耀裏，所以，祂有神的形像，全然反映著神的威榮。且看保羅於哥林多後書四章4節所指稱：基督榮耀福音的光照著他們。基督本是神的像。他又進一步表示，主的榮光照在我們心裏（林後四6），這一句大概是回指保羅在大馬士革路上的經歷。在復活主的強光照射下，保羅的眼睛暫時瞎了，心眼卻開了，心靈也醒悟了。

留意哥林多後書四章6節的一句：神榮耀的光顯在耶穌基督的面上，其原文是「神的榮耀在基督的面上」，即復活主向保羅發出的光芒，便是神的榮耀。

10.5 | 神顯與事奉觀

10.5.1 | 他的工作：蒙神特派

保羅曾在亞基帕王面前為自己申辯，說：亞基帕王啊，我故此沒有違背那從天上來的異象（徒二十六19）。這天上來的異象自然是指大馬士革之役，正如保羅在此次申辯中，同時也表明復活主曾向他發施號令，要他作福音的特使：你起來站著，我特意向你顯現，要派你作執事，作見證……我也要救你脫離百姓和外邦人的手。我差你到他們那裏去……（徒二十六16～18）他又於哥林多前書十五章10節表明，他蒙受三恩，因而銘感五內，比眾使徒格外勞苦，殷勤作工。這便是他事奉的態度。

總而言之，在宣教的路上，保羅自言是蒙主特派，向外邦之地傳道的，他那格外勞苦的事奉心，使他殫精慮力、馬不停蹄地向福音未及之地挺進。

10.5.2 | 他的身分：神的僕人，新約的執事

雖然他是偉大的宣教士，成為外邦各地教會的創始人，但

他並不以此誇口。因為他只是神的僕人，以服事神為己任。他是神所委派的，作新約執事（林後三6），此執事是與摩西的職事一致的，不過前者屬新約，後者屬舊約；前者靠著聖靈（《和合本》作精意），後者是憑字句。按此了解，新約的執事比舊約的更有榮耀。不過，這榮耀的職事也只不過是一僕人領袖，即因耶穌作你們的僕人而已（林後四5）。

對於保羅，這是一不亢不卑的職事。他更以寶貝之於瓦器的比喻，來表明他只是如瓦器般脆弱和微小，但內住的復活主乃寶貝，這便是他有莫大事奉能力的原因；這能力來自內住的主，就如他所言：要顯明這莫大的能力是出於神，不是出於我們。（林後四7）

說白了，如果說保羅偉大，倒不如說是復活主藉著他顯大。

10.5.3｜他的終極關懷：主的再來

保羅在大馬士革路上遇見榮耀的主，這經歷使他念念不忘。他期望在走完人生旅程之後，能重遇這位榮耀極致的主。故此，他的遺願便是：那美好的仗我已經打過了⋯⋯從此以後，有公義的冠冕為我存留，就是按著公義審判的主到了那日要賜給我的⋯⋯（提後四7～8）其實，早於他第一次被囚於羅馬，寫下監獄書信時，他已表明：⋯⋯情願離世與基督同在，因為這是好得無比的。（腓一23）當然，活在當下的保羅仍然是孜孜不倦地服事眾教會，因此，他亦表示：然而，我在肉身活

著，為你們更是要緊的。（腓一24）

保羅於哥林多前書三章以生命工程為喻，表明主再來的大日，也是各人提交成績的日子，端此，神的僕人必然要全力以赴，建立以金、銀、寶石為建材的生命工程，因為主再來的大日，必審照各人的工程，就好像有烈火把人的工程燃燒作為測試，人在那根基上所建造的工程若存得住，他就要得賞賜（林前三14）。如今，黑夜已深，白晝將近，主再來的大日已近破曉時分，各人都當保持警覺，做好準備，活好每一天，好能通過這終極的考驗（羅十三11～14）。

10.6 | 成聖觀：復活主的內住，促成了生命成長

不單人的得救是因信基督，其生命的成聖亦然。這便是保羅的一句：本於信，以至於信的意涵。對於這一句的理解大致可分為四大類別：

（1）指人對神的信靠，是自始至終的（《當代》、《和合》），[11] 例如人信仰的開始及基礎是基於信靠，[12] 其日後的生活及成長也是信靠，[13] 正如保羅於哥林多後書五章7節所言：

我們行事為人是憑著信心，不是憑著眼見。

（2）這只是一重複的說法，強調信的重要。[14]

（3）第一個信指猶太人，第二個信指外邦人，意即福音是先傳

給猶太人，後給外邦人，二者都是藉著相信而得救。[15]
（4）第一個信指神／耶穌的信實，[16] 第二個信是指人的相信。[17]

第四個看法的問題是，在同一片語中的同一個字，竟然有兩個不同的解釋（信實和相信）。除非有極其充分的理據，否則這是欠缺說服力的。不少學者都採取第一及二的看法，大概因其較簡單直接。[18]

在此，保羅的意思大有可能是要強調信的重要，因為不論猶太人還是外邦人，同樣都因著信而成為神的子民。再者，從人的稱義到與神和好，繼而過成聖的生活及等候主再來時得榮，都需要對神有信心才行。

保羅於羅馬書六章1至8節表明，信徒藉著洗禮，與主認同，[19] 與祂聯合，公開表明要活一個效法基督的生活。這是人的立志。與此同時，內住的基督，藉著聖靈會幫助已立志的信徒，得著心靈力量，過著棄惡從善，活出基督的生命。

尤有進者，在效法基督一事上，信徒不能靠跟隨活在世上的耶穌來實踐，因基督已升天而去。端此，效法基督是在於研讀福音書，即神的道而來。然後，通過信徒的信心，內住的聖靈不斷地工作，信徒的心意得著更新變化。再加上教會羣體生活的習練，生命中種種際遇的磨礪，達成萬事互相效力，叫愛神的人得益處。加上天父、愛子及聖靈的守護，必能最後成聖（final sanctification；見羅八26～39）。

對於保羅而言，復活主不單向保羅顯榮於大馬士革的路上，祂也顯現於信徒的生命裏。事實上，「在基督裏」此措辭在保羅的書信中出現凡一百六十五次，再加上其他相關的如「在主裏」、「在祂裏面」等措辭，「在基督裏」可算是保羅的專用辭，描繪了信徒與復活主一幅極度親密、生命交融的畫像，[20] 是信徒如何能夠過成聖生活的命門。

末了的話

在基督裏

加拿大新約學者波爾特（Stanley E. Porter）指出，「在基督裏」意即基督的屬靈生命力，全然影響著信徒，[1] 在日常的生活裏，信徒能隨時隨地感應主的同在同行，以致信徒能「生於其心，行於其身」，活出美善的生命，達至榮神益人的佳境。

換言之，這是一個由「所是」（being），外顯或為「所為」（doing）的過程。「在基督裏」亦是指以基督的心為心（腓二 5），即以心靈感應主的同在及感悟祂的旨意，思維不斷地更新蛻變（羅十二 2），好成全「主心我心」的屬靈佳境。

本來，人是不能住在另一個人的生命裏的。充其量，人可以藉著記憶，把別人留在心裏，但嚴格來說，我們不能因而說那人住在我們裏面。然而，在世上活著的主耶穌基督已從死裏復活，復活主如今活在榮耀裏，已不受物質界的時間和空間所限制，祂可以無所不在，無拘無束地存在於宇宙間，也存在於信徒的生命裏。

在世上的主耶穌曾以風比喻聖靈（約三8），我們亦嘗試以空氣比喻「在基督裏」的意涵，從而明白其機制。地球的表面充滿了空氣，我們因而是活在空氣裏。然而，我們必須以呼吸的方式，讓空氣進入我們的體內，使我們活命。按此了解，活在空氣裏的我們，因而被空氣影響，充滿生氣地活在當下。

同樣，復活了的主耶穌基督是無所不在的神（就像空氣）。然而，我們必須藉著信靠祂，習練與祂同行，才能聯上祂的生命。藉著祂的靈，即聖靈，復活主進入信徒的生命中（就像我們的呼吸，把空氣吸進體內），引導和影響著信徒。

說白了，復活主如今藉著聖靈，內住於信徒的生命裏，祂全天候影響著信徒，從而達成「在基督裏」，即深受基督影響的屬靈生態（留意羅八8～11）。

留意保羅曾指出，信徒除了藉著洗禮表明與主認同，活一個與主聯合的生活外（見羅六3～8），聖靈的內住也是不可或缺的。因為儘管人如何願意，但要攻克自己，戰勝人性的軟弱，是需要聖靈幫助的，這便是保羅於羅馬書八章2節所表示的：因為賜生命聖靈的律，在基督耶穌裏釋放了我，使我脫離罪和死的律了。這罪和死的律所指的，是人的慾望。人的慾望儼然是一股難以駕馭的力量，惟有全然倚靠聖靈，才能使人掙脫其捆綁，突破牢籠，活出新生命。[2]

再者，信徒的成長也在乎他有否投入屬神的羣體，與信眾一起生活、裝備和事奉，在這羣體生活中，信徒所要學習的，是彼此相愛、互相接納、恩賜配搭、同心合一等。觀此，神子民的成聖，並不是一項獨善其身的項目，乃是一起成長的綜合行動。換言之，教會的存在，說明信徒們是一共同體。

總的來說，成聖的可能，全是三位一體的神的作為，一如保羅於羅馬書八章26至39節所力證的，是父神的預定，信徒能稱祂為阿爸父；是聖子的大愛，藉著聖靈，內住在信徒生命中，守護著信徒，賦能信徒活出神兒女的人生，[3] 直到那榮耀大日的破曉。這便是為何保羅能信誓旦旦地力證：因為我深信無論是死，是生……都不能叫我們與神的愛隔絕；這愛是在我們的主基督耶穌裏的。（羅八38～39）

| 靈思小品 |

新的創造

若有人在基督裏，他就是新造的人，舊事已過，都變成新的了。(林後五 17)

新造的人原文是「新的創造」(new creation)，這「新的創造」，又稱為「新天新地」(new heaven and new earth)，是神子民向來所憧憬的；當彌賽亞出現，祂會改變萬事，把這世界重新創造，使世界有如昔日伊甸園一樣，何等美善。

主耶穌便是那要來的彌賽亞，信了主的人不單生命改變了，就是連他眼中的一切事物，都截然不同了，其猶如活在那「新的創造」裏。

李安乃我國名導演，他於二〇一九年拍攝了一部科技非常前沿的電影，名叫《雙子任務：疊影危機》(*The Gemini Man*)。這部電影採用 3D 及高密度畫像技術，不論在電影院或是家中電視機觀看，觀眾都能得到一種極大的視覺享受。

這部電影的劇情也很觸目，並且發人深省。話説男主角是一名年屆五十一的殺手，這位「大叔殺手」因著這份特殊的工作，沒有結婚，沒有家庭，活在孤獨中。

他表現極其優秀，甚得上司賞識。可惜，因著一個錯誤的消息，他錯殺了好人。他因而非常愧疚，就是連照鏡子也害怕——他在逃避那不堪的自己。於是，他決定退休，從此洗手不幹。

然而，他卻遭到上司派來的殺手追殺。也許，因為他要退休，上司認為他已失去作用，打算把他除去。當他遇上殺手時，發現此人與他年青的樣子竟然是一模一樣的。在仔細調查下，才知道原來上司在他年青時取了他的遺傳因子，製造了一複製人，並且訓練他成為殺手。由於這「年青殺手」的基因取自這位「大叔殺手」，此人的身手也同樣了得，甚至更為優秀；他勝在年青。

如是者，「年青殺手」和「大叔殺手」遇上了，也較勁了；前者是後者的年青版本。後來，當二者知情後，他們便聯手起來，把這失德的上司除掉。之後，「大叔殺手」，即本片的男主角，對「年青殺手」說：「年青人，我對你的期望是，請不要錯過活一個正常人的生活。」他這樣說，反映了他很希望也曾年青過的自己，能過一個正常人的生活。

年青人沮喪地說：「正常人的生活？我除了當殺手外，甚麼都不懂。」男主角回應：「不用怕，你可以從頭學起。」男主角續稱：「正常人的生活便是成為丈夫、父親。」

影片尾聲，大學校園內一羣年青人手裏拿著書本，步出校園，其中這位「年青殺手」，已變成一氣度不凡的莘莘學子；好一個華麗變身。前來探望他的男主角笑著對他説：「我如今敢於看鏡子中的自己了。」他的意思是，因著這「年青殺手」改過自新，就等於本是殺手的他能重活自己，過一個正常人的生活。

反省

這故事所發出的信息是：很多人都對自己那不堪的過去耿耿於懷；可惜的是，人不能回到過往，重活當年。然而，複製的技術卻能把人的生命延續，複製人可以代表著本人回到過去，活好過去。

信了主的我們亦同樣有著一些不風光的往事，其往往在記憶中纏繞我們，我們可以如何應對？且看以下兩項來自聖經的教導：

(1) 聖經指出世人都是罪人，人都活在罪中，無一倖免（羅三23）。儘管能重回過去，也擺脱不了罪的困惑。也因此故，耶穌基督來了，也為我們的罪死了，成了贖罪祭。此救贖的功效宏大，把我們的過去、現在，甚至未來所犯的罪都洗淨了。在神的恩典下，我們被祂宣告為無罪（羅八33），不用受罪的刑罰。有了以上的認識，加上經歷了那份從救恩而來的赦罪平安，我們可以不再為往事拉扯糾纏，終可釋懷。

（2）過去的不堪或不幸，其實都有著主的保守，都可被視作為變相的祝福，是我們生命成長的學堂，旨在磨礪我們，增加我們的自我了解。畢竟，以神的無所不能，祂絕對可以使萬事都互相效力，叫愛神的人得益處（羅八28）。

重要的倒是，活在當下的我們不單要存感恩的心，幸福滿滿地活著，還要立下心志，為主並為自己活出更好的未來，甚至活出最好的自己，榮神益人。

這便是保羅所指「新的創造」的意思。我們重生了，視野不同了，我們視自己的過去、現在和將來都不同了。我們不用回到過去，因為如今，我們的整個世界都變成新的了。

禱告

施恩主，多謝祢賜我這一生，讓我能出生，活著，遇見祢和信靠祢，這都是祢在基督耶穌裏的揀選之恩。

如今，求祢與我同行，幫助我活好餘生，不再辜負祢的厚愛。

11 教會真理(一):神國子民的聚集

保羅的宣教策略，是在各地建立神子民的羣體：教會。藉著加入教會，信徒確定自己天國子民的身分，並且在羣體生活當中，習練如何培育自己的屬靈生命，及活出應有的生活(即成聖)。[1] 教會儼然是信眾生命成長的溫牀，是社會所能觸及的神國前沿組織。按此了解，教會儼然是福音的載體。[2]

11.1 教會的定義

「教會」(*ekklēsia*)，意即被呼喚出來。學者賓克斯(Robert Banks)指出，公元前五世紀希羅世界開始以此辭形容一羣城中的公民，他們由地方官員召集聚在一起，議決一些重要的城中政務。[3] 按此了解，「教會」便是指神國子民聚集在一起(林前一2)，做一些關乎屬靈的事。此辭的基本意思是聚集

（assembly），或會眾（congregation）。[4]

值得留意是，*ekklēsia* 一辭出現在希伯來聖經的希臘文譯本——《七十士譯本》凡一百次，大都用作翻譯希伯來文的 *qahal*（意即集會），[5] 在舊約常指以色列人作為神的子民，集結在神面前，進行某類宗教活動（申四 10，九 10，二十三 1，三十一 30；代下六 3、12；詩一〇七 32）。按此分析，「教會」一辭實有舊約的背景，[6] 加上當代希羅世界的用法，[7] 故「教會」一辭在保羅的用法裏，是指各地神子民聚在一起敬拜和服事神。其有別於一般希羅社會的聚集，也有別於猶太人會堂的敬拜，一如保羅於哥林多前書十一章 18 節所言：第一，我聽說你們聚攏起來集會……（按原文翻譯，又參《呂譯》）；「集會」原文便是 *ekklēsia*，故這裏的意思是受書人聚攏起來，旨在進行教會應有的活動，這活動是以耶穌基督為中心的。活動包括公共敬拜、傳揚福音、施行洗禮及主餐等。[8]

「教會」在新約出現凡一百一十四次，有超過一半是在保羅的書信內。[9] 此辭在新約最早見於馬太福音十六章 18 節及十八章 17 節；然後多次出現於使徒行傳中（徒五 11，十三 1，十八 22）。按保羅在以弗所書中的教導，「教會」可分為有形的地方教會（visible church），或是理想中的無形教會（invisible church）。無形的教會是普世性的，其成員包括古今中外一切信徒，不分猶太人還是外邦人，都是神的子民。在這普世性的教會中，賜下的領袖有使徒、先知和傳福音的（弗四 11），他們都穿梭於各地方教會之間，幫助各地教會成長。牧師和教師則是地方教會的領袖，[10] 專責牧養和領導。

畢竟，無形的教會成為各地方教會的範式，是理想中屬神子民的羣體。[11] 在此，新約學者 Yung Suk Kim 說得好：「保羅是一位理想主義者，努力地打造一個健康的羣體。」[12] 保羅理想中的教會，便是無形教會所映現的。

11.2 教會的比喻

從人的角度看，教會的成員是由一切基督的跟隨者所組成；從神的角度看，則成員都是按著神所預定、揀選和蒙召才成的（羅八 28 ~ 30；帖前一 4）。如是者，成員都被稱為聖徒（羅一 7；林前一 2；林後一 1；腓一 1；西一 2），更是光明之子女（弗五 8）。因著這身分，成員必須學習如何過成聖的生活，就好像每天都要換衣服：脫去的是舊人，從而穿上新人，這是一個去舊立新的過程（弗四 22 ~ 24），好叫信徒在主再來時，能夠無有瑕疵地見主的面，一如保羅所言：好使你們當我們主耶穌同他眾聖徒來的時候，在我們父神面前，心裏堅固，成為聖潔，無可責備。（帖前三 13）

按以上所言，教會此組織實在是有別於猶太教，也有別於各外邦組織，其獨特之處，藉著保羅所採用的多個比喻，得以闡明。[13] 在仔細研究這些比喻時，我們會發現這些比喻都不是橫空而出，而是有著其屬靈背景的。這一章將會先介紹其中兩個比喻，下一章會再繼續。

11.2.1｜基督的身體[14]

以人的身體為喻在希羅世界是很普遍的，[15] 尤以是以身體比喻組織。[16] 保羅採用這比喻，一方面是因為受書人都是外邦之地的教會，當中大部分都是外邦信眾，另一方面，在世的耶穌也曾在設立主餐時，以身體為喻，說明他本人將死在十字架上，並且藉著所流的血成立新的約（見林前十一23～26）。因此，教會被喻作基督的身體自是順理成章的事。

在此，保羅曾多次以基督與教會的關係喻作人的身體，顯示此比喻的重要性。也許，其原因有二：

第一，此比喻最能表明復活的主與教會之間的關係。

由於教會是主耶穌所建立的，故元首便是復活主（弗四15）。端此，成員都必須服從元首，即身體的頭的指揮（藉著聖靈），這順服元首之舉，使本來多元化的成員（不同性別、種族、階層及恩賜等），在主裏合一，就如保羅所力言的：並不分猶太人、希臘人，自主的、為奴的，或男或女，因為你們在基督耶穌裏都成為一了。（加三28）[17]

第二，一如上文所言，此比喻為希羅世界所熟悉，故為大部分活在外邦世界的受書人所認同。

人的身體有不同的器官和肢體，功能各有不同，卻需要彼此配合,這便是恩賜配搭的道理。事實上,世上的任何羣體都必設有不同的崗位,彼此合作,以能運作順暢。否則,多元則亂。「教會」作為一屬神國度的羣體亦然,保羅以恩賜(*charismaton*,見林前十二4;強調其乃神恩典所使然),或是屬靈恩賜(*pneumikon*;見林前十二1;強調其乃聖靈的賦能)來形容不同成員所擁有的才能。換言之,當人心中敬畏神並靠著聖靈運用才能,這些才能便為主所用,成為恩賜。

恩賜的目的,是要造就信徒,藉著恩賜配搭,成員之間可實踐彼此相愛之道,[18] 藉著恩賜的發揮,信徒能彼此服事,建立教會。恩賜大概可分為兩大類(參羅十二6~8;林前十二8~10、28~30;弗四11):

(1) 神話語職事:使徒、先知、傳福音的、牧師和教師、勸化的、長老、智慧的言語、知識的言語、説方言、翻方言。
(2) 服事性職事:長老、執事、施捨的、信心、醫病、行異能、辨別諸靈。

11.2.2 | 神的家

此理念來自在世的主耶穌的教導:凡遵行我天父旨意的人,就是我的弟兄姊妹(太十二50)。信徒都是弟兄姊妹,換言之,教會便是一屬靈的大家庭。信徒都是神的家中人,此情況為信徒提供了歸屬感。

在上古，家庭的觀念是很重要的，人都以自己屬於某家族來為自己定位，而人也常會以父親的名字為自己命名，如巴拿巴、巴約瑟、西庇太的兒子等。在當代，家中的成員不單是指核心家庭成員，更是連同近親也包括在內的。

澳洲新約學者賓克斯指出，保羅傳福音時，把初信者引進一嶄新的關係裏，即進入一以弟兄姊妹相稱的羣體內。[19] 尤有進者，由於外邦各地的教會都在信徒的家中聚會（如羅十六 3～5、10；林前十六 19；西四 15；門 2 節），此實況更促成了保羅以家來形容教會，即神的家（見提前三 15；弗二 19）。[20] 信徒都成了神家裏的人——來自不同背景的信眾都集結在一起，這集結不單是在關係上，也是生命上的結連：連於元首基督（弗四 15）。

說到底，弟兄姊妹相愛相親，以基督為元首，聽從祂命，任祂指揮，憑著恩賜，各司其職，在多元化中產生合一，合一匯聚力量，彼此成全，也成就外展性的福音工作。教會作為神的家，為信徒提供了心靈的家園。

末了的話

請不要瞎跑

信主不久的保羅，用了三日三夜的時間進行禁食禱告，反思信仰（徒九9）。後來，他更獨自走進阿拉伯曠野，進入靜謐裏，好能長時間地反思信仰（加一17）。在宣教的繁忙日子裏，他也找來時間，寫下起碼共十三卷書信。[1] 在寫作之先，他必先要整合神學思想，並且構思如何能應用在受書人身上，才提筆寫作。

事出必有因，保羅對教會的影響巨大，全在乎他的思想經常流轉。他生命力的強大，絕對是與他反省生命、思維融通有關。

可惜的是，城市人大都在追趕生活，信仰及生命的反省甚少。

最近，我發現自己身邊的老朋友，兒女們有不少年過三十而未婚。看來這是時代的大趨勢，年青的一代不急於結婚。也許，要急也急不來，因為生活繁忙，沒時間與異性建立關係。生活圈子也不大，接觸異性的機會不多。如是者，在內地、日韓等地都流行相親。

有一位內地友人告訴我，他相親去了。相親的女方坐下不久，說了幾句客套話，便拿出一份表格，請他填寫。內容包括姓名、手機號、住在哪兒、家鄉何處、個人愛好、擇偶條件等；重要的自然是從事哪些行業、有沒有自己的房子、有否父母要供養及經濟是否獨立等等。友人填完後女方便拿了表格告辭，絕塵而去。友人告訴我，如今相親也講效率。

聽後，我愣住了，也感慨萬千，難道相親不是一件值得期待的事嗎？認識對方，不論成事與否，總算是一種緣分，怎可以這樣商業化，速速了事？

現代人都在追趕生活，有如人在田徑場上作短跑比賽，朝著目標狂奔。於是，我們在跑相親、跑戀愛、跑結婚、跑旅行、跑家庭生活，甚至跑親子，跑這跑那。我們都在努力地跑，不見風景，無視旁人，沒有生趣地跑人生。

有人曾向我感歎過，為口奔馳的生活真不好過。亦有人曾豪言，要有野心，才有鋒芒；要有夢想，才勢不可當。然而，説完了還是繼續地跑；只是瞎跑。

畢竟，我們要經驗活在不同處境裏，接觸不同的人，遇見不同的事，經過反思，有所觸動，才能悟出潛存的真理，深度感知人性和世情，磨練出強大的適應能力。換言之，深度地體驗每一天，則能變成一個善於發現和整合的人，思想更成熟，胸懷更壯大，視野更遼闊，抗逆能力得以加乘，活出信、望、愛的人生。

作為主兒女的我們，如果要跑，也應該往上跑，向高處行。目的是要跑上視野的高處，登上人生的制高點，然後居高臨下，到時所看到的便是不一樣的風景、不一樣的世界；遠方近處，盡入眼簾。眼界高了，你會看得更清楚。事實上，要能看見生命的全貌，我們的視覺必須不斷地拾級而上，不斷提高。

話說回來，人類的未來，不論是遠觀，還是近看，情況都不妙。未來只有更多艱難，挑戰也更大更多，可以說是舉步維艱，情況實在再不容許我們瞎跑。

我們跑不過去，更跑不掉。如果我們仍只顧跑生活，蒙混地過每一天，忽略了思如泉湧的日子，失去培育靈巧睿智生命的機會，我們如何能活好未來？

迎向乍暖還寒，世情險惡的未來，我們必須稍停下來，嚴正地審視這跑人生的問題。

末了，有人說，生命有如旅程，在乎的不是遠方的終點，而是沿途的風景，和欣賞風景的心情。若是真的，那便不要再瞎跑了。我們理應放緩腳步，轉頭朝向太陽，迎著和風，欣賞父神為我們獨設的沿途風景，懷著童心，深度享受並感悟人生。

12 教會真理（二）：恩約的關係

12.1 教會的比喻

上一章提到保羅採用「基督的身體」和「神的家」來比喻教會，這一章還會再提到另外的幾個比喻。

12.1.1 | 從神的家到信徒的家庭

教會被稱為神的家。神的家，即教會，是在信徒的家中聚會。如是者，家中的成員也是教會的成員，故在保羅的教導中，常常涉及家中不同角色的成員及其關係，如夫妻、親子、主僕等；我們稱這類教導為「家庭規章」。

留意「家庭規章」的作用，主要不是要改革當代的制度，例如上文所論及的主人和奴隸那不公不義的制度，其重點是在於信徒因著信仰，內在的生命需要更新而變化。端此，態度的改變，比起制度的改變更為重要。否則，理想的制度也可以因人性的敗壞而被誤用，甚至濫用。信徒在不同關係中的應有取態，都可歸納在「以愛為本」此大原則內，一如保羅於羅馬書十三章9節所總結的，一切律法的應用，都包在愛人如己這一句話之內。

畢竟，「家庭規章」是重要的，其不單出現在保羅書信內（見弗五22～六9；西三18～四1），在彼得前書二章18節至三章7節亦有出現，可見「家庭規章」已廣泛流傳於初期教會。事實上，家庭乃組成社會的最基本單元，家庭不穩，社會也不穩。如果信主的家庭因信仰而引來動盪，一方面會影響教會內部不穩，更可能引來外界人士的歧視，甚至因而遭受打壓。

總的來說，通過在關係中的學習及磨合，信徒的生命自然有所成長。

12.1.2｜聖殿

此理念建基於舊約：神的榮耀會落在會幕，或聖殿中的至聖所，代表著神與祂子民的同在。在世的主耶穌也曾以自己的身體比喻作聖殿（見約二19～21），表明了祂才是神子民敬拜神的所在。換言之，聖殿的功能已成過去。神子民藉著耶穌，即奉主耶穌的名，便可自由地、不受地方限制地敬拜父神（見太十八20）。一如上文所言，教會成了主的身體，在世上延續了祂的救贖工作。於是，教會被喻作為聖殿，自是可理解的。

早於哥林多前書三章9節,保羅以建築物為題,比喻建立教會實乃一生命工程。後來他更明言,教會這建築物是非比尋常的,因為有神的靈住於其內。保羅力言:豈不知你們是神的殿,神的靈住在你們裏頭嗎?(林前三16)此言不單指聖靈主宰著教會的活動(如藉著屬靈恩賜的運作),更是指教會乃神聖之地,絕不能藏污納垢。稍後,他更直言:神的殿和偶像有甚麼相同呢?因為我們是永生神的殿,就如神曾說:我要在他們中間居住,在他們中間來往;我要作他們的神;他們要作我的子民。(林後六16)作為神的子民,信徒便不應行為不檢,以身體行殆。否則,便是破壞教會,後果堪虞,因為這便等於是犯聖了(即犯了褻瀆聖殿的罪;見林前三17)。

由於教會是神的聖殿,故舊有在聖殿中敬拜神的理念,便轉化成敬拜生活化。端此,保羅的敬拜觀,是與猶太教和外邦人敬拜神明迴異的。保羅相信新約神子民的敬拜 不再局限在某地方和時段(一如耶穌於約四21~24的教導),乃在乎全人敬拜,就如他於羅馬書十二章1至2節所力陳的:將身體獻上,當作活祭……你們如此事奉乃是理所當然的。不要效法這個世界,只要心意更新而變化……留意在原文裏,事奉更佳應作「敬拜」(*latreia*;《思高》作「敬禮」);[1] 理所當然的亦可作「心靈的」(*logikos*),其乃形容詞,用作形容「敬拜」 即「心靈的敬拜」。[2] 按此了解,信徒的敬拜始自內心,然後把全人獻上,每天過著心靈更新的生活。換言之,心中敬畏神,從而「有諸內而形於外」地活一個敬拜神的生活。[3] 心靈的敬拜，也就是全人敬拜。

對比起昔日耶路撒冷的聖殿，及外邦各地宏偉壯觀的神廟（如哥林多古城所留下的幾枚石柱，正是屬於蔚為壯觀的阿波羅神廟的），在各地信徒家中進行聚會的敬拜場所便顯得極其渺小。然而，全人敬拜絕對優勝過只在特定地點敬拜，正如上文所言，這是因為耶穌基督成為神與人之間的中保，祂成了新約的聖殿，只要信徒奉主的名，不論是個人，還是集體，祂都應許與其子民同在——每一天，每一個瞬間。敬拜，是神與人的相遇。

因著耶穌基督，神子民在每一天、每一刻都能暢然無阻地與神相遇，敬拜父神，此實乃耶穌基督的救恩，為一切在祂裏面的，達成了與神同行的屬靈大格局。

12.1.3｜新婦

新約常以妻子之於丈夫，來比喻教會之於主耶穌基督的關係（如啟十九7，二十一9；林後十一2），其主要原因如下：[4]

（1）舊約常以女子形容以色列人。由於耶路撒冷建在錫安山上，故舊約聖經都以錫安的女子（或女子）來形容神的子民（經文見賽三16、17；彌一13，四8、10、13等）。

（2）舊約常以在婚姻上不忠（即淫婦），來形容以色列人的背道（經文見何二 2 ～ 三 5；耶三 1；結十六 6 ～ 13，二十三 1 ～ 49）。

（3）耶穌自喻為新郎（按太九 15，耶穌曾以新郎來比喻自己）。[5]

（4）施洗約翰也把耶穌喻為新郎。按約翰的見證（約三 28 ～ 29），他表明自己不是基督，他只是那要來的基督的先行者。基督有如婚宴中的主角——新郎；祂才是焦點所在。

（5）二者同樣是以立約的方式，進入關係裏。由於丈夫及妻子是藉著盟約，進入婚姻，神的子民同樣是藉著恩約，成為神的子民。[6] 故以婚姻形容信徒與主所建立的關係是合理的。猶太人的婚姻分為兩大時段，先是許配，後才正式入門成婚。同樣，信徒信了主，藉著洗禮，立下誓約，成為神的子民，這情況有如許配。而當主再來時，信徒與主面對面相遇，並且被接到榮耀裏，與主永活在一起，是為成婚。

基於以上的原因，保羅有如父親般把教會許配給主，這便是他所言的：我曾把你們許配一個丈夫，要把你們如同貞潔的童女，獻給基督。（林後十一 2）言下之意，是在福音工作上，他極其盡心竭力地守護著教會，好像守護著已許配給別人的女兒，竭力保持教會在屬靈上的聖潔，直到主再來把教會接去，便是他女兒成婚的大日。[7]

12.1.4｜屬靈的以色列

神與人藉著恩約建立關係。在舊約中出現四個約：(1)神與挪亞所立的約，並且以彩虹為記號；(2)亞伯拉罕的約；(3)藉著摩西與以色列立下的西奈之約；(4)與大衛立的約。最後是藉著耶穌基督設立的新約：藉著耶穌基督所設立的新約，對象只有一種人，便是所有因信主而稱義的，即基督的跟隨者，包括了猶太人及外邦各族羣。[8]

留意當保羅蒙主派遣往外邦之地宣教時，他在過程中目擊不少外邦人因信了主而起了莫大的生命改變，他自然相信在這新的約中，與基督立約者，不只是猶太人，外邦人亦然。再者，保羅在研究舊約聖經時，更發現其實內裏已充滿外邦人得救的應許，就如他在羅馬書十章11至13節所力言：「凡信他的人必不至於羞愧。」猶太人和希臘人並沒有分別，因為眾人同有一位主；他也厚待一切求告他的人。因為「凡求告主名的就必得救」。在此，凡信他的人必不至於羞愧是來自以賽亞書二十八章16節；凡求告主名的，就必得救引自約珥書二章32節。

誠然，猶太人的文化與外邦人的文化存在著重大的分歧，二者要合而為一誠非易事。因此，保羅以信心軟弱的來形容那些固守自己文化和生活習慣的信徒，以信心強者來形容思想融通，以靈裏的自由來活在當下的信徒(見羅十四1～十五14)。他表明既是強者，便應胸懷大度，體恤並接納異見者。畢竟，這只是生活方式的不同，不涉及教義上的差異，因此，彼此體諒、互相接納，才真的是活一個愛人如己、同心合一、屬靈以色列人的生活。

再者，對於猶太人，只有男性會以割禮表明他們是屬神的子民，女性沒有任何類似的禮儀，然而，對比之下，這屬靈的以色列則男女平等，[9] 只要心中相信耶穌基督，便等於心裏行割禮，儼然是神的子民，男女並沒有分別。保羅曾說：外面肉身的割禮，也不是真割禮。惟有裏面作的，才是真猶太人；真割禮也是心裏的，在乎靈，不在乎儀文。（羅二28～29）所言的「心裏的割禮」，便是指心裏相信耶穌基督，正如保羅於稍後所力陳的：你若口裏認耶穌為主，心裏信神叫他從死裏復活，就必得救。（羅十9）

| 末了的話 |

成全別人，也造就了自己

一九九七年，名導演馮小剛拍了一部既幽默，又發人深省的電影，名叫《甲方乙方》。這部電影的內容，改編自王朔的小說：《你不是一個俗人》。劇中有四個主要角色，其中一對是戀人，他們從事一業務，名叫「好夢一日遊」，旨在幫助別人圓夢。

電影裏不少個案光怪陸離，近乎荒誕，也使人失笑。例如圓夢者有：一位圖書館服務員希望成為美國的巴頓將軍；富翁夢想過低貧的生活，電影明星夢想過一些悠閑、沒有任何騷擾的生活。

也許，最感動的是，四人中的一對男女後來成婚，卻把新房讓給一對從未有住過屬於自己房子的夫婦——妻子已患上末期癌症，時日無多。讓妻子能與丈夫在這新房中度過人生最後一段的婚姻生活，便是幫助他們圓夢。這舉措的意義深長，因為「好夢一日遊」原本只是業務工作，但因此變成了助人為快樂之本的愛心行動。說白了，二人動了心，動了真情。

到電影尾聲，四人中的主持人在一酒局中表示，尋找他們幫助的人愈來愈多，但因著種種原因，賺的錢卻愈來愈少，所以，他希望各人能接受扣減工資。眾人想後，竟然建議索性把本來是謀利的業務，變成一慈善組織；一個以助人圓夢為宗旨的慈善機構。

劇中男主角的一句：「成全了別人，陶冶了自己」，在在解釋了為何最後他們竟然孕育出這樣一個出人意表的念頭。換言之，在助人圓夢的過程中，助人者的生命不經意地也改變了。

在神的家裏，我們要彼此相愛，這不單能成全對方，還能造就自己，促成我們生命的成長。

13 教會真理（三）：信望愛

保羅有強烈的猶太人背景，他的倫理觀自然是傳承自舊約。不過，他絕對不是複製猶太教的條文律例，因為對於他來說，基督的事件（the Christ event）才是他信仰和倫理的核心。保羅的倫理觀，一如他的神學思想，也是以基督為中心的。

換言之，保羅所奉行的不再是摩西之律，乃是「基督的律」（the law of Christ）。「基督的律」的意思，便是指以在世的主耶穌的為人和教導為最高指引，就如保羅於羅馬書十章4節所力陳的，律法的總結就是基督；總結意即終極（end）、目的（purpose）；意即基督不是要結束律法，而是要成全。

按性質論，保羅的倫理觀不單是他親身體驗的，也是羣體性的。如此解讀保羅的倫理教導是合理的，因為他信中的受眾都以羣體為單位。儘管這些都是私人信件，但信亦會被公開宣讀出來，而聽眾都是教會中人。

我們相信保羅的想法是，神的羣體聽取他的教導後，若能察納雅言，奉行「基督的律」，則影響所及，是無遠弗屆的。信徒起碼必然影響到身邊的人，甚至是所處身的社會。端此，教會便成為天國突入羅馬社會的橋頭堡。換言之，在羅馬社會這大羣體中，存在著教會這小羣體，而這小羣體因著那份高風亮節，奉行一套比猶太教更為全面的倫理觀，便有如在黑暗中閃亮的明燈，盡顯天國的美善，從而吸引鄰舍歸主。

保羅於哥林多前書十三章13節表示，信、望和愛乃信徒應追求的屬靈修養。繼而，他在羅馬書五章2至7節及帖撒羅尼迦前書一章3節亦提及信、望和愛。按此了解，信、望、愛被譽為屬靈的三達德，性質都是羣體性的，也成為保羅倫理觀的亮點。

13.1 | 信

在世的主耶穌在宣講時曾有此言：日期滿了，神的國近了。你們當悔改，信福音！（可一15）如是者，保羅把「信」的理念，進一步擴充為本於信，以至於信（羅一17）；加上哥林多後書五章7節的一句：因我們行事為人是憑著信心，不是憑著眼見，強調了信徒的人生，是始自因信稱義，但要好好地活下去，還須常存信靠神的赤子心。

換言之，信心的生活是信徒成聖生活的特徵。憑著信，信徒在因信稱義後，藉著洗禮認同主的死及復活，開始習練向罪死而向義活的人生，在基督裏過新生活。憑著信，信徒領受聖靈，也信靠內住的聖靈，得勝肉體情慾的煽惑。憑著信，不論遇到任何危難，都不被困住。一如保羅，儘管有一刺加在他的肉體上攻擊他，他也曾三次禱告，求主把刺挪開，[1] 然而，主的回覆卻是：我的恩典夠你用（林後十二 9）。端此，保羅憑著信，雖然惡刺猶在，但他心中已釋然，因為這刺是有潛作用的：好叫基督的能力覆庇我（林後十二 7～9），此實乃信心的宣告；他與惡刺並存。

再者，信心使人不會以惡報惡，因為相信神必伸冤（羅十二 17～18）。由此可見，信徒對主的信心，足以扭轉其心態，從糾結變舒坦，愁心變舒心（見腓一 18～19）。[2]

「信」一字也可作信實（faithfulness），一如提摩太後書二章 13 節所言：我們縱然失信，他仍是可信的，因為他不能背乎自己。此言強調了神的信實，對比人的失信，神恩浩大；又哥林多前書一章 9 節有曰：神是信實的，你們原是被他所召，好與他兒子——我們的主耶穌基督一同得分。

總的來說，神是信實的，因此我們理應信靠祂。換言之，神的信實與信徒的信靠是一項互動，因為當我們愈發發現神的信實可靠，便愈發信靠祂。愈發信靠祂，我們必定發現，祂對我們的守護是何等的信實，其奇妙之處，實在是難以言傳。

13.2 ｜ 望

望即盼望，在保羅的用法中，是指盼望基督的再來，正如他於提摩太前書一章1節表示，他是奉我們的盼望基督耶穌之命作祂的使徒；又在羅馬書八章24節說：我們得救是在乎盼望。所指的得救，是指終極的成聖，即信徒的全人得贖。[3]

在此，望是重要的，是信及愛的基礎。因著對未來有盼望，信徒能持續對神有信心及對人施予愛心。[4]對於年邁的保羅來說，他快要為信仰而殉道，回望一生，前瞻未來，遺願便是：那美好的仗我已經打過了……從此以後，有公義的冠冕為我存留，就是按著公義審判的主到了那日要賜給我的；不但賜給我，也賜給凡愛慕他顯現的人。（提後四7～8）因著信實的主，雖然殉道在即，保羅的盼望卻永不磨滅。

信徒對主再來的期盼，使他們能有信心地活在當下。儘管未來日子困難重重，險阻滿途，信徒仍能滿懷信心，剛強堅韌地活下去。因為當主再來，神國的王耶穌基督將完全實現祂在地上的管治，就如保羅所力陳的：因為基督必要作王，等神把一切仇敵都放在他的腳下。（林前十五25）

在此，盼望與信心關係緊扣。有了信心，盼望也油然而生。[5]再者，經過考驗的盼望是更為可貴的，正如飽歷磨礪的保羅能豪情萬丈地直言：我們四面受敵，卻不被困住；心裏作難，卻不致失望；遭逼迫，卻不被丟棄；打倒了，卻不致死

亡。（林後四8～9）

末了，信徒盼望主的再來，也促使他們存著警醒謹守的態度過活（帖前五4～11；羅十三11～14）。不要忘記這盼望也是出自神的作為，因為神賜下聖靈，因著聖靈的能力，信徒大有盼望（羅十五13）。再者，信徒對將來的盼望是有根據的，一方面是因為主的應許必不落空，另一方面，內住的聖靈更是信徒全人得贖，承受永恆基業的憑據（羅八16～17；弗一14）。

13.3 愛

保羅說，信、望、愛三者中以愛心最為重要（林前十三13）。在教導受書人如何處人處事時，保羅表明奉行愛之律，便是奉行基督的律。保羅如此解說：你們各人的重擔要互相擔當，如此，就完全了基督的律法（加六2），說到底，愛使信徒能分擔重擔；此教導亦合乎在世主耶穌所教導的——最大的誡命是愛神，其次是愛人如己（太二十二37～39）。事實上，耶穌所言最大的誡命，是猶太人在會堂中敬拜時，經常背誦的示瑪禱文。由是觀之，愛之律傳承自神選民的歷史，可謂源遠流長。

保羅重視愛，一方面是因為在此事上神採取了主動性，就如他於羅馬書五章8節所舉證的，藉著耶穌基督替罪人釘在十字架上，神的大愛已顯明出來，信徒以愛回應神的大愛，自是理所當然的事。信徒要能愛神和愛人，是要靠著聖靈的加能賜力，正如羅馬書五章5節所言，是聖靈將神的愛澆灌在我們心裏，愛心也是聖靈所結果子的首項：聖靈所結的果子，就是仁愛……（加五22）

人氣作家李尚龍常敢於自我坦露。他自言在三十而立之年，竟然患上抑鬱症，他形容此病是：「生活中一切都好的時候依然悲傷，多少笑容的背後，其實是強忍著的絕望。」後來他病好了，在反省時有此結語：「能治愈他們的〔指抑鬱症患者〕，只有愛——別人的愛，世界的愛，被發現的愛，最重要的是，來自他們自己的愛。」[6]「來自他們自己的愛」即自愛，自愛之心來之不易，但如果有主在其心中，祂的大愛必使人心動，愛人和自愛也自來。

如今，世人離開創造主，更愈走愈遠，把世界弄得糟透了；世人都不可愛。然而，這仍是天父的世界，是祂親手所造的，天父仍深愛著它，因而派遣其愛子，降世為人，進行救贖之舉。作為神的子民，讓我們學習愛父神所愛，活出愛的生命，讓這支離破碎的人間得著治療。

末了，是愛，把榮耀的聖子帶到人間。是愛，把強悍的保羅軟化過來，使他如父如母地把愛心分享給別人。是愛，使傳道者走上事奉的艱苦路。也是愛，使我們溫暖起來，活得有溫度，過有意義和具深度的人生。

13.4 總結

綜觀上論，信，顯出了信徒對基督教信仰的熱誠和真實。在保羅的比喻中，基督作為教會的元首，教會作為基督的身體，必然是要全然信靠順服元首的領導。

望，使信徒在任何情況下都能堅持下去。在比喻中，教會作為已經許配給基督的新婦，自然是極其盼望能與基督永在一起，有如新婦和新郎成婚的大日。

愛，使神國子民的羣體內不單富不淩貧，眾不暴寡，信徒更能胸懷大度，互相體諒，相顧相攜。在比喻中，教會是神的家說明了維繫家中人的，便是愛的力量。

信、望、愛此屬靈的三達德，都是當代羅馬社會所極為匱乏的。一所有信、望和愛的教會，在當代羅馬社會中自必成為最有力的福音明證。

留意在排列上是以信為首，主要因為：

（1）信靠神是基督教信仰的切入點，沒有這切入點，望及愛則只是空談。

（2）因著信靠神，屬神的生命力得以傾注入我們的生命裏，如是者，愛心和盼望便自來。

環顧我們的社會，世情涼薄，人心離亂，周邊的人在各方面都不斷下行。我們的抗逆之道在於心中有主，這樣就能活出信、望、愛的人生。[7]

信、望、愛的人生，無疑是扭轉人類敗局的潛力量。

| 末了的話 |

向著標竿的意涵

且看在獄中的保羅如何表達他人生的願景：

> ……使我認識基督，曉得他復活的大能，並且曉得和他一同受苦，效法他的死，或者我也得以從死裏復活。這不是說我已經得著了，已經完全了……我不是以為自己已經得著了；我只有一件事，就是忘記背後，努力面前的，向著標竿直跑，要得神在基督耶穌裏從上面召我來得的獎賞。（腓三 10～14）

我們都以為，保羅向著標竿直跑，是指他務必完成福音使命，成就天國的豐功偉業。然而，如果按上文所提示的，這並不是他所指的標竿。標竿其實是指在認識耶穌基督，尤其祂那復活的大能上，能有更深層的感悟。他更以不肯定自己能否從死裏復活的言辭，來表達他還有很多學習的空間，成長是必要的。

在此，我們有理由相信，保羅還是念念不忘昔日在大馬士革路上遇見復活主這奇妙的際遇，在他心靈底處存在一強烈的盼望：能進一步認識這位妙不可言的復活主，也就是那位呼召他，應許在永恆裏與他永在的神。也因此故，儘管保羅被囚在監裏，所能作的事很有限，然而，他的身體被困，心靈卻自由，他仍然可以不斷地追求親近大能的主，愛他的神。

人生路遠，忽夷忽險，波詭雲譎，荊棘滿途，盡是考驗。在考驗中能經歷主的大智、大愛和大能，這才是我們屬靈的標竿。在這生命之旅中，我們飽經滄桑，心靈有所領悟，視野開闊了，思維融通了，生命因而強大了。這樣，我們反而能蛻變出一個更好的自己，在逆境中自強不息，從而成就更多更大的可能。按此了解，生命中我們能為主作些甚麼固然重要，然而，我們千萬不要因而忘了要在過程中更深認識主，習練與祂同行和同工，建立密不可分的愛的關係。

回到保羅，他視基督為他生命的全部，如今他雖然被囚於羅馬，仍然不阻他那認識基督的鬥心。他視被囚於羅馬為一項排練，好叫他藉此經驗基督的大能大力。

在營營役役的人生中，我們有必要在心裏留下一片淨土，培育認識基督的心魂。我們要努力守護著它，不論外間如何翻天覆地，也不容任何俗世煙火薰染它。我們必須捍衛這片淨土，因為它能變成屬靈的山河，壯闊宏大，從而結出生命的碩果榮耀神。

| 靈思小品 |

梯田和垛田

……被人咒罵，我們就祝福；被人逼迫，我們就忍受；被人毀謗，我們就善勸……（林前四 12～13）

以上乃保羅在困難日子中的自畫像。被咒罵還可祝福，遭逼迫卻能忍受，被毀謗竟回應以善勸，盡顯保羅那強大的抗逆能力。他那強大的適應力，使他能成就極具挑戰性的宣教工作，更成為我們學習逆境自強的榜樣。

在進入高科技工業之前，我國本是以農業立國。在上個世紀及之前，國民大都務農為生。然而，在一些不適合種植的地方，良田稀少，要活下去便不得不想辦法了。在我國西及西南部，可耕之地少，山地居多，那地的居民便發明了在丘陵地帶開墾，使之成為沿著山坡，層層疊疊的梯田。

梯田被定義為波浪式斷面的田地。筆者曾參觀廣西省內的梯田，上山坐吊車，可見山勢頗高。在山上居高臨下，適值近秋收時分，農作物成熟了。極目而視，稻田如黃金海，沿山坡層層瀉下，極為壯觀。落山要拾級而下，眼見秋風吹動的金黃稻浪，一起一伏，簌簌作響，好不醉人。

至於我國東南一帶的水鄉之地，因到處河流溪澗眾多，沿海濕地處處，耕地較少。於是居民又想了法子，在濕地上堆土成田，一塊接連一塊的，使其成為可耕之地，稱為垛田(「垛」意即堆積起來)。垛田的土壤肥沃，排水良好，土質疏軟，宜種瓜菜。來往穿梭要用船隻，耕作不能用機器，全是人手操作。

在一個航拍的節目中，俯瞰江蘇沿海一帶濕地上的垛田，從地平線的這邊到天際線的那邊，一塊接一塊的垛田排列起來，井然有序。綠油油的，一碧萬頃，蔚為大觀。

| 反省 |

不論是山還是水，都無阻我國人民的求生意志。山有梯田，水有垛田，表徵著國民那份無畏無懼、攻堅克難的強大適應能力；他們更是創意無限。

就讓我們靠著主所賜給我們的奮鬥心，不害怕也不驚惶，在這充滿挑戰的未來裏前行，不論前路是高山還是深海，奮力開墾我們事奉的梯田和垛田，發揮我們的抗逆力和創意。

禱告

主啊，除去我心中的懼怕及退縮，幫助我靠著祢，持著不死的鬥心，迅步前行，開墾福音的良田，把道種撒下，成就祢的大使命。

第五部

四次宣教之旅

14 ｜ 宣教裝備及策略

在宣教史上，保羅敢為天下先。他帶著福音從巴勒斯坦的猶太地，闖出近東，朝著小亞細亞進發，然後跨越連接亞洲和歐洲的博斯普魯斯海峽，踏足於歐洲的希臘半島。稍後，他更踏足帝國首都羅馬，然後按《革利免一書》五章7節所言，他更向西進發，直指帝國西端的西班牙，[1] 把福音傳遍帝國的東與西。

話說回來，保羅並不是完全人。有時被環境所困，他也會憂心（見林後一8～9，七5～7），有時更會心靈糾結（見羅九1～3），難過痛苦（見林後二4），正是喜樂哀愁在心間。然而，平情而論，保羅是心靈、手巧和睿智的。

心靈，是因為基督的同在，使他靈巧像蛇，純良像鴿子——在變化萬千的宣教工場中，這樣的元素必不可缺。手巧，是因為他有多元化的背景，尤其熟悉希羅文化，於外邦宣教自然是駕輕就熟。睿智，是因為他內在生命對主的敬虔，加上在神學上的深度反思，整合以多年來事奉時的實用知識（practical knowledge），加乘他那古道熱腸的宣教心，歷練出一代宣教巨人、神學巨匠，成就非凡。[2]

14.1 ｜ 宣教前傳

自從保羅和巴拿巴帶著約翰（馬可）從安提阿出發，開始他的宣教之旅以來（徒十三 1 ～ 5），保羅給人的印象是在馬不停蹄地宣教，凡三次之眾。第四次是被押送至羅馬，好上告凱撒，然後被軟禁於羅馬，但他還是念念不忘福音工作，情況亦仍容許他可以自由傳道（徒二十八 30 ～ 31）。這一點，從他所寫的腓立比書內得著證實（腓一 12 ～ 14）。

在保羅開展其宣教之旅以先，他已經歷過很多事，情況有起有伏，忽夷忽險，一點兒也不容易。但保羅卻因而得著充分的裝備，使他的智商、情商及抗逆商亦大有精進，證明他是一位準備就緒的候任宣教士。

14.1.1 ｜ 信主初期

一如上文所言，保羅跟隨著司提反傳道的軌迹（即在説希臘話的會堂裏，向猶太人講道），進入大馬士革的猶太會堂見證復活主，卻被同族的人追逼（徒九 23），他因而逃亡至阿拉伯。保羅就在這地方反思信仰，一如岑紹麟所言：「是為了在那裏反思他的召命，靜心尋求上帝進一步的指示。」[3]

事實上，阿拉伯大有可能是指保羅在自述中所言及的，亞哩達王所管治的王國（林後十一 32）。[4] 因為按約瑟夫的記載，亞哩達王大力擴展其版圖，大有可能把大馬士革連同南方一帶的土地，都納入其管治範圍。[5] 繼而出現了保羅在哥林多後書十二章 1 至 6 節所描述，被提上三重天的屬靈經歷。可見這一段在阿拉伯之地的日子，並非沉寂納悶。

後來，再過了約三年，保羅輾轉來到耶路撒冷（見加一 18），但因著他先前極度迫害基督徒，惡名遠播，耶路撒冷的信徒都很害怕他，不和他交好。幸好得著巴拿巴的信任和推薦，他才能夠與使徒接觸（徒九 20 ～ 29），保羅在加拉太書一章 18 至 24 節亦有言及此情況。

14.1.2 | 大數的隱居

其後，耶路撒冷的猶太人又想殺害保羅（一如他們先前殺害司提反），保羅惟有再次逃命，經過凱撒利亞，終點站是他的故鄉大數（徒九 30），這才安頓下來。他在那裏逗留了好一段日子，直到後來巴拿巴從安提阿來了，找著了保羅，帶他一起回安提阿和那裏的教會眾領袖一起事奉（徒十一 25 ～ 26）。

值得留意的是，保羅以上流亡於各地各城的經歷，有如宣教集訓，使他慣常於冒著風險、穿州過省，遊走於各城鎮。此舉無疑有助他日後多次的宣教長征。

14.1.3｜安提阿的事奉

保羅受巴拿巴邀請來到安提阿，此城是敍利亞省最大的城市，距離南方的耶路撒冷約二百五十哩，但二者的風貌、文化及人口組合等卻截然不同。

事實上，安提阿是一典型的希羅化城市，既多元化，亦滿有時代感。約瑟夫指出其乃羅馬帝國中位列第三的大城（第一是羅馬，第二是亞歷山大），[6] 人口約二十多萬。德國學者韓高（Martin Hengel）表示，安提阿實在是福音於大城市中獲得紮實據點的第一站。[7] 另一位新約學者愛德華斯（James R. Edwards）更表示，耶穌基督的福音運動本來始於鄉村，即加利利東北的數個鄉鎮，但當教會在耶路撒冷建立，後更傳至安提阿時，福音傳播的軌迹已轉型，即從農村轉而至以城市為中心。[8] 此現象可稱為「屬靈的飛躍」，[9] 因為城市的多元化及流動性，[10] 促使福音傳播變得更廣和更快。多元化營造了足夠的空間，使思想較開放的城市人願意接受基督教的信仰；流動性加速了福音信息的流傳。

話說回來，跨文化的福音工作始自安提阿，此地的教會向說希臘話的人傳福音，進展也良好：主與他們同在，信而歸主的人就很多了（徒十一21）。再者，信主的人被稱為「基督徒」，也是始於此地（徒十一26）。當然，對於信主的猶太人來說（以耶路撒冷教會為代表），外邦人都是不潔的，不可能成為神的子民，故安提阿教會向外邦人傳道之創舉，必然使他們感到意外。於是耶路撒冷教會便派出本居於耶路撒冷的巴拿巴親自造訪安提阿（見徒四 36～37），好看過究竟（徒十一 22）。如是者，巴拿巴便留在安提阿協助如火如荼的福音工作。後來更遠赴大數，找來保羅一起同工（徒十一 24～26），進一步開展向外邦人傳道的工作。

留意使徒行傳十一章 29 至 30 節記錄了因著耶路撒冷猶大地發生饑荒，災情慘重，於是安提阿教會派了巴拿巴和保羅二人作代表，把捐款送至耶路撒冷教會。我們相信這便是加拉太書二章 1 至 10 節保羅所提及的，過了十四年，他再度出現於耶路撒冷的情況。這次賑災之舉，實在是出於安提阿教會的善意，盼望能增進耶路撒冷教會和安提阿教會之間的友好關係。

按加拉太書二章 9 至 10 節所記，巴拿巴和保羅受到耶路撒冷教會的柱石雅各、彼得和約翰所歡迎，與他們行了右手相交之禮，即承認他們乃主裏的友好。這同時也確定了巴拿巴和保羅所代表的安提阿教會，向外邦人傳福音的舉措是沒有問題的，這便是叫我們往外邦人那裏去，他們往受割禮的人那裏去的意涵（加二 9）。

留意在這一段結束時，耶路撒冷教會的領袖要求保羅及巴拿巴記念窮人；而這也是保羅本來熱心去行的（加二 10）。[11] 因此，保羅在日後第三次宣教中，特意在各外邦教會為耶路撒冷教會籌款賑災（見下文有關的闡述）。

以上一段悠長的歲月，可稱為保羅的「隱晦之年」，對於這段時間發生在保羅身上的事記錄不多，但卻是保羅生命得著多方面裝備之年日。他的神學思維、事奉技巧、宣教策略、牧養心得等，都在這段日子裏打好基礎，構建輪廓，從而在上搭建紮實的屬靈工程。

14.2 宣教攻略

如上文所指，安提阿教會已開始向外邦人傳道，果效出眾，信主者多，甚至門徒稱為「基督徒」是從安提阿起首（徒十一26）。如是者，要進一步把福音工作推前，便是往外邦各地宣教。

教會的眾領袖久經禁食禱告和多番商議後，終決定派出本從耶路撒冷教會來的巴拿巴（也許代表著耶路撒冷教會），及巴拿巴的親密戰友保羅（也許，更因著保羅來自大數，有強烈的外邦人背景，再加上他表現出眾，宣教心切等），按手在他們頭上，把他們差派出去，開創跨城邦、跨國族、跨文化的宣教工作（徒十三1～4）。

留意巴拿巴和保羅二人都是獨身的（參林前八5～6），這也許使他們能無後顧之憂地向異地宣教。公元三世紀初，亞歷山大的革利免更表示，保羅雖然是獨身的，其宣教團隊卻不乏姊妹，她們成為福音同工，以能深入婦女羣體中傳道，藉此避過任何緋聞；[12] 此說法是一合理的推論。

在宣教策略上，如上文所言，每到一個城市，保羅的落腳點就是猶太會堂。他會先進入猶太會堂分享福音（如徒十三 5、14，十四 1，十七 1，十九 8 等），然後才轉而至信徒的家，作為傳道的據點。由於會堂的敬拜中有一環是邀請一些德高望重的人分享，保羅既從耶路撒冷而來，更是師承迦瑪列的法利賽人，故他很容易會被眾人推舉為講員。

保羅的宣講使會堂中的某些猶太人信主，對於那些在會堂中聚會，即對猶太教有好感，卻沒有加入猶太教的外邦人而言，福音是極具吸引力的，信主者眾多。如此一來，不信的猶太人對保羅的做法極為反感，於是極力排斥他，抵擋福音。保羅惟有被迫離開會堂，以信徒的家為傳福音的基地（如徒十八 7），繼續他的福音工作。至於在公眾市集，例如當保羅在雅典傳道時，被邀請到亞略．巴古的公眾場所公開宣講，討論信仰，卻也許只是一個別情況（徒十七 16～34）。因為保羅明白，在外邦之地傳這新興的信仰有一定的風險，故他處人處事都偏向低調，在市集中傳道，也必低調，務求不引起官方注意，以免招來不必要的打壓。無怪乎學者巴頓（Stephen C. Barton）表示，保羅並不是一招搖過市、街頭巷角的傳道者（street-corner preacher）。[13]

｜末了的話｜

天下第一針

王惟一，宋代名醫師，是當代的針灸專家，譽稱「天下第一針」，曾在宋朝任尚藥師一職。他把眾説紛紜的針灸理論規範化，寫成《銅人腧穴針灸圖經》一書，為我國的針灸治療法，提供極大的幫助。

他為朝廷效力時，曾夢想要鑄成一銅人，目的是為針灸學加以校勘和考證，好進一步完善人的經穴理論。為了達成這夢想，他把別人送來的禮物：一大堆銅錢，再加上自己畢生所儲蓄的銅錢，都投放到鑄造銅人一事上。然而，問題是銅錢的金屬純度不高，不單造不成銅人，還惹上官非。

宋朝有法例，禁止民間私自製造銅人，王惟一因而被舉報，後被捉拿，鋃鐺入獄。為了免被牽連，他的妻子也因而提出離婚。這時的王惟一，委實是身陷險境、前途堪虞，只能輕歎：命途多舛。

然而，他在獄中還念掛著針灸學，於是找來紙筆，把過去所積存下來的針灸經驗，繪成一幅一幅的圖像。只要將其放在一起，便可成書。這便是那本影響後世針灸學的《銅人腧穴針灸圖經》的原始版本。

未幾，因皇室的需要，他再度復職，成了御用醫師，更獲宋王賞識，助他製成銅人。如是者，他的夢想終於實現了。

他那顛簸的人生、坎坷的仕途，都無阻他鑽研針灸學的初心。儘管在獄中，他仍把握機會，向著他的夢想進發，終能否極泰來，成為一代宗師。王惟一為我國醫學的發展，作出了莫大貢獻。他號稱「天下第一針」，實在是當之無愧。

保羅在提摩太後書四章7節留下他的遺言：那美好的仗我已經打過了，當跑的路我已經跑盡了，所信的道我已經守住了。此言顯出了保羅內心豪情萬丈，也展現了他在回望自己的一生時，何等無憾無悔。

我國有王惟一，初期教會有使徒保羅，他們閃耀的人生舞台展現著莫忘初心的劇目。他們因而能無問艱辛、乘風破浪，把心中的夢想實現。這份堅持，今天仍向我們說話。

15 宣教的網絡及第一、二次的宣教

在此，我們有理由相信，保羅是藉著他織帳棚之業，與同行業的人，或是鄰舍見證福音（也許因此，他能與同行業的亞居拉和百基拉遇上；見徒十八1～2）。我們更有理白相信，他向這些人發出邀請，前往某信徒的家中聚會，參與愛筵。通過此愛心的宴會，他藉著食物具體地分享福音，如是者，參加者會認為福音是「可了解」和「可體驗」的。「可了解」是因為福音的教義是可道、可傳、可學的。「可體驗」是因為信徒羣體中瀰漫著愛，這是任何進入這羣體中的人都能深切感受的。

說白了，「可了解」和「可體驗」滿足了人在理性上和感性上的需要，福音也因而極具吸引力。

15.1 宣教心所使然

保羅的宣教思維，固然是由主在異象中直接授意予他的（見徒二十六16、19），但同時也是來自效法基督。保羅表示，基督本是富足的，卻為你們成了貧窮，叫你們因他的貧窮，可以成為富足（林後八9）。基督虛己，降世為人，保羅效法祂，即以基督的心為心了（見腓二5～11）。如是者，保羅也放下身段，進入人羣，這便是他於哥林多前書九章22節所言——向甚麼樣的人，我就作甚麼樣的人。無論如何，總要救些人——的意涵。

保羅全然活出了「道成了肉身神學」的精神。也因此故，保羅在宣教中所遇到的困難，包括被人調侃、奚落、脅逼，甚至謀害，他都視作為必然的事。因為在世的耶穌也是如此：現在我為你們受苦，倒覺歡樂；並且為基督的身體，就是為教會，要在我肉身上補滿基督患難的缺欠。（西一24）此言並不容易理解，也許保羅認為作為基督的使者，要滿足使徒應有的「受苦額」（to meet the quota），才算合理。[1] 換言之，保羅早已有心理準備，受苦是必然的，更是他所預期的。

15.2 聖徒相通的宣教

在此值得一提的是，地中海一帶並沒有具規模的旅館。

有記錄記載，其實旅店的牀是污穢的，[2] 費用也高昂，住客三教九流，安全性存疑。觀此，一般旅客，包括保羅等人，都會住在親友之家（徒十六 11～15，十七 5，二十一 15～16，二十八 7、14）。再加上在世的主耶穌亦有教導門徒，在傳道時要住在歡迎他們人的家中（太十 11～14），因此，接待遠道而來的傳道者，成為一好客及愛心的表現（羅十二 13；提前三 2；多一 8）。

在此，我們也明白為何保羅書信中常有推薦某人（多數是信差）的做法。保羅更明言要求受書人善待，甚至招待他們（見林前十六 6～9；門 22 節；多三 13 等）。羅馬書十五章 24 節更顯示他誠盼有朝一日，在他造訪從來未踏足過的羅馬時，能蒙羅馬教會的招待。此要求並不過分，因為這是各地教會的慣例，當然，保羅更希望能藉著信徒相通，達至彼此勉勵的果效。

15.3 | 團隊精神的宣教

保羅並不是孤身上路，孤勇作戰的，[3] 而是組成團隊，發揮團隊精神，恩賜配搭，奉行團隊宣教。曾參與保羅宣教團隊的人頗多，眾所周知的有西拉、提摩太、提多、路加、百基拉和亞居拉等。[4]

保羅的目的，是要藉著他的宣教團隊，成為各地教會的榜樣。各地教會初信主的信徒，對基督教的教義固然陌生，對如何活出基督徒的樣式更是沒有認識。然而，他們卻可以從保羅的團隊運作中學習相愛相攜，恩賜配搭，同心合一地興旺福音的功課。

換言之，保羅的團隊是一流動學堂，以榜樣式教導來建立教會。其也是一微型教會（micro-church），保羅藉著言教身教，向眾人示範福音及成為神子民應有的樣式，盡顯其僕人領袖的事奉模式。也因此故，在保羅的書信中，他經常要求受書人要效法他及向其團隊學習，就如他在獄中書簡所言的：你們在我身上所學習的，所領受的，所聽見的，所看見的，這些事你們都要去行（腓四 9）；即要全方位向保羅學習（林前四 15～16，十一 1；腓一 30，三 17；帖前一 6；帖後三 7、9 等）。

值得留意的是，使徒行傳二十章 18 至 35 節作者記述了保羅與以弗所教會長老的離別之言。在結束時他如此說：我凡事給你們作榜樣，叫你們知道應當這樣勞苦，扶助軟弱的人，又當記念主耶穌的話，說：「施比受更為有福。」（徒二十 35）可見保羅以身言教，福音得以立體地展現在教會面前，教會也因而得著生命成長及事奉的屬靈套路。保羅更期望領袖們同樣地以僕人領袖的範式，把福音傳承。

總的來說，保羅宣教所建立的各地方教會可稱為一微型羣體（micro-community），藉著這奉行平等博愛的小羣體，吸引活在羅馬社會這大羣體（big community）的人接受福音，加入這微型羣體。如是者，各地教會的福音工作，便能迅速而踏實地增長。

15.4 | 自食其力的宣教

在當代，作為雲遊各地的講學者，支持其生活費的方式有四：[5]

(1) 收取費用；情況就好像要給老師交學費，是一合理的舉措。這一方式，為磯法和亞波羅等人所採用（參林前九4～14）。
(2) 居住在富裕的聽眾家中，甚至成為其家人的教師，一如希哲亞里士多德之於亞歷山大大帝。亞里士多德被亞歷山大的父親邀請，成為少年亞歷山大的家庭導師，無怪乎後來亞歷山大稱帝後，在全國推行希臘化政策，足見他深受老師的影響。
(3) 行乞方式：奉行這方式的人士，大都屬「犬儒派」（Cynic；此學派主要是反傳統及反潮流的，諷刺及抗議當代希羅社會的流弊），他們此舉是要表明自己絕非貪婪之徒。
(4) 自費式：此方式的好處，便是講學者不用譁眾取寵、討好別人。換言之，講學者可以自由地發言，無需賣弄，不用將就。這樣，也能換來良好的信譽。

保羅採取了第四種方式，原因有三：

（1）如上所言，保羅因而可以舒坦地傳講真理，更證明他的動機與賺取金錢謀生無關，而是愛心所使然（見帖前二 8）。
（2）他不願意見到他服事的羣體要因支持他而受累（帖前二 9）。
（3）他要聽眾清楚知道福音是白白的，出於神的恩惠（林前九 18）。[6]

保羅自食其力地宣教，一方面能成為教會的榜樣，同時也使他以此為榮，活得舒坦。

15.5 | 宣教之旅的剪影

且看下文對保羅四次宣教的概述：

15.5.1 | 第一次宣教

保羅的第一次宣教，時間大約一年多；出發地點是大本營安提阿。第一站是塞浦路斯（徒十三 4），此地乃巴拿巴的故鄉（見徒四 36；大概也是馬可的故鄉）。那時的領隊是巴拿巴，他選擇回到自己的家鄉作為宣教工作的第一站，正是駕輕就熟，此實乃明智之舉，顯出其背後的宣教策略。

由於此地是巴拿巴的故鄉，他們就因著巴拿巴的關係，得見省長士求．保羅，並且導他信主（徒十三 7～12）。在這裏，保羅與一術士以呂馬正面衝突，保羅被聖靈充滿，行了一個神蹟，使這術士眼瞎。這是宣教旅程中的第一個神蹟，由保羅所行（而不是巴拿巴），表明在這以巴拿巴為首的宣教隊伍中，保羅才是滿有屬靈權柄的一位。也許，使徒行傳已在這裏暗示，以恩賜和能力計，保羅是較為突出的。也因此故，在提及巴拿巴和保羅二人時，作者開始暗示保羅才是真正的領導者（見徒十三 13、16，十四 9），並且在排名上經常先提保羅，後提巴拿巴（如徒十三 46，十五 2、22、35～36）；直到他們二人因馬可的事件而分道揚鑣（見徒十五 36～40）。

總的來說，保羅能向塞浦路斯的省長傳道，使他信主得救，令此役甚有意義，因為這實現了在世的主耶穌，以及復活主向為保羅施洗的亞拿尼亞顯現時所應許的——在君王臣宰面前為主作見證。且看以下兩段有關的經文：

> 並且你們要為我的緣故被送到諸侯君王面前，對他們和外邦人作見證。（太十 18）

> 主對亞拿尼亞說：「你只管去！他是我所揀選的器皿，要在外邦人和君王，並以色列人面前宣揚我的名。」（徒九 15）

值得留意的是，他們來到路司得，卻被當地人當作神明伏拜，保羅被尊為希耳米，巴拿巴被視為宙斯（徒十四 12）。在希臘眾神明中，希耳米是掌管文藝及負責傳信息的，這反映了保羅的學養出眾，口才了得。

在第一次宣教時，馬可曾中途離隊，故在開始第二次宣教時，保羅認為此子不宜再參與他的宣教工作。那時，在他的宣教團隊中，巴拿巴算是領隊，而巴拿巴和馬可是親戚（留意西四 10 表明馬可是巴拿巴的表弟）。[7] 然而，保羅還是極力反對帶馬可同行，結果二人起了爭論，甚至彼此分開（徒十五 39）。

在此，我們可以推想，保羅對宣教隊員是有嚴格要求的。一如上文所指，他以全團為一微型教會，要成為各地教會學習團隊精神的榜樣，此乃他的宣教策略，實在不容有失。為此，他不願帶馬可前行，實有他的道理，為了此事，他寧願選擇和他的搭檔巴拿巴拆伙。

說白了，與巴拿巴分開背後的莫大理由，是保羅宣教策略所使然。

15.5.2｜第二次宣教

保羅在第二次宣教時選了西拉，取代了巴拿巴。西拉來自耶路撒冷教會，是有名的先知，故選擇他代替本代表著耶路撒冷教會的巴拿巴，實屬明智之舉（留意西拉是羅馬公民；見徒十六 35～37）。

保羅此行是有計劃地重訪其第一次宣教時所到過的城鎮及所建立的教會。使徒行傳十五章41節以一概述方式表達：他就走遍敍利亞、基利家，堅固眾教會，旨在整固先前所建立的教會。留意基利家省中的大數城，便是保羅的故鄉。換言之，保羅仿效了先前巴拿巴的宣教策略，到自己的故鄉傳道。

稍後，保羅和西拉來到加拉太省一帶，還招募提摩太入伍（徒十六1～3），這招募行動顯然不是隨機的。保羅先前否定帶馬可同行，於是本來的三人行（即巴拿巴、保羅和馬可）變成了只有他和西拉（見徒十五40～41）。如今，他招募提摩太入伍，作用明顯是要使其宣教人數由二人回復三人，同時也可提攜提摩太，保羅此舉是有計劃的。

在日後的宣教行程中，伙拍保羅者眾多，除了提摩太外，明顯的還有提多、路加醫生、羅馬教會的夫婦百基拉和亞居拉（徒十八1～4）、哥林多教會的所提尼（林前一1）、堅革哩教會的女執事非比（羅十六1～2）及歌羅西教會的阿尼西謀和以巴弗（西四9、12）等，其他不記名的更不計其數。此情此景無疑反映出保羅的人脈廣博，用人惟才，也因著莫大的福音工作需要，他不斷加添人手，並組裝成強而有力的宣教縱隊，以團隊的方式配搭事奉，成就宣教工作的豐功偉業。

留意在保羅的福音同工中，不乏一些有德及有能的婦女。學者韋克斯（Carla Swafford Works）說得好，保羅重視婦女，視她們為同工，她們絕對不是用來佈景的花卉。[8]

保羅在第二次宣教到了小亞細亞的西面，在聖靈的引導及馬其頓異象的促成下（徒十六 6～10），他與團隊便從今之土耳其的亞洲部分，跨越博斯普魯斯海峽，來到土耳其的歐洲部分，即希臘半島，此乃希臘文化世界的中心地域。首站是腓立比（徒十六 12～40），繼而他沿著羅馬大道（Via Egnatia）向南走，先來到帖撒羅尼迦（徒十七 1～9），後是庇哩亞（徒十七 10～13）。

此時，拒絕福音的猶太人不停地追擊保羅，保羅惟有在庇哩亞和帖撒羅尼迦留下西拉和提摩太，獨自一人遠走南方，坐船從馬其頓省跨省南下至亞該亞省（徒十七 14）。

繼而，他獨自一人在亞該亞省的城市雅典逗留，並且與希臘的兩派哲士，即斯多亞和伊壁鳩魯論戰，後更在亞略．巴古（雅典城領導人所組成的議會）宣講（徒十七 16～31）。[9] 雖然保羅的宣講並不大受歡迎，卻有亞略．巴古的官及一尊貴的婦女信主（徒十七 34）。

稍後，保羅來到亞該亞當時的省會哥林多。這時，保羅遇上了亞居拉和百基拉這一對夫婦（徒十八 2～3）。二人本是羅馬教會的信徒領袖，也是猶太人。因著公元四十九年羅馬君王所發出的驅逐令，全城的猶太人都要離開羅馬，他們二人惟有逃走至哥林多，並在此巧遇保羅，伙拍起來宣教。而使徒行傳十八章 5 節更表明：西拉和提摩太從馬其頓來，即二人都歸了隊，以協助保羅在哥林多的福音工作（也許是早有約定），因此保羅在此城留下來凡十八個月（徒十八 11），皆因人手充足，機會眾多。以上的情況，大有可能是保羅刻意安排的。

值得留意的是，保羅在哥林多事奉時，那時亞該亞的省長是迦流（徒十八 12）。在此，考古學者在哥林多附近的德爾非城之刻文中，發現迦流是在公元五十一年七月開始出任省長，而維期只有一年。[10] 由此可見，保羅是在這一年來到哥林多傳道的。此數據對研究保羅多次宣教行程的時間和日期，甚具價值。

末了的話

生命中的巴拿巴

學者韋特寧頓(Ben Witherington III)指出，在上古，重生的一項意義是指人要離開先前所屬的羣體，方能加入另一個羣體，因為人的身分需要通過所屬羣體而得著確認。[1]

按此了解，我們便不難明白，能夠被耶路撒冷教會接納，對於剛經歷重生的保羅來說，是何等重要。他不可能永遠是獨行者，在屬靈的海洋裏漂泊。在此，巴拿巴出現了。

巴拿巴實在是幫了保羅很大的忙。藉著巴拿巴的推薦，保羅得以被耶路撒冷教會接納，從而確認他的聖徒身分，堅定了他的信仰。

後來，巴拿巴更遠走至大數，找著隱居於故鄉的保羅，帶他回安提阿——一個向外邦人傳道的福音基地，一起事奉。他曾和保羅一起往耶路撒冷賑災，也一起赴耶路撒冷大會，捍衛外邦人不用加入猶太教便能因信主而得救的神學要義。

綜觀上論，在建立保羅上，巴拿巴是功不可沒的。我們感謝神使用了保羅，教會因保羅而蒙大福，我們同樣要感謝神使用了巴拿巴建立保羅。

可是，在第一次宣教後，保羅和巴拿巴因意見不合而分道揚鑣。且看以下的經文：

> 巴拿巴有意要帶稱呼馬可的約翰同去；但保羅因為馬可從前在旁非利亞離開他們，不和他們同去做工，就以為不可帶他去。於是二人起了爭論，甚至彼此分開。巴拿巴帶著馬可，坐船往塞浦路斯去……（徒十五 37～40）

以上的事件發生在保羅第一次宣教之後。留意爭論一辭有激烈地辯論的意思，爭論的焦點在於馬可這人物，保羅認為此人不可靠，因為在第一次宣教中他竟然在第一站塞浦路斯之後，便退出團隊（徒十三 13）。如上文所言，保羅極為重視團隊精神，馬可如此不濟的表現，一方面影響福音工作，另一方面則有礙保羅在所服事的羣體中，樹立同心事奉的榜樣。

巴拿巴卻持相反意見，原因大概如下：

（1）巴拿巴的為人，以人為本（留意他的名字本叫約瑟，卻被別人喚作巴拿巴，意思是勸慰之子，故他以體諒別人見稱；見徒四 36）。一如他昔日怎樣建立本來是聲名狼藉的保羅（見徒九 27；因保羅從前逼迫教會），如今，他以同樣的仗義心對待馬可。

（2）他看見馬可的潛質，實在是可造之才，只是需要時間成長而已。

（3）馬可和他是親戚（見西四 10），正是血濃於水，他對馬可存在著一份難以言傳的感情。

在上古，家中人包括核心家庭以外的成員。因此，巴拿巴的想法是：表弟馬可是我的家中人，我需要守護他，給他事奉的機會。

畢竟，誰對誰錯，我們難下定論，作者路加也沒有為此事件表態，對某一方作出批評。然而，巴拿巴對人的取態，實在值得欣賞。

留意他帶著馬可去的地方，再一次是塞浦路斯（和上一次宣教一樣)，選擇這地點的原因有二：(1)馬可曾去過這地方，他必然不會感到陌生，自然可安心在此地學習事奉。(2)塞浦路斯是巴拿巴的故鄉，也許亦是馬可的出生地。在這裏習練事奉是最自然不過的事。

巴拿巴實在是一細緻的人，他的關心是極致的。他不單是年少氣盛的保羅之恩師，也是宣教逃兵馬可的屬靈導師，在路上幫助他們成長。有曰：「千里馬常有，而伯樂不常有。」巴拿巴便是初期教會中的伯樂。

16 第三、四次的宣教

第三次宣教的重點城市是以弗所（徒十九 1～41）。此城人口眾多，是小亞細亞最繁華的海港城市。事實上，以弗所是一個典型的多神教城市。據聞此城有近五十多個神祇供人膜拜（包括君王的敬拜）。[1] 東方神祕宗教及邪術等亦流行，因為人相信世間充滿邪魔鬼怪，它們會到處加害於人（例如生重病、鬼附、遭逢不測等），惟有藉著一些符咒（尤其是護身符）、[2] 法術、法事等，才能把它們震懾驅趕，扭轉厄運。[3] 總的來說，以弗所是一個極度迷信的城市。無怪乎當保羅等人把福音傳遍此城時，不單不少人信了主，使徒行傳十九章 19 節更記錄：平素行邪術的，也有許多人把書拿來，堆積在眾人面前焚燒。他們算計書價，便知道共合五萬塊錢。五萬塊錢即五萬銀幣，約等於三十萬美元。[4] 故這裏是指異教徒放棄迷信，轉投福音，可說是蔚為大觀。

由於需要很大，保羅停留在此城近三年（見徒二十31）。他不單把福音傳遍此城，就是連附近的城鎮，如歌羅西、老底嘉及希拉坡里等也得聞福音，教會得以建立。

在以弗所宣教時，保羅已有到羅馬城做福音工作的想法：這些事完了，保羅心裏定意經過了馬其頓、亞該亞，就往耶路撒冷去；又說：「我到了那裏以後，也必須往羅馬去看看。」（徒十九21）為了達成此宏願，在稍後的第三次宣教後期，保羅停留在希臘半島（大概是在哥林多）共三個月（徒二十2～3）。期間他修成羅馬書，把此書簡先寄給羅馬教會，其中一個作用，便是部署他日後的來訪（見羅十五15、22～28）。觀此，以上映現了保羅不單繁忙於宣教工作，他還會悉心安排未來的方向，全力以赴地實行之。

16.1 重點城市：以弗所

綜觀保羅的宣教，他逗留時間最長的地方就是以弗所，近三年之多（徒十九10，二十31）；其次才是哥林多，也有一年半（徒十八11）；原因明顯是因為二者都是當代人口眾多的城市，機會也多。保羅更以附近一帶的其他城鎮為傳福音的目標，如歌羅西、老底嘉和希拉坡里之於以弗所（徒十九10；又參西四13），堅革哩之於哥林多（見羅十六1），如此態勢，映現著保羅的宣教韜略。

16.2 勞苦作工的保羅

我們有理由相信，保羅是藉著愛筵及其中所出現的主餐，宣揚福音。白天，保羅以織帳棚為生，目的是要賺取金錢，起碼能養活自己及同工。公元四世紀，安波羅修註釋者（Ambrosiaster）的著作有以下的話：

> 其他的使徒都勞苦作工，但都比不上保羅。從晨曦初露直到上午十一時，保羅以他的雙手勞動作工，藉此維持生計。然後直到下午四時，他參與了公開的辯證……[5]

端此，保羅那織帳棚式的生活，大有可能已是一廣為人知的宣教模式。

一如上文所指，藉著在市場工作，保羅得以結識及邀請別人出席晚餐，是為愛筵。藉著分享食物，把主的愛具體地表達，再加上聚會點是在信徒的家中，主的愛疊加以家的溫暖，使與會者深感主愛的豐厚。

晚上進行主餐時，保羅找來機會闡明主餐中的餅和杯所要表達的——耶穌基督那份犧牲的大愛，救恩的可貴和所帶來的盼望，就如他於哥林多前書十一章26節所言：你們每逢吃這餅，喝這杯，就是宣揚主的死，直等到他來（《新譯》）。換言之，主餐中的餅和杯，實有宣揚福音的作用，在在顯示保羅是藉此闡明，基督教是一以愛為本的信仰。以上的做法，再一次顯出保羅是有策略地把福音有效地廣傳四方。

保羅所傳的福音，果真是好消息，是窩心和貼心的。由此可見，保羅宣教的策略是非常奏效的。

16.3 適時的調動

保羅宣教的過程中，少不免有出人意表的情況，但他也能因時制宜，作出調動。例如在他第三次宣教時，他在以弗所寫了哥林多後書，信中展現他本打算再度造訪哥林多，但因上一次的造訪結果欠理想，而作出了改變，寫了一封「流淚的信」（見林後二 4），由善於人際關係的提多帶去（林後二 13，七 6），情況因而得以改善（林後七 6～16），盡顯保羅的智慧。

16.4 以信代人的牧養模式

新約正典中出現了共十三封保羅所寫的書簡，有長達十六章的羅馬書及哥林多前書，也有短至一章的腓利門書。其都有著一共同目的：保羅不能親自到受書人那裏處理事情，於是他的策略便是以信代己。他在第二及三次的宣教中，甚至在羅馬被囚時，仍孜孜不倦地修書以進行牧養，在在顯出他背後的福音策略。

16.5 宣教也籌款

值得留意的是，保羅第三次宣教時，適逢耶路撒冷猶大地有大饑荒。由於他早前曾答應耶路撒冷教會的領袖長老雅各的要求，不要忘記他們當中的窮人（見加二 9～10），因此，保羅計劃在是次宣教中，致力於籌款賑災之事。

深度考量保羅的賑災舉措後，我們相信以下的理由推動著保羅，使他務要完成此善舉：

（1）正如上文所指出的，保羅曾答允不會忘記耶路撒冷窮人的需要（加二 9～10），如今，是履行承諾的時候了。

（2）在其所建立的外邦教會中，保羅要求他們學習金錢奉獻的功課，例如憑信心奉獻（林後八 1～3）；學習均平的原則（林後八 14～15）；學習多種的多收，少種的少收的功課（林後九 6）；學習甘心樂意的奉獻（林後九 7）；藉著奉獻，學習施比受更為有福的一課（見徒二十 35）等。

（3）這是出於保羅及外邦教會對耶路撒冷教會的一份愛心，可說是古道熱腸、急人之急、解人之困的善舉；其同時也顯出外邦教會是極為尊重耶路撒冷教會的。[6]

（4）在實行這賑災之善舉時，保羅帶著一羣信主的外邦人，護送捐款上耶路撒冷（見徒二十 1～6），可能是與舊約多處經文所預言的——在末世時，外邦的各民族將來到聖城耶路撒冷朝聖，與彌賽亞國的特點攸關（見賽二 2～4，二十五 6～8，六十 1～14；耶十六 19；詩二十二 27～29）。[7]

（5）也許最為重要的，便是此愛心之舉能促成外邦教會及耶路撒冷教會在信仰上的合一。[8]

歸結而言，這捐款的善舉蘊含著重大的意義，其與當代羅馬帝國強逼人民向國家納稅等斂財措施，構成了強烈的對比。

16.6 | 最後之城：羅馬

如果說保羅第四次宣教的終點站是羅馬，倒不如說他是惹上官非，被押送上羅馬的。事實上，當保羅完成了第三次宣教，把籌到的款項送到耶路撒冷教會時，卻遇上了敵視他的猶太人，要把他殺害，幸得羅馬的百夫長和千夫長救助和保護，把他護送離開耶路撒冷，來到凱撒利亞，即羅馬巡撫的駐紮地。

他被扣押在凱撒利亞凡兩年之久，多次在官長面前為自己申辯，藉此傳揚福音，為主作見證（見徒二十三 33～二十六 32）。稍後，他動用了羅馬的公民權，表示要上訴凱撒，篤定了他上羅馬之路（見徒二十六 32）。

到了羅馬，他被軟禁在自己租用的住所。由於他是羅馬公民，官兵都對他敬而重之，以致他能享有自由傳道的空間。這便是使徒行傳二十八章30至31節路加所描述的：保羅在自己所租的房子裏住了足足兩年。凡來見他的人，他全都接待，放膽傳講神國的道，將主耶穌基督的事教導人，並沒有人禁止。由此可見，保羅抓緊機會傳揚福音，就如他在提摩太後書四章2節教導提摩太：務要傳道，無論得時不得時，總要專心……他本人是身體力行此道的。

按公元九十六年羅馬的革利免所言，保羅後被釋放，並且把福音傳至西班牙，可說是圓了他的宣教夢，一如他於羅馬書十五章23節所表明：我切心想望到西班牙去……又於稍後的28節再言及此心志。革利免如此說：

> 他教導公義於普世，並且到達西方之端，在眾官長面前作見證……[9]

「西方之端」大概是指羅馬帝國極西的領土，即是今之西班牙。[10]

說白了，以上看來多姿多彩、使人心動的宣教之旅，其實是來自保羅那份古道熱腸的宣教心。這份宣教的鬥心，是來自拯救他、也內住於他的復活主。

傳統指保羅被埋葬於古羅馬城的城牆外，即今以他名字命名的修道院中。[11]

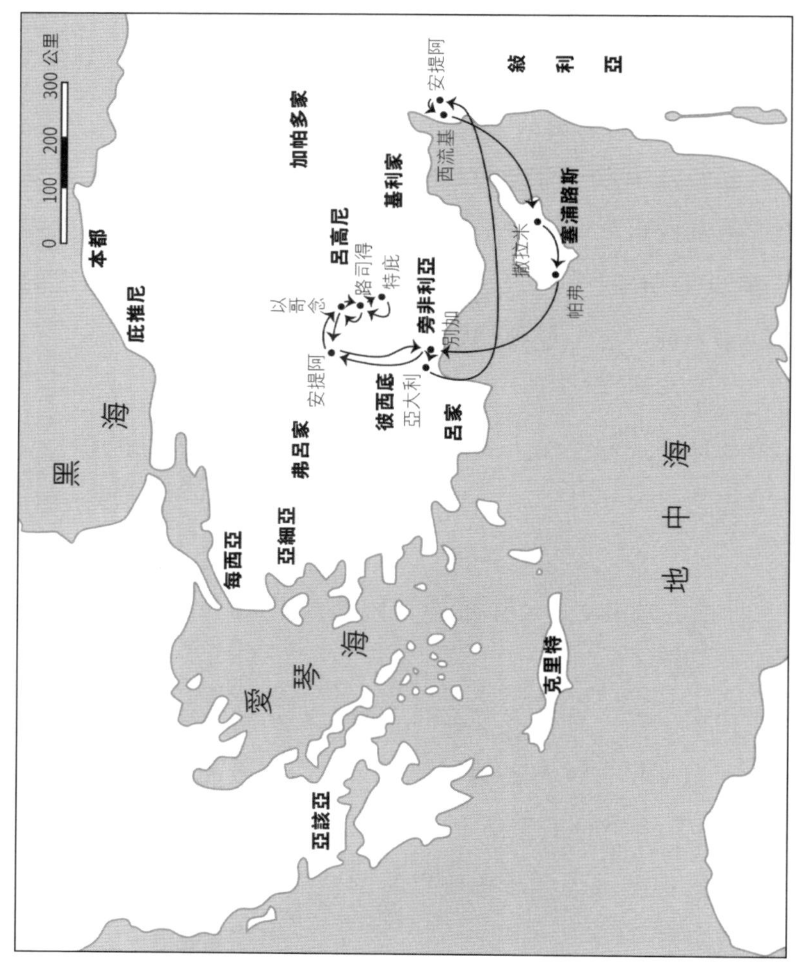

圖 16.1 保羅第一次宣教旅程路線

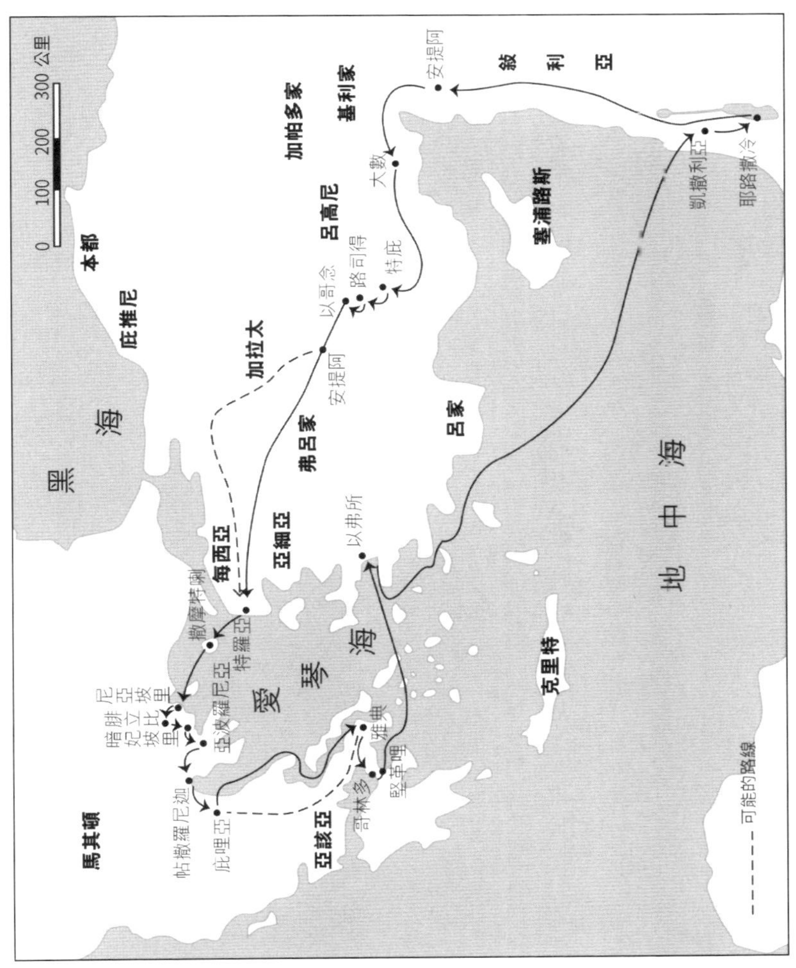

圖 16.2 保羅第二次宣教旅程路線

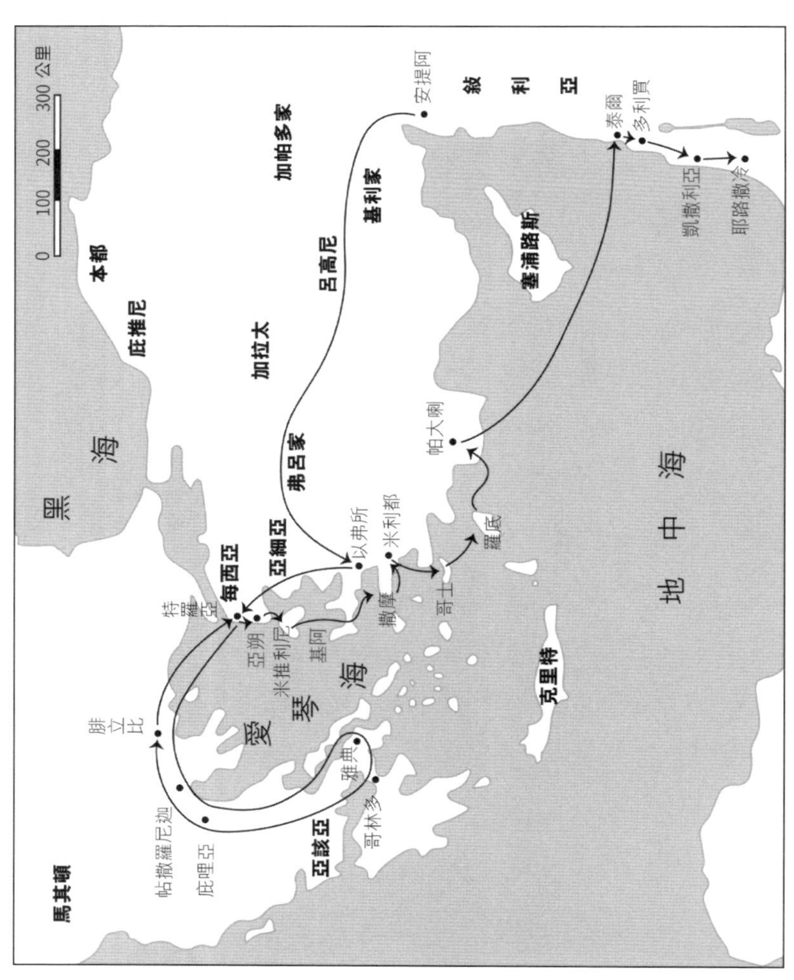

圖16.3 保羅第三次宣教旅程路線

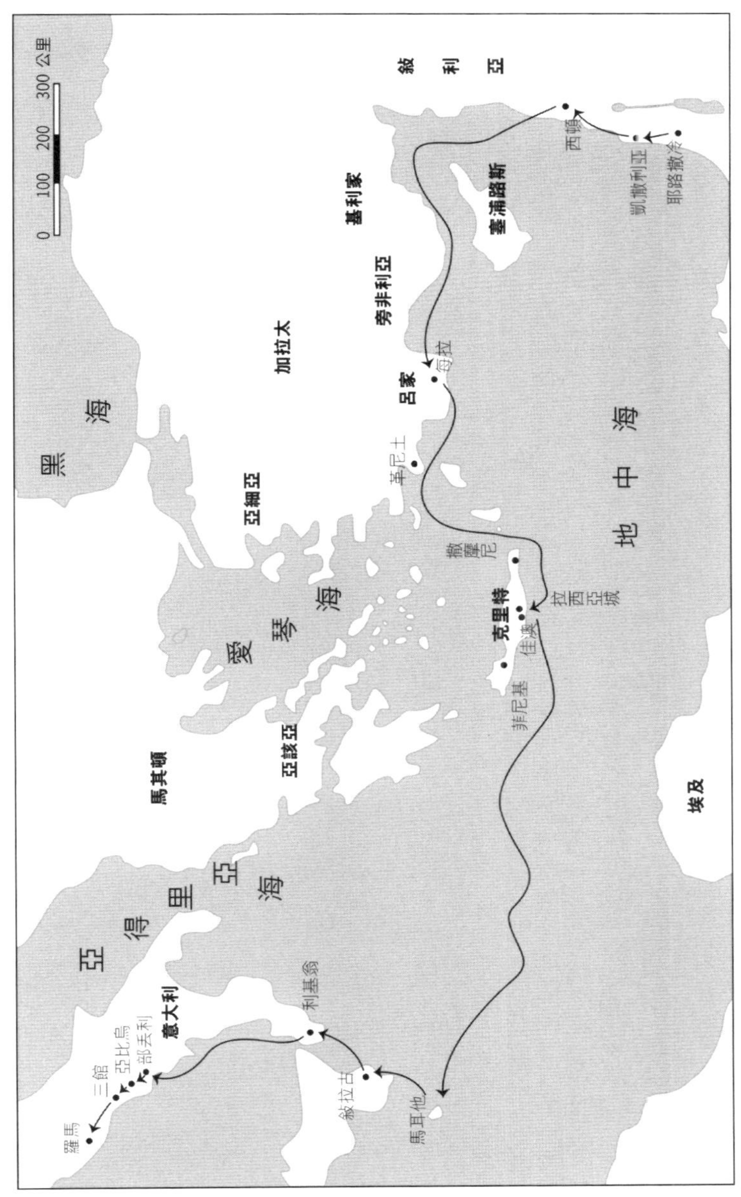

圖 16.4 保羅到羅馬的旅程路線

| 靈思小品 |

保羅到底是誰

求他按著他豐盛的榮耀，藉著他的靈，叫你們心裏的力量剛強起來……（弗三 16）

心裏的力量原文是「內裏的人」（the inner man，見《新譯》），指人內在心靈的狀況。保羅此言，其實是他本人的經驗之談。靠著神的靈的賦能，他內在生命變得強大，從而活得強大。

公元四世紀初有一文獻，記錄了一段對話，是一位殉道烈士思穆伊斯教會的主教（bishop of Thmuis）腓利亞斯（Phileas；簡稱 P），和盤問他的埃及巡撫考斯安奴斯（Clodius Culcianus；簡稱 C）之間的對話。[1]

C：保羅只不過是一普通人而已……

P：是的，他是猶太人，會操希臘語，但擁有超乎常人的高深智慧。

C：你是指，他比柏拉圖更有智慧？

P：不單是柏拉圖，他比世上任何人都有深度，就是哲學家也被他說服……

C：他是神？

P：不是。

C：那麼，他到底是誰？

P：他只是和我們一樣，但神的靈與他同在，以致他能行神蹟奇事，活出從聖靈而來的德行。

反省

雖然我們不能肯定以上記錄的真確性，然而，腓利亞斯所言，反映了當代教會對使徒保羅的理解：保羅看來很偉大，然而，他那神級的力量，傑出事奉的訣竅，是在於神的靈之賦能。

平情而論，保羅確是很有學問，他見多識廣，精力充沛地活著，再加乘以從上頭而來的靈力，因而活出了極其耀眼生輝的生命。

說到底，保羅能夠出現在世上，並且擁有獨特的天賦及成長背景的充分裝備，豈不都是神恩所使然嗎？

末了，是神的恩典，使我們能活一個獨一無二、榮神益人的人生。祂導演了保羅的一生，欣幸地，編寫著你我人生的，也是這位無可比擬的導演。

禱告

主啊，我願按著祢的心意，靠著祢的賦能，傾力演出我這人生劇場中的惟一劇目：我的一生。

| 第六部 |

書信的寫作

17 書寫這回事

在上古，大部分人都是文盲。[1] 儘管識字也不一定能寫。即使某個人本是能讀能寫，但因為寫的機會少，當真的要寫時，也會有點力不從心。也許，這便解釋了何以保羅請來代筆人為他寫書簡——保羅忙於工作，書寫機會不多，以致寫得辛苦。

留意保羅在加拉太書六章11節如此表達：*請看我親手寫給你們的字是何等的大呢！*這裏大概是保羅的署名——他親筆寫下大名，為證明此信來自他本人，他本是能讀能寫之人，但因為某些原因，已很久沒有親筆寫作了，於是，他寫下的字體也比較大。[2]

一般而言，原作者在署名後會寫上信末的話，包括問安語等；保羅的書信亦然。當然，學者里茲（Steve Reece）指出，作者有時會選擇親自書寫全信，[3] 我們不排除保羅書信中有些書簡是本人親自提筆寫的。

17.1 上古的文字工作

人類社會發展的過程中，由於需要傳遞重要信息，以及把事情記下來，文字及書寫便應時而生。

本來，若是需要傳送信息，口傳比起寫下來會容易得多。例如在古代的戰爭中，傳送戰況是用口傳的，這情況便構成了馬拉松賽跑背後的故事。不過，如果信息內容複雜，並且要存留好一段時間，以文字方式寫下來，以書簡傳遞的形式言情寄意，便可行得多。再者，從國事及商貿的活動來看，把事情記下來，當中涉及人羣（故要記下名字），及錢財的交往（記下價目），則記錄下來是一必然的工序。

因著以上的理由，加上其他的需要（如福音的廣傳），各類文件、書信的往來便應時而生了。在保羅的時代，希羅社會寫書的風氣已形成；如今殘留下來的殘章斷稿有過千份之多。

17.2 保羅的書簡

在保羅的時代，寫作並沒有想像中這麼容易；寫作的費用也高昂。[4]

比較起同一時期的信件，保羅寫作的篇幅相對長得多。如上文所言，保羅是羅馬公民，也是法利賽人，這兩種身分使我們推想，他大有可能是屬於社會上的菁英階層。他的書簡映現出他是有學問的人。

留意當代的著名演説家及作家西塞羅也寫了不少的信件，其中最長的一封信共有二千五百三十個字。另一位哲人塞內卡，最長的信有四千一百三十四個字。至於保羅，長達十六章的羅馬書是他所寫的書簡中最長的，也排在正典中共十三封保羅書信之首，內容有七千一百一十四個字，差不多是西塞羅的三倍。[5]

在上古，寫作都以簡約為主，大都寫在一張約能存放二百至三百個字的蒲草紙上。[6]新約書簡的腓利門書、約翰二書、約翰三書及猶大書，都是以一張蒲草紙為篇幅的書信。然而，保羅卻孜孜不倦地寫，寫的篇幅很長，寫的次數亦多，存留至今的共十三封信簡，都是他在宣教旅途中寫的，可見他必然是心中踴動著強大的動力，才會排除萬難地悉心寫信，言情寄意。端此，我們有理由相信，保羅的牧養工作其中也包括了以文字方式傳揚真理，堪稱言宣文宣並重，藉此牧養他所建立的眾教會。

尤有甚者，儘管他因信仰而下監，身體被困於牢房裏，但因心繫教會，便把心底的話修函，分別遠寄至各地方的教會，這便是被稱為監獄書信的以弗所書、腓立比書、歌羅西書及腓利門書（提摩太後書也是在監獄寫的）。

再者，即使是保羅本人從來沒有踏足過的帝國首都羅馬，以及並非他所建立的羅馬教會，也都成為了他的寫書對象，藉此收傳道及牧養之效。由此可見，以寫信的方式牧養眾教會，成為了保羅宣教策略的重點（因其能把福音信息，無遠弗屆地傳揚）。

17.3 | 寫作的困難

寫作之難，一方面是寫作工具不容易取得（包括紙、筆和墨），另一方面是需要找代筆人幫忙。

寫作的工具一路走來轉變不大，直到近期才採用電腦打字，用網絡上的社交媒體傳送。當然，上古的書寫工具自然是簡陋的，事實上，他們會採用任何能把文字寫上的東西，例如破裂瓦器的瓦片，或是動物的骨塊（如象牙）和木塊等。[7] 到了新約時代，被廣泛採用的，首推埃及尼羅河畔生長的蒲草所製成的蒲草紙（papyrus），及用動物的皮膚打磨而成的皮卷（parchment）。[8]

此等蒲草高度達十多呎。筆者曾在參觀尼羅河的旅途中，目睹這種生在河邊的蘆葦，其長得極高，而且濃密，無怪乎昔日摩西的母親能將嬰孩摩西放在用蘆葦編織成的箱子裏，然後藏在蘆葦中多日，才被埃及公主發現（見出二2～6）。事實上，濃密的蘆葦足以把整個成人都收藏起來。

造紙的過程是這樣的：先把割下的蘆葦，去其底部而留下莖，然後去表皮，把軸心切成長條；經打磨、施壓及編織後成為紙張。除了以單張的紙張出售外（用作契約或記錄等），人們大都把蒲草紙一張一張地黏連起來（共約二十張），構成一長長的書卷出售。

由於只有埃及有這種適合製造紙張的原材料，故蒲草紙的價格並不便宜。也因此故，寫作時若餘下了部分空間，都會將那部分的蒲草紙切割下來，以備後來之用。

如上文所指，寫作不容易，找來代筆人是通行的做法。[9] 畢竟，作為專業寫信者，一如學者里茲所言，是需要有受過高度技術訓練的。[10] 他們會懂得如何調校寫作用的墨汁、運用適合寫信的筆、採用合宜的蒲草紙張等。[11]

由於不是人人擅於書寫，代寫自然成了專業，社會上的高層人士會雇用書寫一流的代筆人，而一般大眾也能夠在市集裏雇用代筆人。至於作者和代筆人之間如何合作，代筆人要扮演何種角色，可用三個"C"來說明——作者（composer）、複製者（copyist）及貢獻者（contributor）。

（1）寄信人給予大意，細節由代筆人處理，這類代筆人有如作者，大幅度地參與寫作過程。

（2）寄信人要求代筆人按著他的意思寫，有時甚至是一字一句地默寫，這樣，代筆人純屬複製者。

（3）介乎兩者之間，可稱為貢獻者。

由於保羅書信內包含大量信仰真理，我們相信保羅必然是小心地用辭，嚴謹地構建句子。再者，一般而言，言說比寫作快。除非代筆人能有速記技巧，[12] 否則，保羅便需要緩慢地講，好讓執筆者能精確地記下來。故此，為了節省時間，我們有理由相信保羅事先把要寫的東西，以筆記的方式記下來，[13] 然後交予代筆人，再從旁作出編修而定稿。

學者李察斯（E. Randolph Richards）指出，出埃及記三十二章32至33節的一句：*不然，求你從你所寫的冊上塗抹我的名*，反映了摩西為以色列人禱告，求神赦免他們的罪。摩西甚至求神把他自己的名字，從神的冊上（即生命冊）用水洗抹掉。[14] 由此可見，寫下來的文字是可以用水抹掉的。

值得留意的是，保羅在羅馬書中特別提及代筆人德提也問候受書人（羅十六22）。由於保羅在其他書信都沒有特別提及代筆人，故我們有理由相信，也許因為受書人認識德提，故保羅才有此作法。端此，我們相信，保羅特意選擇以德提為代筆人，因受書人都認識他。尤有進者，因為受書人，即羅馬教會並不是由保羅建立的，而保羅在寫羅馬書時也從未踏足過羅馬城，故提及德提可能是要表明他從德提那裏得著受書人的資料，寫下此信以回應受書人的問題，從而作出教導，足見他所言非虛，受書人理應受教於他。

總而言之，保羅在尋找代筆人時，是經過深思熟慮的。代筆人也有助於他的福音工作，藉著書信而收牧養之效。

如果採用代筆人，原作者會在信末簽署以作證明，簽署的方式有三：(1) 蓋上印章。(2) 自己寫下信末的話。(3) 自己寫下問安語。作者簽署時，大都會採用不同顏色的墨汁以資識別。如果內文用黑色顏料，則簽署時便用紅色。這大概便是保羅於加拉太書六章 11 至 18 節所展現的：到了這裏，他親自寫下信末語，寫的字體比前文為大。字體較大，究其因可能有二：(1) 他有眼疾，故視力變得模糊。(2) 他很久沒有書寫，如今寫起來字體變得不太端正，也比較大。[15]

另一個明顯的簽署例子是腓利門書 19 至 21 節：這是我——保羅親筆寫的……我寫信給你，深信你必順服……又見帖撒羅尼迦後書三章 17 節：我——保羅親筆問你們安。凡我的信都以此為記，我的筆迹就是這樣。

｜靈思小品｜

西塞羅與提羅

我們有這寶貝放在瓦器裏，要顯明這莫大的能力是出於神，不是出於我們。（林後四7）

保羅自言是瓦器，一件平平無奇的器皿；寶貝是指耶穌基督，這寶貝放在瓦器內，表面看是隱藏著的，然而，瓦器卻因而厚重起來。這便是保羅如何看自己，他的強大全是內住的主的賦能使然。此觀點大大影響著他的事奉，構建了他傳奇的一生。

西塞羅被譽為古羅馬最偉大的演説家及最具影響力的作家。他生於公元前一〇六年，死於公元前四十三年。年青的他投身法律和政治界，更曾任羅馬共和國的執政官。他的演説有深度，亦具穿透力，在當代可説是優雅卓越，極其出眾。但想不到的是，原來他的成就，是與他的祕書提羅（Tiro）息息相關的。

在他致提羅的信簡中，有此言：「你給我的服務實在受用，不論是在家中、在廣場裏、在城市中、在省內，或是私人，還是公眾，在我追求和表現文學造詣時。」此言顯示，西塞羅倚重提羅是全方位的。

至於在程度上，且看以下另一則西塞羅的自白：

「龐培和我在一起，當他表示要聽聽我的演說時，我告訴他，沒有提羅，我成了啞巴……」這話在在顯示，提羅不單是西塞羅的祕書，更是他的靈感。

換言之，沒有提羅，西塞羅的人生絕對會失色。不過，在人類的歷史中，大家都只認識西塞羅，哪有人會知道其背後的提羅？

反省

在學術界，有些學者相信基督教是來自保羅，而不是來自那活在巴勒斯坦，來自拿撒勒，只不過是鄉野之輩的猶太拉比耶穌。然而，這只是膚淺之見；保羅的偉大，閃耀的人生，其實是來自背後的耶穌基督。

且看保羅的自白：我本來比眾聖徒中最小的還小，然而他還賜我這恩典……（弗三8）換言之，保羅自言極其微小，然而，全因為復活主的宏恩厚愛，使他成為使徒，其成就才能一時無兩，冠絕同儕。

有見及此，如果說保羅偉大，倒不如說是主的恩典，藉著微小的保羅顯大。

禱告

主啊，祢才是宇宙間最偉大的，祢是我心中的王。在任何地方，我都要高舉祢。願更多人曉得，所得的榮耀不應據為己有，這都是從祢而來的。祢才配得榮耀和頌讚。

18 寫作的代價

18.1 費用

雖然寫作的實際費用難以確定，但一般而言，蒲草紙的費用，加上聘請代筆人、派遣信差、給予路費、把信送至遠方等，都需要有一定的經費，按此理解，寫作的費用一定高昂。[1]再者，由於可能會寄失，作者通常都會留有複製本以作後備。事實上，不論是社會上的名流，或只是一般的平民百姓，都有複製書信的做法，保羅寫作的書信大概也不例外。上流社會的有錢人家一般更會在複製文件後，先後派遣不同的信差把文件送出，以策萬全。如果保羅也有這樣做的話，則費用會更高昂。

按此了解，新約作者在寫信時，都需要有贊助人的支持，方能成事。明顯的一個例子，便是在路加寫下路加福音及使徒行傳時，[2] 需要提阿非羅大人成為他的贊助人，故他在寫作卷首語時，都會提及提阿非羅的名字，以表謝意(見路一1；徒一1)。

至於保羅，當他寫下十三封信中最長篇幅的羅馬書時，他在最後一章，即十六章的1至2節便提及非比這位女執事。留意保羅形容她*素來幫助許多人，也幫助了我*。在此，*幫助*大概是指在屬靈上及物質上：在屬靈上大有可能是指她協助保羅的福音工作，物質上指她以金錢資助保羅。由是觀之，非比是一有經濟實力的女信徒。而寫這封長達十六章的書簡，所需費用大有可能是來自她的。

18.2 ｜ 送信與信差

在當代，羅馬帝國雖有國家的郵遞系統，但只有帝國官吏才能享用此服務，至於一般老百姓，則要自行處理郵寄的問題。

由於路途遙遠，信差在途中也會需要別人的幫助，他需要安全的居所，有人指示最好的路線，或由另一位信差接過來繼續行程等。有見及此，作者可能同時將信差所需要的推薦信交給他。按此理解，作者需要有一定的人際網絡，以能在沿途上找到熟人照顧信差，提供幫助。這一點，也許就是保羅在各地結交大量友好的原因，[3] 這些友好一方面可以支援他的福音工作，另一方面也可協助信件傳遞。

在選擇信差時，一般人會差派可靠的家奴，或是聘請專人送信。留意歌羅西書四章 7 至 9 節保羅在信末提及信差時有此言：

> 有我親愛的兄弟推基古要將我一切的事都告訴你們。他是忠心的執事，和我一同作主的僕人。我特意打發他到你們那裏去，好叫你們知道我們的光景，又叫他安慰你們的心。我又打發一位親愛忠心的兄弟阿尼西謀同去；他也是你們那裏的人。他們要把這裏一切的事都告訴你們。

以上保羅特別提到送信人的名字，表明他們是保羅本人的兄弟，是他所親愛的，故絕非泛泛之輩，是絕對可信任的。端此，我們可以說作者是在大力推許信差，如果受書人對信內有任何疑問，大可詢問信差，他必如實作答。

在到達目的地後，信差大有可能會被邀讀出信的內容，而如果受書人對信中有不明白的地方，信差也會需要回應他們的提問，[4] 正如保羅在以弗所書六章 21 至 22 節提及推基古為信差後，便說：他要把我的事情，並我的景況如何全告訴你們，叫你們知道。我特意打發他到你們那裏去，好叫你們知道我們的光景，又叫他安慰你們的心。端此，保羅在寫信後，是小心翼翼地選取信差，因為信差代表著保羅本人牧養受書人。

總的來説，寫作需要時間及金錢，並不是一件輕而易舉的事，保羅寫下共十三封書信之多，可見這絕對不是隨機和隨意的。藉著信件進行牧養，是保羅宣教的重要套路。尤其是當他不能親身前往受書人當中進行牧養時，書信便成為他的分身（見林前五3～4），而他的作品還意想不到地成為了歷世歷代教會在真理學習上的必修內容。

| 末了的話 |

團隊合作

我們相信正典中的其中十三封信來自保羅，但實際上，每一封信都不是單靠保羅一人而成的。按上文的剖析，當中涉及眾多的人物，包括了共同發信的人、書信背後的贊助人、代筆人及信差等，可見書信的出現，是一團隊合作的成果。

不論是在宣教工作上，或者只是在寫作上，保羅都以團隊精神為主軸，進行他的福音工作。宣教工作的同工可說是不計其數，我們所知的有西拉、提摩太、提多、路加、百基拉和亞居拉、巴拿巴、所提尼、推基古、阿尼西謀、以巴弗提及以巴弗等。

再者，在教導教會真理時，保羅經常以恩賜配搭指出，教會的福音工作也必須要羣策羣力，才能眾志成城。各人都必須盡其所能、以愛為本、相愛相攜、配搭起來，憑著聖靈的賦能，建構起基督的身體，即教會。這種通力合作，以愛為本的事奉模式，正正是愛心冷淡、重視階級、彼此踐踏，以致社會支離破碎的羅馬社會所匱乏的。這樣，教會作為一存在於羅馬大社會中的小社團，在社區中自然產生了極大的吸引力，信主者眾。

總的來説，以愛為本的團隊合作，不單能鞏固保羅內部的協作，更能達成外展性的福音果效。端此，保羅深諳團隊合作之道，團隊事奉是成就保羅宣教工作的王道。

| 靈思小品 |

無知是智慧的黑夜

我所禱告的，就是要你們的愛心在知識和各樣見識上多而又多……（腓一9）

這禱告也可說是保羅對受書人的期望，他指出了信徒成長之路是三頭並進的，是為愛心、知識、見識。知識是指屬靈的見解；見識是指學以致用的知識。前者從讀經及遵行主的道而來，後者從世上的學問及人生的經驗而得。我們生命要成熟，就必須在這三方面下功夫。

網上流傳這樣的一則新聞：在我國江蘇省淮安村裏有一家人，他們住在一古老大屋中。忽然不知從那處找到數個古舊瓷瓶，內中裝滿錢幣。家中有人急不及待，要盡快從瓷瓶裏取錢，便用錘子把瓷瓶逐一砸破，得到很多錢幣；這看來簡單直接。誰知，後來有人把碎片拿去檢驗，發現瓷瓶乃南宋時期文物。據估計，其價值過億，儼然是一價值連城的寶物。可惜瓷瓶已被打碎，在金錢和考古文物價值上皆損失慘重。

反省

沒有知識和見證，比起沒有財富更貧窮。因為儘管有瑰寶出現，沒有見識的人也會無從辨析。古羅馬的賢達西塞羅說得好：「無知，便是智慧的黑夜。」

那麼，讓我們努力走出黑夜，並且遠離之。藉著不斷的學習，充實自己的生命。歲月流逝，落花成塚，有朝一日，我們都會老去，如果今天我們沒有醒覺，到那時便追悔莫及了。

末了，我們不能阻擋時間的長河向前湧流，但我們可以保持心境年輕，懷著童真，培養對各樣事物的好奇心，好學不倦。

禱告

學海無涯，求主給我謙虛受教的心，好使我在屬靈的知識和人生的見識上都有精進，更重要的是培養那一顆愛神和愛人的初心。

19 修辭學、文集及詮釋

19.1 修辭學

研究保羅的書信，我們不得不留意，上古有學問的人在傳講信息時，都會學習一套希臘式的修辭演說學問，是為修辭學（rhetoric）。保羅也不例外，不論講學或是書寫，他都自然而然地採用了這門技巧。由於保羅寫信的目的，是要勸服受書人聽取他的忠言，從而收牧養之效，故書信中盛載着修辭技巧也是可理解的。

保羅運用的修辭法，最為明顯的是希臘修辭學中的邏輯性修辭（*logos*）、道德性修辭（*ethos*）和情感性修辭（*pathos*）。邏輯性修辭是指以明顯、清晰的邏輯推理説服受書人。道德性修辭是指提升寫信人的信譽，自然使受書人願意聽從其勸説。情感性修辭是指觸動受書人的感情，使他們在聽取作者的勸告時，心靈柔軟下來，更願意開放自己，接受忠言。[1]

以下是一些實例：[2]

（1）邏輯法：保羅經常引用舊約聖經，以支持其論點；他更會援引受書人所熟悉的比喻，來說明真理（羅一17，四3；林後八15；加四21～31等。比喻的採用見林前三6～15，十三12，十五35～42；林後五1～2；加五22等）。

（2）道德法：保羅在信首語常以使徒或基督耶穌的僕人自居，藉此顯出他崇高的屬靈地位，為自己建立信譽，以爭取受書人的信服（羅一1；林前一1；林後一1；加一1等）。

（3）情感法：保羅常以父親和母親自居，更表明其因福音而被囚的犧牲精神，藉此牽動受書人的情懷，使他們回想起昔日保羅在他們當中工作時那份古道熱腸、極愛教會的心，從而感激保羅，願意聽取保羅的肺腑之言。此外，保羅經常在信中稱呼受書人為弟兄們，或是親愛的，藉此拉近彼此間的關係等（羅一13，十二1；林前一26，三1，四14～16；林後七1，八1；弗三1，四1；腓一13；西一24；帖前二7～11等）。

也許，最特別的，是羅馬書十六章3至16節中的問安語，共問候了二十三位羅馬教會的領袖，數目之多為其他書信所不及。由於保羅從未踏足過羅馬，也從未造訪過羅馬教會，他與受書人之間看來是陌生的。由此可見，這特別的問安語，目的是要與受書人建立關係，增加受書人對保羅的好感。此段問安語有修辭作用，並且是屬情感法。

此外，我們還要留意以下保羅書信的三大特徵：

第一，信首語常出現共同發信人（co-sender），比較起當代的其他書信，這是極為罕有的做法。到底其有甚麼用意？有人主張這些人參與了寫信的過程，例如其可能是代筆人，或為保羅給予意見，如何妥善地處理受書人的問題，故應稱呼他們為共同寫信人（co-author）。然而，亦有人力陳，保羅必定以其嚴謹的神學書寫信簡，他不會容許有任何錯誤的神學主張，潛入其文字中，故這些人不可能是共同寫信人。

我們的回應是，雖然信內有出現我們的字眼（如西一3；帖前一2，三1；帖後一3等），但不一定是指信首語內所出現的人物，而是指眾使徒，即使徒保羅所屬的羣體，故我們顯出此乃使徒羣體的共識，是權威之言，有修辭之效。再者，信中卻經常出現我（如腓一3、12，二19；林前十一17，十二1，十三1；帖後三1等），可見保羅是指著他本人而言。按此了解，我們以共同發信人，而不是共同寫作人來看這些人物是較為合理的。不過，不論是共同發信人，還是共同作者，某程度的參與是存在的。

第二，保羅的書信內出現不少引用別人的話之經段，如上文所言，其都是有修辭的作用，目的是要提升他教導的說服力

（如套用舊約聖經），及引發受書人的認同，例如援引流轉於眾教會的傳統資料，如信經（林前十五3～4）、詩歌（腓二5～11）、在世耶穌的話（徒二十35）及受書人所熟悉的、地道的流行語（多一12）等。

更值得留意的是，保羅也會引用受書人的話，然後加以糾正。然而，保羅不會刻意說明哪些是他所引用的話。例如他在哥林多前書經常引受書人的話：凡事都可行；而保羅在其後作出糾正時，大都以「但」或「然而」（希臘文是 *alla* 或 *de*）一辭以顯示他在反駁對方。例如哥林多前書六章12節的一句：凡事我都可行，但不都有益處。凡事我都可行是受書人的說法，保羅先引用之，然後反駁以但不都有益處。

另一個例子在哥林多前書七章1至2節：論到你們信上所提的事，我說〔留意原文本沒有我說〕男不近女倒好。但要免淫亂的事，男子當各有自己的妻子……這一句顯示著保羅正在回答從教會來的信，信內寫著男不近女倒好，意思是男性應該保持獨身，不進入婚姻內。在此，保羅作出糾正，於是便說：但要免淫亂……

在詮釋這些經文時，我們不要把保羅所引用的、對方的話，看作為保羅自己的意思。否則，便錯解經文了。

第三、提摩太前書、提摩太後書、提多書及腓利門書看似是私人的信簡，但其實也是公開的通函，最終被傳閱於眾教會，究其原因主要有二：

(1) 學者李察斯指出，在當代，人們都樂意把信件與別人分享，他更舉了多個歷史案例證明。[3] 留意，保羅於歌羅西書的信末（西四 16），指示教會要把此信轉交老底嘉教會，也要接受從老底嘉教會傳來的信。[4] 保羅的指示似乎支持了以上的看法。[5]
(2) 由於保羅建立了眾多的外邦教會，當保羅離世後，眾教會自然很珍惜他所留下來的真言。故保羅書信很快便被集結成為文集，廣泛地流轉於眾教會。

此外，除了以弗所書及羅馬書被一些學者看為一般性教導的書簡外，其他的十一封都是針對性特強的。以弗所書被視為一封流轉於以弗所一帶的信，受書人不單包括以弗所教會，也同時包括希拉坡里、老底嘉及歌羅西等地的信眾，[6] 故教導傾向於一般性（尤其是書信中沒有向個別信徒問安的信末語）。另外一卷較為特別的，便是篇幅達十六章的羅馬書　由於保羅在寫信前從未踏足過羅馬城（羅一 13），教會也不是他本人建立的，則令不少學者相信，羅馬書在針對受書人的問題寫信時，在程度上必然不及其他的書卷，其教導也趨一般性。

19.2 ｜ 書信的古抄本及其集結

在上古保羅的時代，人們大都把蒲草紙一張一張地黏連起來，構成一長長的軸卷，以書卷（scroll）的方式面世和流轉。[7] 然而，後來情況漸漸有所改變。約在公元一至二世紀之間，人們開始把一張一張的蒲草紙疊在一起，把其邊緣黏連，形狀有如今天的書籍（二至五張疊在一起是最普遍的）。[8] 這形式被稱為古抄本（codice）。到了公元三世紀，古抄本便廣泛地流行於基督教的寫作世界裏。

留意現今我們留存下來的新約眾書卷，都採用了古抄本的方式。當然，平情而論，以古抄本的方式寫作，在不少地方都優勝於傳統的書卷方式，例如：

（1）其底面都可寫字，比較起書卷只能寫在一面，這自然能容納更多的字。
（2）比較易於攜帶。
（3）方便翻閱，要查看某行某字也較便捷。

除此之外，初期教會大幅度採用古抄本，也是因為以下兩個原因。由於古抄本能承載更多文字，也易於傳送，當教會在集結四福音時，如果要把四卷福音集結成一文集流傳於世，[9] 則必然用古抄本無疑。耶穌基督的故事既然是以這方式面世，其他的新約作者也因而仿效。[10] 另一原因，是因為保羅文集也是以古抄本的方式面世（因為只有這樣才能同時把共十三封書信集結成文集）。

至於保羅書信何時才集結成文集？集結的形式為何？學術界也有海量的討論。有學者相信集結的過程是按部就班的，如滾雪球般；[11] 亦有學者相信其是於短期內出現的。[12] 以下的推論是以後者的見解居先。

保羅書信被收集起來的可能途徑有三：(1) 眾受書人把接到的信簡拿出來，集結成文集。(2) 眾受書人把信複製，這些複製品在眾教會間廣泛流傳，後被集結成文集。(3) 保羅自己所複製的著作，即本來用作後備的作品，被集結起來成為文集。

在此，學者李察斯有力地提出，第三個看法的可能性最大。他舉了當代的西塞羅及伊格那丟為例，舉證了他們為自己的信件留下複製品的案例。此外，學者韋寧特頓堅稱，在當代，代筆人為所寫的信留下副本，是一常規性做法。[13] 因此，我們有理由相信，獄中的保羅極力要求提摩太把書和皮卷帶來（提後四 13），便是指把他書信的副本帶來。而由於這些複製書信大概是以古抄本的方式記存，故其被集結成文集後，自然亦以這方式面世。這便構成我們今天所存有的保羅書信的古抄本。[14]

至於誰是集結者，我們推想大概是在保羅離世後，這些複製品由在他身邊的路加，或是提摩太等人集結，因著各地教會的索求而公諸於世。因此，我們相信保羅文集是在保羅離世不久後便出現的。稍後，文集廣泛流轉於各地教會，為眾教會所熟悉，然後被公認為有絕對的屬靈權威，最終被納入新約正典。

19.3 ｜ 書信的詮釋

19.3.1 ｜ 真的來自保羅嗎？

在作者問題上，早期教會都認為正典中十三封書簡皆來自保羅，但在近代的學術研究中，有人指出這些書信不都來自保羅，有些是偽保羅作品。這看法的出現，是基於兩大因素：

（1）十三封信簡的寫作風格並非一樣，反映出其可能來自多位作者，而非一人。

（2）在保羅及早期教會的年代，假借別人的名義寫作，是一件普遍的事。例如知名的猶太人作品《以諾一書》，自然不是以諾的作品；第二世紀出現的《彼得福音》、《多馬福音》及《猶大福音》等都是冒名之作。這些作品的出現，旨在使讀者以為其真的來自古賢先聖，是極有權威的，故其內容是不可不讀、不可不知的，藉此吸引別人閱讀。再者，這些偽名之作，其內容乃先賢古聖精神的延續，可稱為某某學派（如保羅學派，即 Pauline school）。[15]

正因此故，學術界普遍認為真正來自保羅的書目，主要有四卷：羅馬書、哥林多前書、哥林多後書及加拉太書。另外這四卷比較具爭論性：帖撒羅尼迦前書、腓立比書、腓利門書及歌羅西書。至於帖撒羅尼迦後書、以弗所書及教牧書信的三卷，即提摩太前書、提摩太後書及提多書，都被看作為偽保羅的作品。[16]

畢竟，分析文章風格已經不是一件容易的事，也因此故，學者們研究的結果也有極大的落差。例如學者肯尼（Anthony Kenny）的研究結果顯示，出自保羅手筆的書目排列如下（按其出自保羅手筆的可能性之大小，由最大至最小排例）：羅馬書、腓立比書、提摩太後書、哥林多後書、加拉太書、帖撒羅尼迦後書、帖撒羅尼迦前書、歌羅西書、以弗所書、提摩太前書、腓利門書、哥林多前書、提多書。

按此分析，被眾學者主張由保羅親筆寫的哥林多前書竟排在後頭，反之，被大部分學者否定的提摩太後書卻排於前。還有的是，肯尼的結論是認為這十三封書信也許來自多位不同的作者，又或者來自一位寫作風格多元化的作者。[17]

在此，我們只能說，以文章風格來決定十三封書信的真偽是主觀的。事實上，學者韋寧特頓指出，在當代，代筆人是極不願意為一些人寫冒名之作的。若是如此，這無疑是加增了冒名寫作的難度。所以，主張有偽保羅作品的人必須提供極為充分的理由，論說才有可能成立。[18]

事實上，保羅是按著受書人的情況，以其書信作為回應和教導，因此主題的不同、風格的迴異自然是可理解之事。再者，如果保羅用了代筆人來寫信，或是經常引用舊約聖經，及一些流轉於當代的福音傳統，這些因素都足以大大影響寫作時的風格。[19]

19.3.2｜處境性和針對性

保羅寫了洋洋大觀的十三封信，佔了新約正典共二十七卷作品中的近乎一半，可說是無人能及。再加上他的書信大有可能是最早期流行於初期教會中的書信，故他寫信的模式，更有可能成為其他新約作者寫信的楷模。如是者，保羅不單是向外邦人傳道的先驅，也是新約書信模式的先行者。

在寫作環境上，我們要留意的是，保羅所寫的書信都是針對性的。如上文所指，要寫成一封信（尤甚是篇幅長達十六章的羅馬書和哥林多前書），並且安排信差傳送，是一件絕不簡單的事，我們可以推測，作者心中必然存著極大的動力，才會花那麼大的心力財力著墨書寫，言情寄意，處理受書人的問題，提供自己的意見。因此，保羅書信有一共同點，便是其是一針對性的、處境性的文件。

整體而論，受書人（即教會）所出現的問題，大致上可分為教義性和道德性兩大類別。再者，這些問題也必然是嚴重的，才會引起作者的關注，使他不得不提筆作出教導和指正。端此，書信內容的處境性特強。[20] 一如研究保羅作品的學者畢加（J. Christiaan Beker）所力陳的，新約大部分書信都是極為特別和處境性的。端此，在詮釋保羅書信時，我們不應該把信內的教導與其背景分割而論，否則便犯了斷章取義的毛病。[21]

在此，我們在研讀保羅書信時所遇到的一些難解經文，究其原因，大都是因為我們不明白當時作者和受書人所共同面對的問題是甚麼。正如新約名儒費依（Gordon D. Fee）所指稱，坦白而言，這些經文不是為我們而寫的，而是為當時的受書人而寫的。[22]

且看以下一段經文作為例子：

提摩太前書二章8至15節：這一段經文所引起的問題是，保羅好像再一次要求婦女在教會內要順服弟兄，故不能充當領袖。不過，當我們了解其背景時，便能明白保羅此言是針對著當時在神學上發生錯誤的男女，以及在踐行真理上有不恰當行為的姊妹，所作出的教導。

一如上文所言，基督教強調在救恩上男女是平等的。提摩太前書是寫給提摩太的，他正於以弗所教會牧會。此時，會內出現了假教師（即傳異教，見提前一3、7），他們煽惑會內的婦女，主張婦女應該起來領導教會，因為男性是不可信的。假教師們指出由於亞當犯了罪，才連累全人類陷在罪裏。由此可見，婦女應該起而代之，領導信眾。這些婦女為了能在教會中突出自己，便打扮入時，穿金戴銀，艷光四射，務求出眾。

有見及此，保羅到了提摩太前書二章8節，在論及聚會中的男女時，他先用一節的篇幅指出男性的問題，即不要爭論，而是要在屬靈上，多多禱告。至於婦女，他用了共七節的篇幅作出教導，可見婦女的問題是較嚴重的。

保羅指出婦女只要打扮端裝便可，不宜靠著外表的華麗來提升自己的階層，反而內在美才是重要的。他更指出，在聚會中，婦女不宜喧嚷，影響別人，故他才有此說法：女人要沉靜學道，一味地順服，即在聚會中要保持安靜，不應左顧右盼、交頭接耳，影響聚會的秩序。

再者，假教師主張亞當犯罪使人類都陷在罪裏，但這只可算是部分真理而已。事實上，是夏娃引誘亞當犯罪，才導致問題的發生，故保羅有此言：且不是亞當被引誘，乃是女人被引誘，陷在罪裏。正因此故，婦女是被誤導了，她們不應持續散播這錯誤的想法，再加上上古的婦女大都得不著良好的教育，見識粗淺，故保羅才有此言：我不許女人講道（原文是教導），也不許她轄管男人，只要沉靜。意思是婦女還是要謙卑下來，好好地學習真道為先。

整體而言，保羅是針對著以弗所教會中婦女那錯誤的思維和不濟的行徑，才會有這番對婦女持極為保守看法的説辭。

總之，我們作為讀者，要理解二千年前保羅書信中所教導的，必須要了解當時作者與受書人之間發生了甚麼事，受書人所面對的問題是些甚麼，然後才加以詮釋，找出其中的屬靈原則，應用於今天。

以上藉著經文所反映的，從而重組當時所發生的事件，這種方式稱為「鏡讀法」（mirror reading）。此方法廣泛被學者採用，也成為了解背景的重要進路。不過，由於資料只限於一封信內，所得的結果，可能只是片面之辭，[23] 故我們必須附加以其他可靠的資料作為參考，例如有關的其他文獻，甚至古歷史和考古學等。[24] 這樣，才不致犯了以偏概全的毛病。

末了的話

讀經不能速成

既然聖經是一本古書，保羅寫其書信時距離我們已有兩千年之久，時移勢易，物換星移，我們的文化跟保羅時代的猶太文化及希羅文化是截然不同的。我們很容易把自己的意思讀入經文內，而不是讓經文原本的意思向我們說話。如是者，我們所得的釋經結果，可能與作者的原意相距甚遠，在應用時也經常鬧出笑話，引來別人詬病。

為了不致犯了這種釋經上的錯誤，我們必須放下速成的心態，用時間，花心思，參考有關學者們的意見，好叫我們對經文的背景、作者的原意、受書人的處境，甚至聖經所採用的原本文字（舊約是希伯來文及亞蘭文，新約是希臘文）有某程度的認識。如此才是謹慎釋經的態度。釋經出來的結果，便能「雖不中亦不遠矣」。

說白了，讀經不能取易不取難，更不能速戰速決。

留意保羅所言：你當竭力在神面前得蒙喜悅，作無愧的工人，按著正意分解真理的道。（提後二 15）這是保羅留給提摩太的遺命，也是對我們的提醒，我們務必察納雅言，謹慎讀經和釋經。

靈思小品

親身體驗、實地考察的重要

我們在一切患難中，他就安慰我們，叫我們能用神所賜的安慰去安慰那遭各樣患難的人。（林後一4）

人若要把不屬於自己的知識內化，變成屬於自己的見識，實在需要親身經歷及實地考察才成。

數年前筆者參加了一個名為新約考察團，成員是神學院的師生共三十多人，目的便是要在聖經中所提及的往昔新約世界，作實地考察。我們相信，惟有用自己的腳去丈量過，用自己的心去感受過，才能留下更深刻而立體的印象。舉一些實例：

我們來到了希臘的哥林多古城。在這古城之上，還建有一座衛城，是在古城旁的山上。原來上古的城市，大都建有衛城，並且建在高處，目的是要居高臨下，清楚俯瞰下面的市容，極目而視遠方的情況，以防敵人來犯。衛城的城牆極為堅固，更位居制高點，利於防守。如果有敵人來襲，守城者便成為吹哨者，警告百姓，百姓及士兵們便走入衛城中尋求保護；可見衛城的重要。

在此，留意耶穌所言：城造在山上是不能隱藏的（太五14），這山上的城可能是指建在錫安山上的耶路撒冷，但更有可能是指著衛城而言的。

另一個實例，便是我們來到哥林多附近的德爾非小城。此城建在內陸，其突出之處在於城中建有一宏偉的阿波羅神廟，廟內有一顯赫的女法師，傳說她乃神人，預言極度靈驗，吸引當代各善信前來參拜，求問運程，因而令德爾非城的經濟繁榮，更譽滿當代。

原來在上古，宗教信仰與經濟關係環環緊扣，這一點解釋了當保羅在以弗所宣教時，何以被當地人打壓，險些兒喪命（見徒十九 1～ 41）：因不少人信了耶穌，而大大影響了對敬拜供奉亞底米女神所帶來的經濟效益。由此可見，羅馬帝國各地人民信奉多神教，這種宗教模式的出現，是與促進當地經濟活動息息相關的。

| 反省 |

讀萬卷書不如行萬里路——這並不是說讀書不重要，事實上，閱讀是領我們通往更廣闊世界的最佳途徑。不過，如若可能，能親身體驗書本所說的，無疑是一個更深度的學習。如此能使知識內化，學問融通；而作為老師的我，在教學時則能更立體和傳神地講學，有助學員學習。

按此了解，人生的經驗多了，見多識廣，經過綜合的思考而作出的研判之言，必然更精準細緻。因此，飽經百煉的人生，是通往成為生命智者的王道。生命的磨礪，不會因我們是基督徒而善待我們，通往智慧之門也不會因而出現捷徑。請以恆忍的心，好學不倦。

禱告

感謝主給我此生，更讓我認識祢。求祢帶領我經過生命中的種種磨礪，給我智慧，參悟箇中的道理，好叫有朝一日，我能成為智者，成為別人生命的導師。

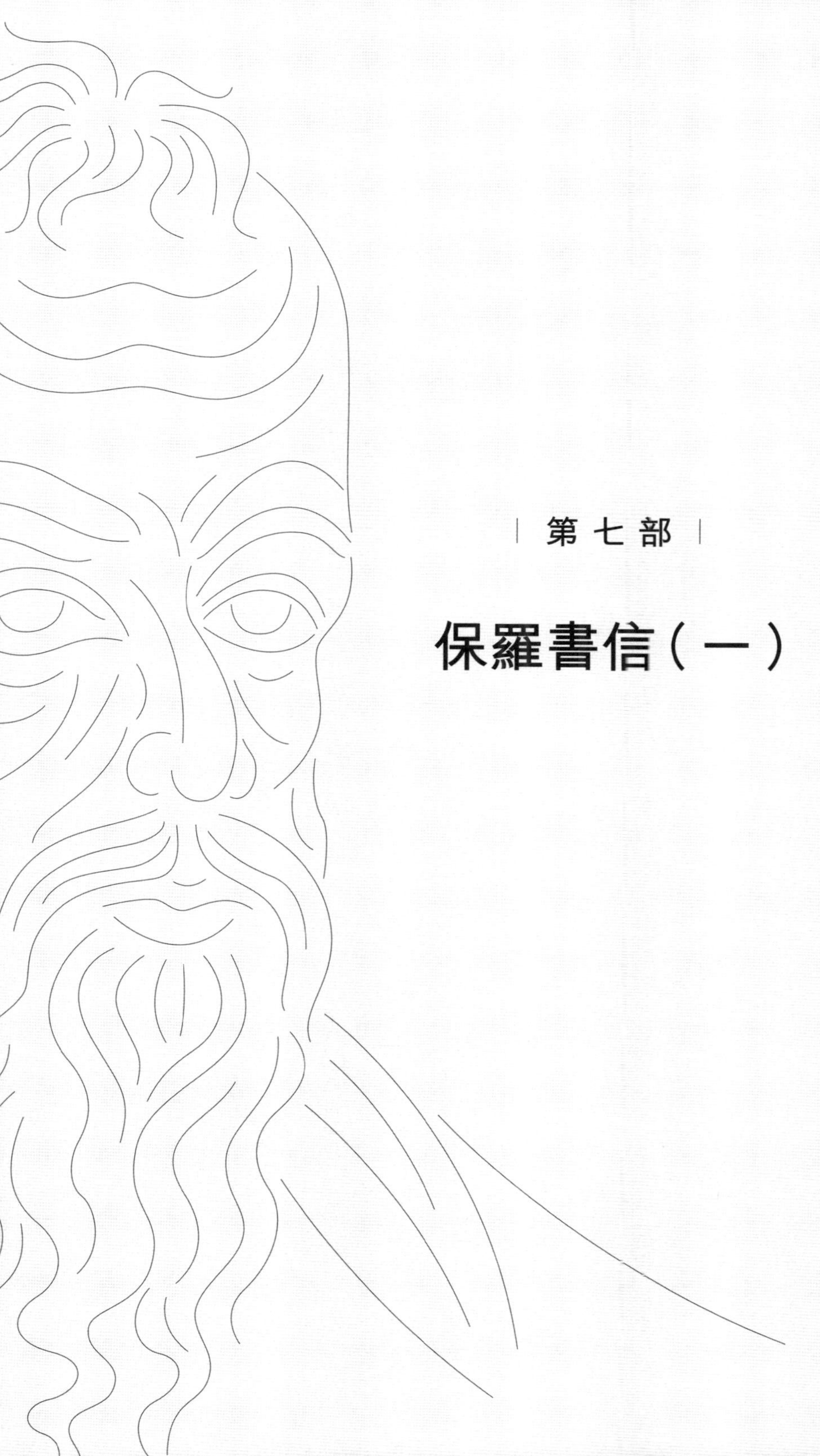

第七部

保羅書信（一）

20 羅馬書（一）：因信基督稱義[1]

從公元前四世紀到公元四世紀之間，書信有以下的格式：[2]

（1）信首語：包括作者、受書人及問安。

（2）感恩語和為受書人祝福。

（3）主體內容。

（4）信末的問安語。

（5）署名。

（6）信末的祝福。

保羅所寫的書信大都跟從以上的格式，並且是在他宣教事奉中寫成的，可稱為宣教書簡（missionary letters）。[3]當然，他是一具創意的作者，能夠把一般的格式，轉成有基督教色彩的，採取針對性的修辭，以達到他寫信的目的。因此，不少人主張，保羅的書信奠定了初期教會湧現的基督教書簡的樣式。換言之，其他人都效法保羅的寫作方式，由是觀之，保羅的文字工作對基督教的信仰傳統，產生了難以估計的莫大影響。

值得一提的是，雖然初期教會曾以希伯來書為保羅的作品，後來終發現其與保羅的其他十三封書信，存在著顯著的分別，[4] 故實際來說，保羅的書信共十三封這說法，是一個正確的、傳統的說法。[5]

20.1 ｜ 認識保羅新觀

在研究羅馬書（及加拉太書）時，我們有必要先行了解近期衝擊著保羅神學的思想，其中最為顯赫的，是被稱為「保羅新觀」（New Perspective of Paul）的看法。[6]

「保羅新觀」主要由三位學者推動，其學說流轉於學術界。首先，上世紀研究猶太教的學者桑德斯（E. P. Sanders）指出，改革宗主張因信稱義，以對比猶太人的律法稱義，這看法是偏差了的。在此，桑德斯大有為猶太人平反之勢。他指出猶太人深知道他們能夠進入約中成為選民，全是耶和華神的恩惠，而不是靠守律法的。再者，守律法對於猶太人來說，並不是進入（get in）約中的條件，而是使他們能留在（stay in）約中的行為。[7] 繼而鄧雅各（James D. G. Dunn）及賴特（N. T. Wright）傳承了這思想。鄧雅各表示，對於猶太教來說，恪守摩西律法是留在約中作為聖約中神子民的「身分記號」（identity marker）。[8] 律法的功用，是使作為神子民的猶太人，與周邊的外邦人分別出來，成為「區限標誌」（boundary marker）。[9] 他更以「保羅新觀」來稱呼從桑德斯而來那嶄新的保羅神學觀。[10]

賴特是一位多產的學者，寫作風格更深入淺出，文筆流暢明快，使他的作品大受歡迎。他一方面支持「保羅新觀」的思想，另一方面更力陳，所謂稱義，必須從舊約的意涵去理解。他指出，義是指耶和華神與祂子民猶太人之間所立的約中，雙方要負的責任。神的義便是指祂的旨意，人的義是指神的子民要履行約中的責任，即守割禮、安息日和各飲食之禮等。觀此，保羅的稱義便是信徒要負上他們應負的責任。按此了解，稱義不是如改革宗人士所主張的「被宣佈為無罪」（即有法律意涵），而是等同於信徒要與神和好及成聖。所以，稱義是一生之久的，即信徒要持久地信靠神，履行約中的責任。不然，他們是會失去救恩的。[11]

對於「保羅新觀」的見解，我們的回應是：有些地方有參考價值，有些地方則有保留。有參考價值的，是指神的子民能進入約中與神立約，絕對是神採取主動，是祂恩典所使然的。有保留的，便是到了耶穌及保羅的時代，以上的看法已變了質。在此，一如學者朗格內克（Richard N. Longenecker）所力陳，不論猶太教或基督教，總有一些人士高舉教規，走律法主義的路線。[12] 其極端者往往是奉行律法主義的。[13]

明顯的例子，便是耶穌時代的法利賽人，他們把虔守律法提升至審判人是否敬虔的絕對標準。換言之，守律法成為了篤定神子民的真偽之尺度；且看以下一些有關經文的分析：

> 有幾個人從猶太下來，教訓弟兄們說：「你們若不按摩西的規條受割禮，不能得救。」(徒十五 1)

這裏是指發生在安提阿教會的事；從猶太下來即從耶路撒冷教會而來的(因耶路撒冷建在錫安山上，故以下來形容之)。耶路撒冷教會全是猶太人，他們主張外邦信徒如果要加入他們的羣體，要成為神的子民，其門檻便是守猶太人的割禮。

> 惟有幾個信徒，是法利賽教門的人，起來說：「必須給外邦人行割禮，吩咐他們遵守摩西的律法。」(徒十五 5)

這裏更説明主張守律法才能得救的人士，是有法利賽人背景的信徒。

> 既知道人稱義不是因行律法，乃是因信耶穌基督，連我們也信了基督耶穌，使我們因信基督稱義，不因行律法稱義……(加二 16)

以上乃保羅之言，清楚地把因信稱義和行律法稱義作對比。

說白了，以上經文顯呈初期教會中的猶太人及保羅所針對的人士，的確是主張外邦人必須守律法(尤其是守割禮)，才能得救和稱義。換言之，他們是律法主義者。

簡言之，我們不能完全認同「保羅新觀」的看法，因為這會削弱了因信稱義這教義的重要性。昔日的保羅大力反對之，改革宗人士也加入這反對的戰團，我們也定然要全力以赴，牢牢地守著這信仰的傳統。

回到羅馬書，其排於十三封保羅書信之首，不單是因為其篇幅最長，更是因為其內容是極為重要的。畢竟，全書所顯示的教導，無疑是保羅神學的精髓所在。

20.2 | 羅馬教會的建立

羅馬教會不是保羅建立的(見羅一13)。當保羅被押上羅馬城受審，羅馬教會卻派人接待他(徒二十八14～15)，足見此地的教會早已成立。

學術界認為羅馬教會的建立，始於五旬節聖靈降臨之時。當時，有著一羣羅馬來的猶太人及歸信猶太教的外邦人(見徒二10)，他們在聽聞彼得的宣講後信了主，更受洗加入耶路撒冷教會。

他們得著造就後(但不知停留了在耶路撒冷多久)，便回到羅馬城，在會堂裏傳揚耶穌基督，因而建立教會，時間大概是在公元三〇至三十二年間。按此了解，羅馬教會起初是以猶太人及少數的外邦人為主的，並且在會堂裏聚會。信主後，信徒仍守猶太人的禮節，如守安息日、行割禮及行潔淨和飲食之禮等。

不過，後來事情起了變化。約在公元四十九年，由於猶太人做了一些使政府不滿的事，羅馬君王下令，要求羅馬城內的猶太人離開羅馬，此驅逐令也包括信了主的猶太人。[14] 羅馬教會大部分人都是信主的猶太人，教會因而大受影響。我們推測其之後的變化有二：

（1）教會的聚會地點，從會堂轉至信徒家中；會堂大概被查封。
（2）原本由信主的猶太人主領教會，轉移而由信主的外邦人主領。

到了公元約五十五至五十六年間，以上的驅逐令因在任君王的離世而失效。如是者，猶太人得以回歸羅馬城。然而，信主的猶太人發現教會的領導層，不再是猶太人，連猶太人的禮節也失落了，他們感到與教會格格不入，[15] 也許，這正是促成保羅寫下羅馬書的原因：化解外邦信徒和猶太信徒之間的矛盾。這一點，在羅馬書的十四至十五章中有所映現。

且看以下一些明顯的經文：

信心軟弱的，你們要接納……（羅十四 1）

信心軟弱大概是指堅持要守某些文化規條和禮儀的信眾。[16]

有人看這日比那日強;有人看日日都是一樣。(羅十四 5)

前一句大概是指堅持要守安息日的猶太信徒;後者指信主的外邦人。

你若因食物叫弟兄憂愁,就不是按著愛人的道理行。(羅十四 15)

這一句反映了信主的猶太人不能吃律法上認為不潔的食物;外邦信徒則認為百無禁忌,因而起了爭議。

以上的經文,在在反映了保羅對教會的內部問題略有所聞。也因此故,他才以近兩章篇幅教導受書人如何梳理此問題。

20.3 | 寫作的地點

在這方面,我們可以參考使徒行傳二十章 1 至 3 節,其形容因著天氣的惡劣,保羅被迫留在希臘凡三個月。與此同時,留意羅馬書十六章 1 至 2 節,保羅大力推薦堅革哩的女執事非比,而堅革哩正好是哥林多的海港城,再加上羅馬書十六章 23 節作者又提及自己被一名叫該猶的信徒所接待,而該猶是保羅在哥林多工作時施洗的信徒（見林前一14）。按此了解，我們有理由相信保羅便是在這段時間，在哥林多城寫下此信，並且以非比為送信人，把信送至受書人那裏。寫作時間是在冬天（因天氣惡劣，保羅才留在希臘長達三個月），大概是公元五十六至五十七年，或五十七至五十八年間。[17]

20.4 | 教會的需要

一如上文所言，教會內的猶太信徒和外邦信眾在文化上的差異，造成了信仰上的衝突，保羅因而作出指導。此外，由於保羅在羅馬書十三章1至7節特別提到納糧，即向政府交稅的問題，我們有理由相信位於首都羅馬的羅馬教會，在處理與政府的關係上是要多加留意的，所以保羅才出此言。

20.5 | 寫作的氛圍

不少學者如華人著名新約學者馮蔭坤等都主張，保羅寫羅馬書最明顯的目的，是他寫作時所處身的環境有很大的心靈需要，這些需要在信中大都有所映現，且看以下的闡述。

> 弟兄們，我不願意你們不知道，我屢次定意往你們那裏去，要在你們中間得些果子……（羅一13）

此言顯出保羅定意要往受書人那裏，但久未成行，才寫下這封信。

> 無論是希臘人、化外人、聰明人、愚拙人，我都欠他們的債。所以情願盡我的力量，將福音也傳給你們在羅馬的人。（羅一 14～15）

此言解釋為何保羅與受書人素未謀面，而受書人一地已有教會，他仍要堅持到他們中間，這是因為他以自己是一虧欠外邦人福音債務的欠債者。言下之意，便是他要對受書人作出償還。

> 盼望從你們那裏經過，得見你們，先與你們彼此交往，心裏稍微滿足……（羅十五 24）

> …… 我就要路過你們那裏，往西班牙去。我也曉得，去的時候必帶著基督豐盛的恩典而去。（羅十五 28～29）

此言表明，保羅終極的目的地是位處羅馬帝國極西的西班牙。不過，在途經羅馬時，盼望能與受書人分享主恩，傳講真理。

畢竟，因為保羅造訪受書人未能成行，他才著墨，寫下本書信。他很希望能跟羅馬教會分享真理。

｜靈思小品｜

主活在我們裏面

現在活著的不再是我，乃是基督在我裏面活著……（加二 20，《和修》）

自從保羅在大馬士革的路上遇見復活主，他與主已是如影隨形。主與他同在的方式，不再是以神顯的模式，而是採取了內住的形式。換言之，保羅的內在生命，即他的心靈，與主的靈對接和相交，生命因而交融，這便是他所指稱的：基督在我裏面活著的意涵。

留意羅馬書六章 3 至 11 節保羅指出，信徒藉著洗禮與基督聯合（union with Christ）。也許，就在保羅受洗後（徒九 18～19），便能清楚感知主的同在同行。

電影《時光倒流七十年》（*Somewhere in Time*；又譯《似曾相識》），是一部情深和浪漫的電影。它開啟了穿越時空作為電影題材的門路，而它的主題曲 *Somewhere in Time* 更成了我的至愛。

故事言及年青俊朗的男主角在畢業那一年，遇到一年邁女士，她唐突地走到他面前，向他說：「回到我身邊來吧。」然後留下一古老懷錶給他。八年後，他已成為作家。有一次在一古老酒店下塌。這酒店名叫 Grand

Hotel，此地原來是一位七十年前火紅的女演員經常下塌和表演的地方。

酒店內掛著女演員的照片和她用過的物品等。來到女主角的照片面前，男主角怔住了，他總覺得相中人似曾相識。他有一種強烈的感覺，自己可能曾與女主角熱戀過，才會對她如此的念念不忘。於是，他遍尋高人，助他回到過去。有一天，他穿上懷舊的衣裝，身上帶著那古舊懷錶，還有錢幣等，用自我催眠的方式，雖然多次嘗試不果，但最後終能回到過去，與女主角邂逅相愛。

同樣地，當我們細讀福音書，必然對曾活在世上的主耶穌敬佩不已。祂的言行舉止，在在顯出祂的磅礡氣場；我們很想邂逅祂。事實上，我曾想，如果我能回到往昔，跟隨在世的主耶穌，受教於祂的門下，生命必然不再一樣。當然，這只是夢想，是永遠不可能實現的。

反省

事實是，我們不必回到過去，因為主已經復活了，並且應許常與我們同在（太二十八 20）。問題是，我們是否相信這一點，並且願意與祂聯上。

在此，留意保羅於加拉太書四章 6 節所言：你們既為兒子，神就差他兒子的靈進入你們的心……換言之，復活主是以靈的模式活著，祂也因而能住在信徒的生命裏。

若是如此，我們必須放空自己，進入安靜裏，讓我們的心靈與基督的靈對接，然後聯上，生命與祂交融。於是，奇妙的事發生了，我們的生命從此不再一樣，就如保羅所言，*是基督在我裏面活著*。主的靈導引著我們，感動著我們，我們便靠著聖靈行事（加五25），生命從而結出聖靈的果子（加五22～23），展現著一個*活著就是基督*的人生（腓一21）。

時光不用倒流，這位似曾相識的歷史性耶穌已經復活了，祂的靈在等候我們與祂聯上。説白了，保羅在羅馬書六章5節所力陳的，我們與基督聯合此屬靈佳境是可體驗的——就在今天。

禱告

主啊，我願打開心扉，讓祢進來，好改變我，讓我活出祢的樣式。

21 羅馬書(二)：愛就完全了律法

在信首語之後，保羅用了共八章(即一至八章)的經段，闡釋福音信息的精要。在此，保羅的思路是：

(1) 人類都因犯罪，未能達到神律法的要求：猶太人的摩西律法(羅二 17～23)，外邦人以良心為律法(羅二 14～15)。在此，保羅有此總結：所以凡有血氣的，沒有一個因行律法能在神面前稱義……(羅三 20)

(2) 神的大愛，以恩典待人(羅三 24，五 6～8)，藉著耶穌基督的死，成為挽回祭(或作贖罪祭，見羅三 25)，只要世人信靠耶穌(不是靠著善行)，便白白地稱義，不被定罪，更免受罪的刑罰(羅三 28，八 33～34)。比段的重點經文有：因為世人都犯了罪……如今卻蒙神的恩典，因基督耶穌的救贖，就白白地稱義(羅三 23～24)。

（3）稱義的機制有二：其一，基督的死所成就的義，歸算入一切相信的人的身上（猶太人和外邦人）。[1] 其二，信主的人地位轉變了，從前是罪的奴僕，後來變成神的兒女，享有神兒女的名分，與基督同為後嗣（見羅八 14～17）。

（4）基督是末後的亞當，先前的亞當犯罪，連累了全人類。末後的亞當全然順服神，逆轉了這咒詛，使一切在祂裏面的人得生命（羅五 12～21）。

（5）信主的人藉著洗禮與基督同死、同埋葬和同復活（即與基督聯合），藉著內住的聖靈，開始了得勝罪惡的成聖生活（羅六 3～23，八 2）。

（6）蒙三位一體神的保守，信主的人必能至終得著再來之主的全然得贖，從而進入榮耀裏（羅八 19～23、28～30、35～38）。

（7）活在當下的信徒，實應以報恩的心態把全人奉獻給神，然後過著心意更新的生活，生命也得以成長。在此，保羅力言：……心意更新而變化，叫你們察驗何為神的善良、純全、可喜悅的旨意（羅十二 2）。此言強調了生命的蛻變，其結果便是有高明的屬靈辨析能力，尤其是能明白神的旨意。

（8）要在屬神羣體內（羅十二 3～21），及對外如與政府的關係上（羅三 1～7），活出美好的生命。其中重要的屬靈原則便是以愛為本，因為愛心成全律法。

在提出不可姦淫和不可殺人等誡命後，保羅力陳：……都包在愛人如己這一句話之內了。愛是不加害與人的，所以愛就完全了律法。（羅十三 9～10）

要明白保羅為何要如此詳細地闡釋福音，究其原因大概有二：

（1）由於羅馬教會不是任何使徒所建立的，在認識福音真理上可能有所缺乏，保羅作為外邦人的使徒，自然是要恰如其分地寫下福音的精要，好叫受書人能全然明白。保羅也盡了作為外邦使徒這職事的責任。

（2）外界傳言保羅是在傳一個否定摩西律法、離棄割禮、放縱外邦人的福音（參徒二十一 21），故保羅有必要在此作出澄清，在寫福音的要義時，不時回應著這些錯誤的傳言，以正視聽。這些經文包括：解釋律法（羅二 17～29，三 19～20）；解釋割禮（羅四 10～11）；反駁縱慾（羅六 1～23）等。[2]

除此之外，保羅很想受書人給他送行，在人力和經濟上支持他，好叫他能向西進發，把福音傳至西班牙（見羅十五 24、28）。西班牙面臨大西洋，正正是羅馬帝國西面的地極，保羅大概是因著主耶穌在使徒行傳一章 8 節所指示的，福音必須傳至地極，而按著主的吩咐，向西方之地極進發。[3]

還有的是，保羅更希望受書人能明白他對猶太同胞的關愛，並且希望受書人能為他禱告，好叫他能脱離回耶路撒冷時所可能遇到的、從猶太同胞而來的迫害。

一如上文所指出的，在猶太人的羣體中，流傳著對保羅極度不利的傳言，故保羅便寫下九至十一章，表明他對猶太同胞絕對是滿腔熱誠。在此，他表明：

> 我是大有憂愁，心裏時常傷痛；為我弟兄，我骨肉之親，就是自己被咒詛，與基督分離，我也願意。（羅九2～3）

保羅寫信時，他懷著在外邦各地籌得的款項，準備交給耶路撒冷教會的災民，故他必須上耶路撒冷。然而，他也知道此行是險阻滿途的，故要求受書人為他禱告：弟兄們……為我祈求神，叫我脱離在猶太不順從的人，也叫我為耶路撒冷所辦的捐項可蒙聖徒悦納。（羅十五30～31）

以上的種種理由，展示了保羅本人的需要促使他修函告訴受書人，希望得著對方支持。一如上文所言，本書的信末語（即第十六章）出現了二十三個問安，是一極不尋常的做法。當然，其明顯的目的是要與受書人建立關係，好為保羅未來的造訪作準備。與此同時，這問安語亦展現了：

（1）保羅的人脈廣博，雖然他從未踏足於羅馬，卻已在過去的宣教旅程中，認識了這二十三位主內的友好。

（2）這長長的問安語，也使我們進一步了解羅馬的教會，其是在多個家庭中聚會的。這一點同時也映現著一個初期教會的結構：在一個城市內，信徒會在不同家庭中聚集（見羅十六 5、10、11、14、15），即一所教會有多個聚會點。我們推測，只有在某些特別時刻，如赴愛筵守主餐，各地信徒才會聚首一堂。否則，他們大都在各家庭中進行活動。

末了的話

重讀羅馬書

為了能造訪羅馬教會，藉此成為橋梁成就保羅西班牙的宣教夢，保羅寫了長達十六章的羅馬書。這麼長篇幅的書信，目的也不可能只有一個。藉著此信，保羅達成了多項目的，如請教會在禱告記念他，希望教會有心理準備，有朝一日他真的來到羅馬時，能與他分享福音的好處，甚至為他送行，向西進發，宣教於西班牙（帝國西面的地極）。與此同時，保羅也藉此表明他對同胞的滿腔熱血，更教導受書人基督教的要義：本於信以至於信、何謂與神與人和好、成聖生活和主再來時的得榮等的教義。當然，針對性地討論羅馬教會的問題也是少不免的。

　　總的來説，羅馬書的內容是多元化的，真理的教導也極豐富。

| 靈思小品 |

換位思考

我們堅固的人應該擔代不堅固人的軟弱，不求自己的喜悅。（羅十五 1）

以上的話，是保羅教導羅馬教會在信徒相交上，如何能達致「和而不同」。

堅固人和不堅固人代表了人與人之間的不同。擔代是指給予支持；這裏是指堅固人要調適自己的思維，好使自己心裏有空間，容納不堅固人。

在此，人與人相處，我們必須學習「換位思考」。英文叫作“put yourself in other's shoes”，意即「讓自己穿上別人的鞋」，這樣，我們才能了解對方所活的世界，進而明白對方的難處，從而產生諒解。這樣，才有可能彼此擔代。

人類的社會存在著強烈的階級觀念，保羅時代的羅馬社會是如此，現今的韓國社會亦然。韓國的上層社會不會和下層人士打交道，更遑論談婚論嫁了。然而，韓劇《祕密花園》闡述了活在上流社會的男主角，如何破格地與本屬勞苦大眾的女主角走在一起；這是一套集愛情、奇情和社會現象於一身的劇集。

話說男主角是一間以百貨事業為主的公司總裁。他含著金鎖匙出生，是典型的紈絝子弟，少年得志，外貌也俊朗，活在上流社會中，他每天都西裝革履地回公司，職員們都恭敬地彎下腰來，向他作九十度鞠躬。他氣派萬千，過著奢華隨心的生活。至於女主角，卻屬勞動階層，職業是為動作演員當替身。她父母早逝，自小就要獨自謀生，與女性友人共同租了一小房間居住，活得清苦。

有一次，男主角想找一知名女演員拍廣告，怎料錯認了這本是替身的女主角為女演員。如是者二人相遇了。然而，二人活在完全不同的世界裏，要建立關係，甚至衍生感情又談何容易。然而，有一次他們一起運動，迷失於叢林中，在林之深處，發現了一神祕花園，園中有一餐館。二人在那裏飲了一些奇特的酒，翌日醒來發現彼此的靈魂交換了——男主角的靈魂，走進了女主角的身體內；女主角的靈魂卻在男主角身上。

如是者，他們被迫過著對方的生活，才漸漸明白對方是如何活的，也開始諒解對方生活的艱難。上流社會的生活不易，勞苦大眾更不用說。因著深入地了解對方，二人之間的隔閡盡除，感情取得進展，後來更愛上對方。在幾經波折後，二人終成眷屬。

反省

多年前筆者在宣教工場上進行家訪。所探訪的,是一個剛開始上教會的家庭。

還記得那位太太對我說:「你這麼休閒探訪我們,和我們閒聊,可想而知,你們傳道人的工作一定很休閒了。」我一時愣住了,不知怎樣回答;只是臉上仍掛著微笑(此乃傳道人的操守)。問題是,探訪他們是我們工作的一部分,那時,我卻覺得不宜坦言相告。

由此觀之,階級觀念固然成為障礙,然而,心靈的陌生,人與人之間的心靈隔閡才是關鍵所在。社會是如此,家庭是如此,甚至教會也是如此。

讓我們進入心靈的祕密花園,來個「換位思考」(輔導學稱為「同理心」),從而設身處地,了解對方的難處,也許,我們因諒解而了解,因了解而把關係拉近。若能如此,我們的社會、家庭和教會都會和諧起來,在世局離亂、波詭雲譎的日子裏,能守望相助,相愛相攜,彼此溫暖,活得舒心。

禱告

求主賜我換位思考的心志和能力,叫我能有更寬廣的胸懷，接納不同背景的人，甚至愛那些不可愛的人，活出愛人如己的命令。

22 哥林多前書（一）：教會的需要[1]

哥林多是一個使人嚮往、著迷，也使人迷茫、視線矇矓的城市。

當保羅來到此城時，此城需要很大，他便留下來凡十八個月（徒十八11），是他在宣教工作中，留下來工作時間最長的工場之一，僅次於以弗所（留了近三年）。

這是一個經歷過重建的繁華都會（重建於公元44年），又因著羅馬城人口過盛，政府開闢此城為殖民城，以緩解首都人口過多的問題。因此，住在此城的居民，都以自己有如住在羅馬城一樣，地位顯赫。[2] 再加上在地理上，哥林多位於希臘半島正中的一條地峽上，地峽全長五千九百公尺。這樣的地利，使之成為南北交通的孔道，是南面雅典等城市及北方各城鎮的必經之地。此城的東北面有堅革哩港（Cenchreae；距離一哩半；見羅十六1，位於沙崙灣），西面有利支菴港（Lechaeum；距離約七哩；位於哥林多灣）。觀此，哥林多也是連接東西方的樞軸。如今的哥林多，有著一條橫跨東西的運河，打通了東和西的海路交通，船隻也可以在其上通過。在還沒有運河之時，貨船要在哥林多東或西兩岸的海港卸貨，以陸路方式經過哥林多運至另一方，再落貨到另一艘船而繼續其航運。無怪乎哥林多賺得了「海之橋」的美譽。[3]

由於以上地理環境的優勢，哥林多城便成為了一代名都，聲名大噪、商賈林立，移民亦絡繹不絕（大部分居於此城的都是希臘人，城也變得希臘化）。[4] 此城人口約十萬，在當代算是一大都會。

22.1｜教會的建立

因著馬其頓異象，保羅及其宣教團隊於第二次宣教中，跨越了小亞細亞，來到屬於今日歐洲領域的馬其頓。他沿著羅馬大道向南走，在腓立比、帖撒羅尼迦及庇哩亞都有美好的福音工作。後來因著猶太人的追逼，保羅遠走至亞該亞省的雅典（徒十六 1 ～ 十七 14），留下提摩太和西拉在帖撒羅尼迦等地作跟進（徒十七 14），獨自一人在雅典工作。稍後，他便轉戰哥林多，這時西拉等人歸隊，保羅亦與初期教會一對有德有能、從羅馬而來的夫婦亞居拉和百基拉結伴，由於這對夫婦和保羅同以織帳棚為業，他們大概在此行業的公會相遇，因而認識及合作，成為同工（徒十八1～5）。此時保羅團隊人強馬壯，主更在夢中向保羅顯現，鼓勵他留下來多作主工：夜間，主在異象中對保羅說：「不要怕，只管講，不要閉口，有我與你同在，必沒有人下手害你，因為在這城裏我有許多的百姓。」（徒十八9～10）

許多的百姓是指還有很多人，需要保羅傳講福音，好叫他們因信主而成為神的百姓，如是者，保羅便順命地留下來凡十八個月，以致在哥林多及其附近的海港城堅革哩（見徒十八18；羅十六1～2）都建立了教會。後來，再一次因著猶太人的惡意攻擊，保羅和他的團隊便離開了此城，回程到安提阿及耶路撒冷（徒十八12～22）。

值得留意的是，保羅在哥林多事奉的日子，正好是迦流作此地（即亞該亞）的省長（方伯；徒十八12），而正如前文所言，我們可以從德爾非城的刻文所顯示的日期，以及方伯任期的羅馬規矩，[5] 推算出保羅在公元約五十一至五十三年之間來到哥林多。[6]

22.2 | 教會的需要

相信保羅是在他第三次宣教，身在以弗所時寫這封信的。作為宣教工場，他在以弗所停留近三年。在這期間，他從各方面接收到一些關於哥林多教會的消息。於是他便修函以作處理。如是者，哥林多前書可說是極具針對性的。

整體而言，消息是從兩方面而來：革來氏的家人以及哥林多教會寄來的一封信，後者將在下章探討。從這哥林多教會的姊妹革來氏所派來的家人口中，保羅得悉教會以下的問題：

（1）教會分門別類，各以不同的領袖為「生招牌」，表示自己是屬於他們的，以此凸顯其在教會中的地位（林前一12）。細觀教會所吹捧的領袖自然包括保羅，因他是教會的創始人；然後是亞波羅（此人口才了得，熟習聖經，是知名傳道者，享譽初期教會，見徒十八24～27），他曾來到哥林多，作了傳道的工作（徒十九1），他的魅力吸引了不少信眾（大概是外邦信眾），更以他為榮。繼而便是磯法，即彼得，他也是被（大概是猶太信眾）追捧的對象，因他是在世耶穌十二門徒之首，更來自基督教的發源地耶路撒冷。他大概曾造訪過此地（參林前九5）。我們估計，一如羅馬教會是由多個在信徒家中聚會的羣組所結合而成，哥林多教會亦然。各聚會點都有其所推崇的領袖，卻又彼此霸凌，惡鬥一番。

（2）在信中第二項出現的問題，便是上面問題的後續，即教會特別把亞波羅和保羅作比較。亞波羅善於辭令、氣度不凡，於是便成了創始人保羅的勁敵。當然，保羅在信中清楚表明，他不視亞波羅為對手，而是福音的同工，彼此恰如其分地，以僕人的身分在哥林多教會中事奉（林前三4～15）。

（3）在寫哥林多前書之前，保羅早已寄出一封被稱為「先前的信」給教會（林前五9），此書簡主要是要處理教會內淫亂的問題，然而信內所言卻引來誤會。保羅知情後，便在此信內作出澄清，並要求教會正視和妥善處理犯了淫亂罪的信徒（林前五1～13）。

（4）第四項問題是關於法律訴訟的（見林前六1～8），受書人顯然是出現了糾紛，結果要在政府的法庭上解決。由於羅馬帝國的法律制度是偏頗的，執法時總是把利益給予在社會上有地位者，故保羅表示，信徒之間的訴訟是不宜訴諸於政府的，反而，能夠退讓而和解才是好事。事實上，教會本應作出調解，令信徒關係不致破裂。

｜ 靈思小品 ｜

修昔底德陷阱

我的意思就是你們各人說：「我是屬保羅的」；「我是屬亞波羅的」；「我是屬磯法的」；「我是屬基督的」。（林前一 12）

以上所言，讓我們了解到哥林多教會內最少分成了四個派系，彼此較勁，目的是要把對方比下去，以達可獨領風騷。這樣，便大有尊榮，換來別人的尊重。

事實上，教會這種取態反映了當代羅馬社會的榮辱觀，更映現了教會也受了這股潮流的衝擊，成員因而起了紛爭，大大影響教會的同心和愛心。對於此亂局，保羅狂轟猛炸，務求正本清源，回到基督教所強調的——在救恩裏眾人都獨一無二地活著，實應彼此尊重，保持同心和合一。

古希臘史學家修昔底德（Thucydides）描述古希臘的一段歷史時，形容當雅典雄霸一方之際，斯巴達卻驀然冒起，挑戰其地位。如是者，二者惟有決一死戰，看看誰是真正的強者，結果卻是兩敗俱傷。

歷史告訴我們，兩強相爭，很容易走進「修昔底德陷阱」（Thucydides trap）裏。一方本來雄霸天下，另一方卻冒起，大有挑戰其獨領風騷的地位之勢，二者在博弈之際，難免一戰，卻終必兩敗俱傷，沒有真正的贏家。

反省

良性競爭或者可以接受，但惡性競爭，霸凌別人，只會帶來難以估計的破壞和損害，結果只會哀鴻遍野、兩敗俱傷。作為基督的跟隨者，我們的價值觀是彼此相愛，這是一條從主而出的新命令（約十三 34～35；又約壹三 11、23；約貳 5～6 節）。這新命令又稱為起初的命令，是要配合信主的人，開始活一個新的生命，展開新的生活。

無庸置喙，在真理上，教會是社會的明燈。在道德上，教會是屬靈的吹哨者。信徒的價值觀，必不能按著世界的價值觀隨波逐流。當然，要逆流而上是一點兒也不容易的，正因此故，在世的耶穌有曰：凡聽見我這話就去行的，好比一個聰明人，把房子蓋在磐石上……（太七 24）稍後，祂又再表明：凡遵行我天父旨意的人，就是我的弟兄姊妹和母親了。（太十二 50）

端此，讓我們稍停下來，仔細思量救主的訓言，然後重整生命，以愛為本，重新出發。

禱告

主啊，我願學習主的柔和謙卑。求祢賜給我一個溫柔的心，好叫我能以溫柔和善良待人。

23 哥林多前書（二）：教會的問題和亂局

保羅除了從革來氏的家人知道哥林多教會的需要，另一方面，哥林多教會亦寫了一封信，詢問保羅一些問題，期望保羅能提供幫助。這封信大概是由信中所提及的三位代表帶來的：司提法那、福徒拿都和亞該古（林前十六 17）。

23.1 嫁娶婚姻的問題

從哥林多前書第七章反映，這方面的問題有三：（1）受書人嚮往獨身。（2）受書人以為如果要屬靈，便應該避免與配偶行房。（3）信主的一方，不願意與未信主的配偶共處，有離婚的想法。

保羅怎樣處理？對於第一個問題，他指出他本人也是獨身的，獨身固然有其好處，然而，這卻是主的安排，不能強求：

> 我願意眾人像我一樣；只是各人領受神的恩賜，一個是這樣，一個是那樣。（林前七 7）

對於第二個問題，他表示與配偶行房並不影響人的屬靈。反而，受書人已經有人因為按捺不住而犯了淫亂的罪，故各人都應有自己的妻子和丈夫：

> 但要免淫亂的事，男子當各有自己的妻子；女子也當各有自己的丈夫。（林前七 2）

對於第三個問題，他指出除非未信主的一方主動提出要離開婚姻，否則，信主者理應盡可能與對方同住，留在婚姻中，因為這樣一方面能引導對方信主，另一方面亦讓兒女能在一個正常家庭中長大：[1]

> 因為不信的丈夫就因著妻子成了聖潔……不然，你們的兒女就不潔淨，但如今他們是聖潔的了。（林前七 14）

在結束時，保羅表示，如果有人喪偶，實可再度嫁娶，宜以信主者為優先對象（林前七 39）。

23.2 | 吃祭過偶像的食物

關於這一課題,保羅運用了頗長的經文來處理,即哥林多前書八章全章,並十章25至33節。

希臘世界的宗教觀是信奉多神的,人可以同時敬拜多位神明。基督教卻獨排眾議,只敬拜獨一的神,應用在受書人身上,信徒便不能在敬拜主耶穌基督的同時,又走入其他神廟敬拜及供奉神明。由於哥林多是典型希羅城市,教會的初信者在處理敬拜外邦神明方面,確是有點混亂。

當然,信徒都知道不能同時敬拜主,又敬拜神明。不過,在當代,外邦人在敬拜神明後,常設宴款待友好親朋,我們可稱之為「神餐」。信徒對於是否應約,參與吃「神餐」的意見倒有分歧。

有人主張,由於信主的人是在靈裏有自由的,正是凡事都可行(此話大概來自教會的來信),而神明不過是啞吧偶像,根本不存在(林前八4～6),故吃「神餐」,即吃祭過偶像的食物是可以的。以上的觀點,看來沒有問題(見林前十27)。然而,問題是這類被稱為靈裏自由,即信心強的信徒,卻同時向信心弱的信徒表達意見,並且鼓勵他們也放心參與吃「神餐」。

另一情況,便是有信心弱的信眾,看見信心強的信徒在神廟內吃「神餐」(林前八10),便隨之仿效,問題卻出現了。由於這些信徒在信主之前是偶像敬拜者,並且極其迷信,參加這類涉及偶像敬拜的活動時，他們的良心變得不安，心靈糾結，思緒混亂(林前八7、11)。在這情況下，其可能因而離開教會，甚至放棄信仰，後果堪虞。

由是觀之，無怪乎保羅有以下的教導：

> 食物若叫我弟兄跌倒，我就永遠不吃肉，免得叫我弟兄跌倒了。(林前八13)

> 所以，你們或吃或喝，無論做甚麼，都要為榮耀神而行。不拘是猶太人，是希臘人，是神的教會，你們都不要使他跌倒；就好像我凡事都叫眾人喜歡，不求自己的益處，只求眾人的益處，叫他們得救。(林前十31～33)

23.3 保羅不接受教會的餽贈

保羅在哥林多事奉時，是自食其力的，沒有接受教會在經濟上的援助。然而，這做法與其他使徒如磯法及主的兄弟雅各等人不同，還引來了受書人的不滿，以為保羅是看不起他們，甚至懷疑保羅的使徒身分。端此，保羅作出了澄清：

> 我的賞賜是甚麼呢？就是我傳福音的時候叫人不花錢

得福音，免得用盡我傳福音的權柄。（林前九 18）

換言之，保羅選擇不向受書人收取金錢，是因為福音本來便是神的恩典，使信的人白白稱義，如果他要受書人為他奉獻，豈不引來誤會，使人以為福音是要花錢的嗎？在此，保羅以哥林多前書第九章全章為自己作出解釋，以正視聽。

23.4 聚會的亂局：婦女講道不蒙頭

教會在聚會時也出現了多項問題。首先，是婦女講道的問題，繼而是進行愛筵及聖餐的問題，最後是恩賜運用的問題。在此，我們先談婦女講道的問題。

教會有一些婦女，相信一套偏差的末世神學，[2] 以為自己已活得如天使一樣；天使是沒有性別之分的，故男女在聚會時，例如在講道上應平等看待。於是，婦女講道時應與弟兄看齊，不再蒙著頭。此舉不單帶來教會聚會時的混亂（參林前十一 16），也大有可能引起社會的不安，招來不必要的詬病。

在處理過程中，關鍵的經文是：男人是女人的頭（林前十一 3）。學者們對頭（*kephalē*）一辭的用法分歧很大，主要分為兩大陣營：[3]

（1）指頭領（headship），有權柄的意涵，意即男人是領導著女人的。如是者，女性應該順服男性，這順服的記號，便是把頭蒙上。

（2）指源頭（origin），即按創造次序來看，女人是源出於男人，因夏娃是用亞當的肋骨造成的（創二21～22）。按著這次序所顯示的，男和女是有性別之分的。因此，女性是需要在公眾場合蒙頭以資分別。

以上兩種看法都有學者支持，情況更是旗鼓相當。不過，稍後保羅的這一句：因為女人原是由男人而出，男人也是由女人而出（林前十一12），為以上的爭論提供了重要線索。保羅指出，人類有男有女原是主的設計和安排。誠然，神從亞當身上的肋骨造成了夏娃，然而，不要忘記，男人亦是由女性（即母親）生出來的。這個設定，在在表明男女是存在著分別，這分別不是要製造等級以致彼此剝奪和鬥爭，而是因著功能的不同，要彼此以敬畏神的心（即明白萬有都是出乎神，表明祂是創造主，有絕對的主權），學習互敬互助，男性和女性才能恰如其分地活著。

換言之，人類有男有女，這是神的設計。夏娃是從亞當而出，但男人需要母親才能生在世上，男和女是唇齒相依的，理應互助互愛。

總而言之，保羅於加拉太書三章28節表明：並不分猶太人、希臘人、自主的、為奴的，或男或女，因為你們在基督耶穌裏都成為一了。成為一是指都是亞伯拉罕的後裔，承受永恆的基業，儼然是神的兒女（見加三 26、29）。由此可見，福音讓全人類能和平共處。各人務必按著神的設計，各自發揮功能，卻要互相尊重，平等相待，相愛相攜才是。

23.5 | 教會的亂局：混亂聖餐

在設立聖餐時，在世的主耶穌是趁著逾越節的晚餐，採用其中的餅（即無酵餅）及杯為教材，以象徵祂那救贖的死，所以，初期教會在進行聖餐禮時，同樣寓之於一宴會中，稱為擘餅聚會（即是愛筵），並且在信徒家中進行。[4]

稱為愛筵是因為藉著食物的分享，得以體現主的愛及教會對生活貧困信徒的關懷。按此了解，教會虔守聖餐，便應該以愛為本，藉著食物的分享，促成聖徒相通才是。然而，從哥林多前書十一章 18 至 34 節可見，受書人在進行愛筵時，竟然也分門別類，大概是較為富有的信徒走在一起，把食物吃光，也喝盡了葡萄酒。等到貧窮的信眾來到時，已沒有食物可分享，這便是保羅所言的：這個飢餓，那個酒醉（林前十一 21），情況實在不堪。

如是者，保羅惟有清楚地把主耶穌設立聖餐時的福音傳統重新闡述（林前十一 23～26），並且嚴嚴地警告，如果教會再混亂聖餐，大有可能招致主的審判，包括重病及死亡（林前十一

26～30）。

說白了，沒有愛心的信徒舉行愛筵是自欺欺人的，儘管恪守聖餐也是枉然，因為他們根本不明白主在十字架上犧牲的大愛。

| 靈思小品 |

老兵的故事

我們所祝福的杯，豈不是同領基督的血嗎？我們所擘開的餅，豈不是同領基督的身體嗎？我們雖多，仍是一個餅，一個身體……（林前十 16～17）

哥林多教會的最大問題，便是「知其然而不知其所以然」。他們都守主餐，卻分門別類，彼此排拒。但主餐的特點，是強調合一。這裏的同領一辭出現了兩次，可見其重要性。留意主餐又稱為「同領餐」（the Communion），其出處便是在此。

台灣製作的電影《麵引子》，改編自文學劇本《山東饅頭》。故事講述在一九四九年，山東青島有孫氏一家，以蒸饅頭為生。他們有家傳祕方的麵引子，製作出美味盎然的饅頭，生意倒不錯。孫氏兄弟二人感情甚篤，時值國共內戰。國民黨到處徵兵，為了營救弟弟，為兄的終被捉拿，被迫入伍。他即時被押，離開家園，從此不得相見。就在同一天，他的妻子在家中分娩，生下兒子。

後來國民黨退至台灣，當兵的哥哥也退至台灣。他再結婚，妻子卻早逝，留下女兒。已是老兵的他，在退休後極為思念故鄉和妻兒。老兵心中極為內疚，對妻子他不辭而別，對兒子他從來沒有盡上父親的責任。長期的心中鬱結，終於熬出病來。一天，他突然昏厥，被送入院，卻令他決定在出院後，一定要回故鄉探望家人。

一九九九年，女兒陪著老兵辦了手續，乘坐飛機，然後再乘汽車回鄉。在青島機場，從來沒有見過他的兒子，帶同自己的小女兒，憑著照片接見他。本來，一家團聚是美好的。然而，兒子心中怨恨父親，因父親一別經年，使他及母親活得淒苦。更遺憾的是，母親對父親念念不忘，在三年前病故。

年近五十的兒子掛在嘴邊的一句怨懟話便是：「你為甚麼這麼遲才回來，媽媽三年前走了。」兒子把以上一段話說了又說，老兵只能無言，苦在心頭，無法排遣，只有黯然神傷，淚水濕透衣襟。老兵的兒子和女兒的關係亦緊張，雖然他們是一家人，卻來自兩位母親。兒子對妹妹總是惡言相向，懷著敵意。

老兵和弟弟相見，他連連多謝弟弟多年來照顧他的妻兒，心中歉疚於連累了他。弟弟也內疚於昔日兄長因要救他，才被徵入伍。二人相見，只是不斷地道歉，後更抱頭痛哭。

老兵回台，心中的傷痛未見緩解。終再入院，女兒便致電老兵在青島的兒子。為了見最後一面，老兵的兒子帶同自己的女兒一起赴台。這一次,因著一些重要的轉折和經歷,兒子終於明白當年發生在父親身上的事,也明白了老父心中的鬱結如何煎熬著他。在一次的醫院探訪中,老父對他說:「兒子,我只有一個心願。」老兵耳語兒子:「你帶我回家。」

老兵死後,兒子帶著他的骨灰回故鄉去了。老兵的心願終於達成,長埋在故鄉的泥土裏,入土為安。

反省

戰爭帶來關係的破裂,兄弟的分離,夫妻的相隔,兄妹的排拒,父子的對立,這一切都難以修補。如今國際間的鬥爭不斷,社會上的爾虞我詐無所不在。作為神的子民,我們要全力以赴,作和平之子,修補人間的關係。不單是在社會,在神的家更當如此。

戰爭是邪惡的,帶來的禍害難以盡訴,關係的破裂是必然的惡果。救恩的意涵便是要逆轉咒詛,救贖關係,包括神與人、人與人之間的關係。

禱告

因著愛,救主祢為我們釘十架,救贖了我們,使神與人的關係和好。因此，我願意作和平之子，憑著愛，修補撕裂，復和關係，撫平人心中的傷痛。

24 哥林多前書（三）：教會是基督的身體

24.1 論屬靈恩賜

關於這個課題的經文篇幅頗長，可見這實在是一嚴重問題，更是作者保羅所極為關注的。問題發生的主要原因，便是教會把說方言的恩賜，抬高至無上的地位，並且引以為傲，爭相追捧此恩賜。

其實，信徒聚首一堂敬拜神，是需要各信徒彼此配搭的。配搭得當，參與者便能投入敬拜，從而經歷復活主的同在，[1] 生命得著更新。其關鍵所在，便是各人是否能妥善地運用恩賜。受書人的問題，並不患於恩賜的匱乏，而是患於過分的注重，更以說方言為恩賜的最強者。

也許，受書人很熟悉五旬節聖靈降臨的壯舉——那時彼得等使徒得著聖靈的賦能，產生了奇特的表現，能說起別國的話來，即操一種自己本來不熟悉的地方語言。所以，為了要有這種果效，他們便追求能發出一種神祕莫明、類似舌音的聲音，希望能得到這稱為說方言，甚或譽稱為天使的話語的恩賜（見林前十三1）。

在說方言時，說的人情緒極度高昂，心靈激動，他們認為這情況是有如天使般活著。能夠如此活著，證明他們是活在靈中（因天使是靈體），即極其屬靈。[2] 按此了解，眾人都努力地追求得著這恩賜，以說方言之能為終極的追求，並且在聚會時不理會秩序，爭先恐後地說方言，以表示他們是屬靈的。

為了處理這問題，保羅有以下的教導：

24.1.1｜恩賜是多元的

恩賜是多元化的，都是由聖靈主導，按著教會的主、耶穌基督的心意，分配給各人。保羅以人的身體為喻，體內各器官必須通力合作，才能充分發揮功能（見林前十二12～27）。由此可見，追求單一的恩賜是不合乎神心意的。重點經文有：你們就是基督的身子，並且各自作肢體。（林前十二27）

24.1.2｜恩賜有大有小

恩賜有大有小，大的是先知講道，說方言的恩賜算是小的。分別在於前者最能造就教會，後者只能造就自己：說方言的，是造就自己；作先知講道的，乃是造就教會……但在教會

中，寧可用悟性說五句教導人的話，強如說萬句方言。（林前十四 4、19）

24.1.3｜若有人翻方言，才在聚會中說方言

按此了解，聚會的目的是要造就別人，可見如果要說方言，還是私下進行才好。否則，便需要有人把方言翻出來，使人明白，才能造就別人。重點經文有：因為說方言的，若不翻出來，使教會被造就，那作先知講道的，就比他強了……若沒有人翻，就當在會中閉口，只對自己和神說就是了。（林前十四 5、28）

24.1.4｜恩賜需以愛心配合

其實，恩賜必須要以愛心配合才行，因為愛才能造就別人：愛是恆久忍耐，又有恩慈……不求自己的益處……凡事包容，凡事相信，凡事盼望，凡事忍耐。（林前十三 4～7）

24.1.5｜聚會需要有規矩

最後，信徒聚會應該有規有矩，按著次序進行。既然這麼多人走在一起，便需要有層有次，務求能有條不紊地進行敬拜活動：凡事都要規規矩矩地按著次序行。（林前十四 40）

24.2 論身體復活

對初期教會來說，末世神學（即主的再來）是一重要的神學題旨。從保羅的書信來看，主的再來也是保羅神學的重點之一。不過，要明白末世神學——人類的終局、教會的未來及信徒如何活在來生，並不是一件容易的事。

事實上，帖撒羅尼迦教會也有這個問題（見帖前四13～五11；帖後二1～12），其他書信如彼得後書及啟示錄等，作者都同樣以頗長的篇幅教導此真理，一方面顯出其乃重要的教義，另一方面也顯出此教義是不容易明白的。

哥林多教會在這教導上出現了嚴重的問題：當主再來時，哥林多的信徒不認為他們死去的身體會復活過來。就如上文所言，教會追求說方言的恩賜，認為其乃天使的話語，證明他們已如天使般活著。既然如此，則他們在末世時能否從死裏復活（即由會朽壞的肉體，轉化成不朽壞的榮耀靈體）已不重要。因為他們如今已彷彿活在靈中，即活在未來的世界裏。這種末世觀，可稱為「過分實現的末世觀」（over-realized eschatology）。

在此，保羅卻直言：若沒有死人復活的事，基督也就沒有復活了。若基督沒有復活，我們所傳的便是枉然，你們所信的也是枉然……（林前十五13～14）保羅的教導是：死了的主耶穌，是真的從死裏復活，多次顯給信徒看，其中包括十二使徒，甚至五百多弟兄之眾。最重要的，便是保羅本人也見過復活主（林前十五 4～8）。

保羅指出，復活主死而復活，有多重的目的：（1）其要成為所有信徒將來生命改變的範式（即初熟的果子；見林前十五 20）。（2）主要再來，神的子民也因而得著終極的拯救，與主同活在永恆的榮耀裏（林前十五 22、52～54）。（3）復活主要把敵人（包括魔鬼和死亡的權柄）打敗，成就父神的救贖大計（林前十五 24～27）。（4）這將來復活的盼望，成為活在當下的信徒要好好地活下去的動力。在總結時保羅還邊讚美神，邊勸勉受書人：

> 感謝神，使我們藉著我們的主耶穌基督得勝。所以，我親愛的弟兄們，你們務要堅固，不可搖動，常常竭力多做主工；因為知道，你們的勞苦在主裏面不是徒然的。（林前十五 57～58）

24.3 | 信末的話

在信的結尾，保羅特別提到他為耶路撒冷教會受災的信眾籌集捐款，以緩解災情（林前十六 1～4）。如上文所言，保羅是在第三次宣教行程中，停留在以弗所時寫下此信的。在這行程之前，巴勒斯坦及耶路撒冷發生了饑荒，教會也是受災者。有見及此，保羅在他的第三次宣教行程中，在各地的外邦教會中特別提到此災情，更熱心地為之籌款，一方面好救濟有需要的人，另一方又能促進外邦教會與本是眾教會的母會（即耶路撒冷教會）信徒的相通，可說是一舉兩得；保羅為此而努力。[3]

| 靈思小品 |

愛的力量

父啊！赦免他們；因為他們所做的，他們不曉得。（路二十三34）

愛使基督耶穌降世為人，背負著極為沉重的擔子，付出莫大的代價。

祂食無定時、居無定所、四海為家，還要訓練愚頑的門徒，忍受他們的小信，甚至遭否定（彼得）和被出賣（猶大）。祂被族人拒絕，被猶太權貴陷害。最後，更被處以極刑，釘死在十字架上。

儘管如此，祂卻從不抱怨，總不還手。在十字架上，祂還求父神饒恕傷害祂的人（見上面的經文）。祂是何等的溫柔而有韌勁。在哥林多前書，保羅便是要求受書人學習這份溫柔而堅韌的愛，此愛能化解受書人面對的人、事等問題。

請看以下一則趣事：

春暖花開，有一天，阿信獨自踏青去了。為了這踏青的旅程，他把背包塞滿了必需品：清水、雨傘、乾糧、紙巾、藥物及伸縮爬山杖等。

走了好一段路，身體倦得好像不聽使喚了，步履也沉重；阿信背著重重的背包，感覺快扛不起了，很想把它扔掉。然而，問題是他離終點站尚遠，惟有鼓其餘勇，一步一腳印地緩步向前。

未幾，來到一大樹的蔭下；樹葉濃密鬱蓊，樹幹粗大，樹根盤根錯節。他以一拔地而起、能端坐人的樹根為椅子坐下，稍作休息。

不久，來了一約十多歲的女孩，她蓄著短髮，個子不高，背著一個比她年幼的男童。她搖晃著身軀走來，放下男童稍作休息。然後，很快地她便再次起行。原來她也是走阿信要走的方向，於是他也隨即起行；心想，有伴同行總是美事。

他們走著走著，感到無聊，阿信便主動地搭訕：「我們都背著很重的擔子啊，看來，你的比我的還要重。」阿信本走在她後頭，但為了逗她説話，便走在她前頭了。良久沒有回接，阿信回頭看她，她臉上盡是不悦之色，然後喘著氣，繃著臉地説：「先生，你背著的是重擔。我背著的卻是我的弟弟，我不認為是重擔，所以我不感到重，請你不要這樣説。」稍後，女孩向阿信道歉：「先生，對不起，剛才我失儀了。」説完，便迅步走前，背著她的弟弟趕路去了。

反省

父神極愛世人，祂的愛子耶穌基督因而無怨無悔地活了一個充滿苦難、卻拯救世人的人生。祂更以此為範式，鼓勵我們實踐這新的命令（約十三1～15、34～35）。由此可見，作為主的門徒，如果我們心中有主的大愛，儘管要有所付出，也不以為然，因為這是愛的使然。

愛是解決哥林多教會那分門別類、不斷內鬥的良方，更是緩解人際衝突的潤滑劑。愛使人能和諧共處，上下一心，匯聚力量，共度時艱。

禱告

求主的愛充滿我，好叫我能願意聆聽別人的故事，從而體諒別人，然後才以主的話安慰對方。這樣，便能實現道成肉身的精神了。

第八部

保羅書信（二）

25 哥林多後書：流淚的信之後[1]

如上文所言，保羅在寫哥林多前書之前，先寫了一封信致哥林多教會（林前五9）。[2]而在他的第三次宣教旅程中，當他在以弗所宣教時，因著哥林多教會的需要，他急忙前往訪問教會，可惜結果並不理想，此造訪稱為「痛苦的造訪」（painful visit）。他回到以弗所後，改變了策略，寫了一封被稱為「流淚的信」給教會（見林後二3～4，七8、12）。這時距離哥林多前書寫作時間已過一年，此信由得力助手提多帶去（見林後七14～15）。

結果提多帶來好消息，[3]受書人大都放下歧見，明白保羅的教導，察納保羅的忠言。保羅大喜，於是即時寫了信，便是這裏的哥林多後書，再請提多作信差帶去。

以上所言，盡顯保羅對哥林多教會的牧者心，他對受書人不離不棄，那份情真意切的牧者心躍然於信紙之上。

25.1 寫信目的

在這封信內，作者保羅有幾個重要的目的：

（1）跟進「流淚的信」中所言及的，要處置一犯罪者。教會已處罰了他，然而，保羅恐怕他被罰過重以致沉淪，故勸導教會同時亦要赦免和安慰他（林後二 5～11）。

（2）解釋何以保羅改變探訪教會的計劃，反而寫了「流淚的信」代替（林後一 15～二 4）。[4]

（3）哥林多教會看過了「流淚的信」，見過信差提多，提多亦親自向他們解釋，似乎終於跟保羅冰釋前嫌，[5]對保羅產生了順服的心，亦對他變得熱心起來。保羅聞訊大為喜悅，在振奮之餘，寫這信強化受書人這積極的反應（林後七 5～16）。

（4）教會來了一些所謂「超級使徒」（super-apostles，即最大的使徒），[6]這些人自命不凡，自吹自擂，自詡為「最大的使徒」，可說是盛氣凌人。他們用言語攻擊和指控保羅，旨在貶低保羅的地位，削弱保羅對教會的影響力（見林後十一 5、23，十二 11）。繼而，似乎教會內有一些人受到他們的唆使，產生了反保羅的情緒。這促使保羅寫信作出回應，指斥自誇是極為愚蠢的行為，他更以「愚人說」（the fool's speech）此修辭技巧，語帶諷刺地作出反擊，並且教導教會如何分辨真假使徒。

(5) 保羅為了一些被教會看為是軟弱和謙卑的行為自辯（林後六1～10），並表示他的屬靈分量，絕對不在那些自命是「超級使徒」的之下（林後十二1～10）。[7]

(6) 就如上文所指，保羅正在外邦教會為耶路撒冷教會的災情籌款，故他鼓勵受書人學習信心奉獻的功課（林後八～九章）。

(7) 預告快將造訪哥林多教會，是為保羅第三次造訪教會（林後十二14，十三1）。[8]

25.2 | 使徒的職事

從這封信中，保羅在以下幾方面被受書人惡意地批評：

(1) 經常搖擺不定，使人難以捉摸，顯示他沒有定見和立場（林後一17～22）。

(2) 處事不當，例如當他第二次造訪教會時，表現得軟弱無能（林後十1～11，十三1～3）。

(3) 地位及權能不及那些新近造訪的「超級使徒」，尤其是他們的強勢領導及強調神蹟奇事等事上，在對比之下，保羅表現遜色（林後十12～十二13）。

(4) 一如哥林多前書所反映的，保羅在傳福音給哥林多人時，並沒有接受哥林多教會的捐獻，這一點為教會所不滿（林後十一 7～12，十二 13～14）。

藉著此信，保羅為以上的評論自辯。他的自辯顯出了他對使徒職事的理解。總的來説，作為使徒，即主的僕人，共有以下七大要點：

（1）作基督的僕人，不是出於自己，乃是出於神的旨意，承擔使人與神和好的職事（林後一 1，五 20）。
（2）使徒的權柄不是靠自吹自擂而得，乃是直接從主而來（林後十 8，十三 10）。工場也是出於主所安排（林後十 13）。
（3）使徒事奉的動力不是出於人意，為名為利，而是來自主愛的激勵（林後五 14）。
（4）使徒工作的成果，即得救的果子（在這裏是指哥林多教會，其是由保羅一手建立的），便是他們的薦信（林後三 3）。
（5）使徒是新約的執事。這新的約是藉著聖靈，寫在信徒的心版上（林後三 3～7）。
（6）使徒活出一個真摯的生命，這生命內在有著其良心為證（林後一 12，四 2），外在則有其所傳揚的道為憑，這道是在神面前靠著基督宣講的（林後二 17），絕對沒有謬誤的真理（林後四 2）。
（7）使徒的表現，絕對不是「勝利主義」（triumphalism），不像那些「超級使徒」，自以為高人一等，盡領風騷。反而，使徒如在世的主耶穌，活在卑屈、苦戰、糾結和苦痛中（林後一5）。再者，主被釘於十架，是何等軟弱的表現，卻反而能夠彰顯神復活的能力（林後十三4）。使徒若能如此，反而能散發基督的香氣（林後二15），並且學習倚靠主，得著主能力的覆庇（林後十二9）。於是，人的軟弱，反而成為神能力彰顯的平台（林後十二10～11）。這便是使徒為何以軟弱自誇（林後十二10），並且面對困苦而不喪膽的原因（林後四1）。

總的來說，保羅坦承自己只是瓦器，但他裏面有寶貝（林後四7)。他誠然有很多軟弱(例如有一根刺，長期附在他的身上，實在難受），但這反而映現神恩的浩大（林後十二8～10），屬靈能力比起血氣之勇更重要。且看他的自白：

為這事，我三次求過主，叫這刺離開我。他對我說：「我的恩典夠你用的，因為我的能力是在人的軟弱上顯得完全。」（林後十二8～9）

在此，我們難以定格刺是指甚麼，不過，清楚的倒是這刺帶來保羅極大的考驗，使他極為難受，以致他要求主把刺拿走凡三次。

換言之，作主的僕人，是抱著不亢不卑的態度，忠虔篤敬，靠著基督而攻堅克難，成就神僕人的職事。

25.3 | 超級使徒的困擾

哥林多後書十章12節至十二章13節是針對著一些外來的人而說的。這些人其實是入侵者（intruders；林後十一4）。[9] 學者們對於這一羣自命是「超級使徒」（林後十一5）者的身分存著不同的理解，主要分為三大路線：

（1）他們是有諾斯底思想的人士，強調智慧及神祕主義，並且以異象、神蹟奇事自我標榜。
（2）他們是猶太教分子，強調舊約的職事，[10] 並且認為自己承襲摩西的職事，滿有榮耀，以此誇口。[11]
（3）他們是靈恩人士，高舉聖靈能力的彰顯，以屬靈的強者自居。[12]

總括而論，這一羣入侵者自命為「最大的使徒」，骨子裏其實是從實用角度出發的投機主義者。他們的作風是投其所好，只要能得著受書人信任和崇拜，以達到他們能殘民自肥的目的便可。他們風頭十足，大放厥詞，吹噓其優秀背景，高舉自己的屬靈地位，並且硬説保羅是軟弱和不濟的，誓要將保羅比下去，旨在要把保羅擯於教會之外，使教會任其魚肉，在其中為所欲為。

對於以上這一羣自命不凡的人，保羅力指他們其實是「假使徒」，是撒但的僕役，戴著虛假的面譜，四處霸凌，殘害信徒，旨在圖利自肥。且看保羅的嚴詞警告：

> 那等人是假使徒，行事詭詐，裝作基督使徒的模樣。這也不足為怪，因為連撒但也裝作光明的天使。（林後十一 13～14）

留意最大的特點，便是哥林多後書十一章 1 節至十二章 13 節被稱為「愚人說」之篇，是很具修辭特色的。「愚人說」是一種自辯的修辭技巧，作者自命愚蠢（見林後十一 1、17，十二 11），以能說一些在正常情況下不能說的話。這樣，反而能夠盡訴心底話，亦能夠說出必須要說的話。在這裏，由於那些「超級使徒」經常在受書人面前自誇，故保羅藉著「愚人說」同樣的自誇一番，可說是「以子之矛，攻子之盾」，[13] 務求揭示出這些自命是「超級使徒」者的真面目。再者，其諷刺的寫作手法，迫使對方多作反省。[14] 一般來說，讀者看到這樣的寫作手法，其結果可以是兩極的。在負面上，讀者可能感到被羞辱而更討厭作者。在正面上，受書人可能因感到羞愧而改弦易轍，與作者修好。端此，保羅此著可說是背水一戰。然而，由於保羅從提多的口中，已知道受書人的態度有所改變，故他在此時採用「愚人說」，大概是已很有把握。[15]

末了的話

生命的事奉

明白了哥林多後書的重點，有以下兩點值得留意：

第一，保羅與哥林多教會往來的書信中，哥林多後書是保羅所發出的第四封書簡。如果每一封的篇幅都以十章為準的話，則保羅共寫下了四十章的篇幅，足見他那份愛受書人的心是何等的殷切。

留意在公元二世紀出現了兩封哥林多教會和保羅之間往來的書信。主要內容是要表達哥林多教會得知下在監裏的保羅快要離世，極感難過，並且表示教會內有人傳異教，故希望保羅能再次到訪，幫助他們。繼而是保羅的回信。兩封信無疑是虛構之作，但也顯出保羅與哥林多教會之間存在著深厚的情誼，此情況為眾教會所知道。[1]

畢竟，比較保羅的眾宣教工場，他停留在哥林多城凡十八個月，[2] 投放了不少時間和心血。我們相信保羅已竭盡所能，全力以赴地建立、栽培和守護著教會。

可惜的是，約過了三十年，羅馬的主教革利免在其書信中，指摘哥林多教會還是分門別類，內爭不斷，教會內更有人不服從長老的領導。[3] 由是觀之，哥林多教會並沒有因著保羅的教導而衍生深長久遠的改變。

在此，我們可以説，傳道人在事奉所付出的，不一定能有等量的回報。然而，如果傳道者能明白其只是神的僕人，則只要按著神的差遣和安排，恰如其分地工作便可，最終的成果並不是傳道者本人所能預期的。換言之，傳道的工作是一「信心的任命」（a faith mission）。傳道者必須明白，他必須全然信靠主；一切由全能的神，差派他的主負責。傳道者必須相信：神創始，也成終。

第二，留意保羅被受書人調侃為氣貌不揚，言語粗俗的（林後十 10），此批評是嚴厲的。因為當代人都是以貌取人：人的外表便是他的全部。

例如人們都看貶基督徒，因為他們所跟隨的，竟然是一位被釘十字架而死的重犯。釘十架乃羅馬的死刑之最，是極為羞辱的。留意當代男士崇尚操練身體，好建立強健的體魄。他們相信這樣的人必然優秀，是未來的成功人士。端此，保羅才表明操練身體，益處還少；惟獨敬虔，凡事都有益處……（提前四 8）留意保羅在提摩太前書二章 9 至 10 節教導教會的婦女不要只求外表的打扮，因為當代婦女很注重容顏，保羅卻提醒他們，內在生命的美好才是重要。

其實，保羅個子本已矮小（他名字的意思，便是細小）。多年的宣教，勞碌奔波，淒風苦雨，他必然是滿臉滄桑。然而，他那強大的生命力，宣教的豐功偉績，卻無人能及。由此可見，人的一生不在乎其外表，乃在乎其內在生命的強大。

保羅的套路是：外體雖然毀壞，內心卻一天新似一天（林後四 16）。外體原文是「外面的人」；內心是「裏面的人」。換言之，把生命的潛力盡然發揮，才使保羅（包括我們）與眾不同。換言之，優秀的生命是來自內涵。

| 靈思小品 |

呼吸的音樂

我先前寫信給你們説，不可與淫亂的人相交。（林前五9）

以上所言，顯示了保羅在寫哥林多前書之前，已寫了一封信給教會。再者，他於哥林多後書二章4節也有此言：我先前心裏難過痛苦，多多的流淚，寫信給你們……（又參林後七8）這裏所寫的信是稱為「流淚的信」的第三封信。在寫這封信之前，保羅曾造訪過教會（參林後十10～11）。由此可見，保羅與哥林多教會實在是有千絲萬縷的關係。作為牧者，他不單創立了教會，還悉心地培育和守護著教會。

我們都以為，保羅是一個以工作為主導（task-oriented）的人。然而，在細看下，他其實很注重個別教會和信徒生命的需要。請不要忘記他的遺書（提摩太後書），是寫給他的屬靈兒子提摩太的。

《呼吸的音樂》是一部於二〇二一年推出的電影，是一部寫實的光影小品。電影的兩位主角，是一年近七十的退休中學老師和一有自閉症的男孩。退休老師的妻子已去世兩年，兒女都長大了，有自己的家庭，為他膝下添了多個孫兒。然而，他們都各有自己的生活圈子，加上與兒女間的代溝，老人活得孤獨，打算入住養老院。

未幾有鄰居遷入，是一單親媽媽，育有患上自閉症的小兒子。每天，母親要上班工作養家，惟有留下兒子在家。由於兒子有自閉症，沒有學校願意收容他，母親也不忍心把兒子送進特殊學校。如是者，孤獨老人和自閉男孩終於遇上了。

然而，患有自閉症的男孩，如何願意開放自己，與老人溝通呢？轉捩點在於一個口琴。話說老人的家中放有一口琴，引起了男孩的注意。老人吹奏起口琴來，樂音悠揚，非常動聽，男童聽後展現笑容，對老人漸生好感，二人因而聯上。「呼吸的音樂」便是指這口琴。

話說回來，老人本為老師，人脈也廣，於是他建議把孩童送到本是他學生，今成為校長的學校就學。母親欣然答應。然而，由於男孩的自閉症終被校長知道，校長無奈地要終止孩童的學習。在老人苦苦求情下，校長終提出，如果有人陪讀，仍可嘗試。

老人自願作陪讀。每一天，他帶著小孩，好像自己的孫兒一般，護他上學，陪他學習，伴他下課，與他同行。電影尾聲，他們二人品嘗冰糖葫蘆，一起回家。一老一嫩，在夕陽餘暉中，手牽手走在回家的路上，他們的背影漸漸走遠，劇也落幕。

這電影溫潤人的心靈，喚醒了我們要關注老人和有特殊需要的孩子。它更告訴我們，守護別人，陪伴生命的成長，是何等的善，何等的美。

退休的老人本已失去生活目標，人們只在勸告他：「不要想太多了，還是安享晚年好了。」然而，沒有目標的人生，談不上安享。一旦有了守護的目標，哪怕只是一陌生人，或是患病的小孩，意義卻重大。

反省

守護生命，還有著以下的好處：

（1）這是一項以生命影響生命的工程。守護別人者必須先學習照顧好自己，保持個人身心靈的健康，才能真正守護別人。所謂「愛人如己」，便是這個意思。
（2）守護別人是一項愛心的行動，因為在過程中要學習忍耐、堅持、包容。自己的胸襟因而闊大了，體恤別人的量度也提升了。
（3）看見別人生命成長，自己也得著安慰，樂在其中，生命倍添活力。

這世界有不少需要我們守護的人，除了我們的至親外，還有一些沒有血緣關係的人。我們可能還未碰上他們，又或者是雖然遇上，卻讓他們擦肩而過。

其實，最大的原因是我們沒有想過，神給予我們莫大的恩典，蒙祂拯救，活得安好，是為了要藉著守護別人，分享主的大愛，好經歷在成全別人的同時，也造就了自己。

舉一個實例：有一天，女兒告訴我，她有很多好友一旦結了婚，有了小孩，便改變了很多。我問她，是變好了，還是變差了？她回答説，都變得成熟了。

這是一個典型的實例：守護別人，也造就了自己。這些例子比比皆是。

話説回來，使徒保羅所觸及的生命不計其數：提摩太、提多、路加、百基拉和亞居拉、西拉、阿尼西謀、所提尼、以巴弗提……換言之，保羅所從事的，是生命的工程。如果我們真的要效法保羅，學習如何活一個有意義的人生，請從守護生命開始。

禱告

主啊，我在世上遇到不同的人，背後都有祢的安排。願我能珍視生命，關心和守護著那些有需要的人。起碼，我可以為他們守望和禱告。

26 帖撒羅尼迦前後書：末世神學解惑[1]

因著馬其頓異象，保羅及他的團隊來到希臘的馬其頓省，先到腓立比，然後沿著羅馬大道，南下至帖撒羅尼迦，一個美麗的濱海城市。

帖撒羅尼迦不單是羅馬大道的必經之城，更有優良的港口，使貨物進出極為便利，商貿也發達。帖撒羅尼迦是以亞歷山大的姊妹命名的。[2] 如今的帖撒羅尼迦立有一亞歷山大的肖像，他騎在馬上，穿著戰衣，馬在躍動，活靈活現，好不威風。此城曾是省會，不少猶太人移居此地，建有會堂（徒十七1）。這樣重要的城市，保羅自然不會錯過。

26.1 教會的建立

先前保羅和西拉等人在腓立比工作，後因被政府打壓而下在監裏，獲釋後他們便離開腓立比，繼續宣教旅程。可能因為所經過的兩個小城暗妃坡里及亞波羅尼亞沒有會堂，所以他們沒有在那裏停留，而來到帖撒羅尼迦。

保羅在會堂裏傳講福音凡三個安息日（徒十七2），結果有人歸信，是一羣敬虔的外邦人（即 God-fearers；徒十七4），他們是在會堂中聚會的外邦人，愛慕猶太教，卻沒有受割禮正式加入。在保羅的宣教中，這類人對福音的反應大都是正面的。然而大部分猶太人都很抗拒保羅，甚至抹黑他，指他是攪亂天下的（徒十七6）。此措辭含有政治意味，指保羅會使羅馬社會翻天覆地，他威脅著國家的安全和穩定（見徒十七7）。

以上一羣猶太人的激烈行動，引來全城注目，甚至引來了官府的介入。保羅和西拉見狀，加上眾弟兄的力勸，他們便匆匆離開此城，繼續他們的第二次宣教行程。

26.2 | 寫信的氛圍

兩封信的信首語都表明寫信人是保羅，亦有共同發信人，即西拉和提摩太（帖前一1；帖後一1），表明二人都參與了帖撒羅尼迦的福音工作，有分於建立教會。

按帖撒羅尼迦前書二章1至2節所記，保羅刻意提到他和西拉在腓立比被官府打壓之事宜，可見此役多多少少都影響著保羅，如今他在帖撒羅尼迦同樣惹來官非。因此，他警覺地知道此地不宜久留。[3] 不過，他留下同寅西拉及提摩太（帖前三1～2），作後續的福音工作。後來，經過了庇哩亞及雅典後，保羅來到亞該亞省的哥林多，而提摩太和西拉也歸了隊。他們把帖撒羅尼迦教會的情況告知保羅（帖前三6），於是保羅寫下帖撒羅尼迦前書，並且由西拉帶去給受書人。

至於帖撒羅尼迦後書的來由，明顯是當前書到達教會後，送信人西拉見到教會的反應，進一步發現教會的問題，便回到保羅那裏告訴他。保羅在知情後，再修書以作回應，是為帖撒羅尼迦後書。

26.3 | 受書人的需要

正如上文所指出，保羅是在公元五十一至五十二年間到達哥林多。按此推論，則這裏的兩封信簡，都是在這時段中寫成的。觀此，此兩封信是保羅書信中最早期的作品。當然，我們不排除加拉太書亦是在同一時期及地點寫成的可能性（看下章的相關討論）。

由於保羅只在帖撒羅尼迦短暫逗留，其離開後，教會自然也會有一些問題浮現。其中主要的問題如下：

第一個問題是教義上的：兩卷書信都反映著受書人在末世神學的認知上出現問題。此問題大致有兩方面：

其一，信徒都在等候主再來，即那榮耀大日的來到。然而，有些信徒已離世，看來是等不及了。如是觀之，他們豈不無分於主的再來嗎？保羅的回應是，絕對不是。因為已死的信徒都要活過來，他們將與在那時還活著的信眾走在一起，然後被提到雲裏，在空中與主相遇。這樣，我們就要和主永遠同在（帖前四17）。

其二，初期教會大都以為主將很快再來，並且會發生在其人生中。受書人亦有這種想法，也有可能因而胡亂猜測，引起混亂。端此，保羅表明，受書人必須在此事上明察秋毫，免得被人誤導，不能自以為是，免得活在驚恐迷亂中（帖後二2）。

保羅表明，主再來是有先兆的，其中最明顯的便是有一大罪人的人物出現，此人即沉淪之子（帖後二3），可說是撒但的化身，煽惑不少人離經背道，並且自奉為神，更盡其所能，展現其神力（帖後二9），好叫別人也奉他為神（帖後二4～5）。

然而，直到如今，此人物尚未出現，原因是有神的攔阻（帖後二7）。[4]一旦攔阻被除，此不法者必然現身，迷惑眾生。但再來的主必把他全然毀滅：主耶穌要用口中的氣滅絕他，用降臨的榮光廢掉他。（帖後二8）留意用口中的氣滅絕他，及用降臨的榮光廢掉他是同義平行句子，有強調的作用。[5]在此，保羅信誓旦旦，侃侃而談地向受書人作出保證。

至於帖撒羅尼迦教會的第二個問題是生活上的，就是因誤解了末世神學，部分受書人也出現不合宜的行為。

其一，信徒都殷切地期望主的再來，然而，有些信徒卻因而活得鬆散廢弛，以為今生如何活已不重要，反正永生才是重點。保羅卻表示這看法是錯誤的，人必須保持清醒，以免當那大日忽然來到，鬆散之徒勢將措手不及；在此，保羅的勸說是：總要警醒謹守（帖前五 6）。[6]

其二，按帖撒羅尼迦後書所言，有些信眾更是不按規矩而行，甚麼工都不做，反倒專管閒事（帖後三 11）。也許，這類信徒以為自己已信了主，即已得著進入永生的門票，大可安心，便不務正業，遊手好閒，反正教會是滿有愛心的，必然會救濟他。於是，他們便好管閒事，弄得教會內外雞犬不寧。

如果此情況持續，不但損害教會，更會引來教外人的白眼和詬病，危害主的名聲，故保羅嚴正地警告這樣的人：要安靜做工，吃自己的飯。（帖後三 12）在此，保羅特別提到他和西拉在他們當中事奉時，都是努力作工的（保羅以織帳棚為業），這也可成為受書人的榜樣：你們自己原知道應當怎樣效法我們。因為我們在你們中間，未嘗不按規矩而行，也未嘗白吃人的飯，倒是辛苦勞碌，晝夜做工，免得叫你們一人受累。（帖後三 7～8）

26.4 | 保羅的勉勵

教會中有人表示，保羅停留在帖撒羅尼迦的時間短暫，走得也匆忙，至今還沒有再探望他們，把他們撇下有如孤兒，實在沒有愛心。因此，保羅表示他對教會的愛心，實在是親如父母（見帖前二7、11），他甚至願意為受書人付出生命（帖前二8）。以上所言，盡顯保羅的牧者心。[7]

保羅讚許受書人，他們在信心、愛心和盼望上都大有精進，聲譽也卓越。事實上，受書人本都是迷信偶像的外邦人，但在信主後，便完全放棄偶像的敬拜，全然接受福音的洗禮，洗心革面，靜候主的再來，實在難得。端此，受書人千萬不要灰心喪志。

保羅還表示很想教會為他禱告，以致福音得以廣傳（帖後三1～2）。保羅更祝願對方：願賜平安的神親自使你們全然成聖！又願你們的靈與魂與身子得蒙保守，在我們主耶穌基督降臨的時候，完全無可指摘！（帖前五23）

往後，保羅與此教會仍維持著相當緊密的關係。留意保羅在第二次宣教中離開此城約五年後，當他完成了第二次宣教於哥林多，及完成了第三次宣教於以弗所後，他再到馬其頓去（徒十九21，二十1～2；林後一15～二13），途中大概路經帖撒羅尼迦。後來更南下希臘，寫了羅馬書，住了三個月後再北上回馬其頓，大概又再經過此城，造訪教會，然後經過特羅亞取道往耶路撒冷去（見徒二十2～6）。與保羅同行往耶路撒冷的，還有兩位來自帖撒羅尼迦的信徒代表（徒二十4）。按以上分析，保羅後來多次重訪此地教會。

保羅心繫教會，盡顯他的牧者心，真的是有如父母，愛受書人如同自己的子女。

| 末了的話 |

推倒又重來

還記得當奧運會在日本東京進行時，記者訪問了不同的運動員。有一次，記者訪問了一位已三次參賽，卻從來未拿過獎牌的運動員，問他為何屢敗屢戰。他表示，每一次參賽，他都立志要創出佳績，一個比自己以前更好的成績。他是與自己競賽；每一次都有進步，他很滿意。打不死的鬥心，使這位屢敗屢戰的運動員持續地「上戰場去」。他帶著勝利者的心情應戰，士氣高昂。

事實上，在整個訪問中，他都散發著勝利者的底氣，好像是走在金磚大道上，志氣昂揚地講述他的故事。人們都以為，戰無不勝者，才是強者。然而，屢敗屢戰者，敢於不斷地推倒和重來者，才是真正的勇者。

保羅的宣教路走來不易，他經常遇到猶太同胞的脅迫（徒十四 2、5，十七 5、13），甚至追殺，他被迫而亡命（徒十四 6、19，十七 10、14），但他並不氣餒，到了下一個工場，便重拾宣教心，再接再厲、奮戰到底。他沒有矯情、毫不賣弄，只是腳踏實地、全力以赴地傳揚福音。就如他於哥林多後書四章1至2節所力陳：我們既然蒙憐憫，受了這職分，就不喪膽，乃將那些暗昧可恥的事棄絕了；不行詭詐，不謬講神的道理，只將真理表明出來……

說到底，不單保羅所達成的宣教夢使人佩服，他那堅毅不屈的精神、推倒又重來的心志，更使人心折。

| 靈思小品 |

流浪地球

帖撒羅尼迦前書及後書主要是討論末世神學，即主的再來。那時，人類的歷史將結束，世界也會到了盡頭。這日子的來臨，對於活在黑暗中的人來說，好像夜間的賊，會忽然地來到，叫人措手不及。然而，保羅指出，信徒只要警醒，便不會這樣。

留意保羅的勸說：

> 弟兄們，你們卻不在黑暗裏，叫那日子臨到你們像賊一樣。你們都是光明之子，都是白晝之子。我們不是屬黑夜的，也不是屬幽暗的。所以，我們不要睡覺像別人一樣，總要警醒謹守。（帖前五 4～6）

換言之，信徒都是光明之子、白晝之子，在危急存亡之末世是不應該昏睡的。

事實上，坊間有不少電影，都以世界末日為題材，其中如二〇一九年播放的《流浪地球》，由華人拍攝，是一套非常出色的科幻片。電影改編自劉慈欣的小說《流浪地球》，此作家以寫科幻小說著稱。

話說人類到二〇七五年時，太陽正在膨脹，熱力快要把地球燒焦。換言之，世界末日快到了。人類為了自救，便合作起來，組成聯合政府，在地面安裝過萬台的龐大推進器，務求把地球推離現時軌道，遠離太陽。此計劃命名「流浪地球」。

然而，在流浪的過程中，卻遇上了另一個大問題。面對著比自己體積大過千倍（估計是一千三百二十一倍）的木星之吸力，過萬部的推進器逐一失靈，地球被吸向木星，相撞是必然的。為今之計，是把推進器修復，然後重新啟動，以其洪荒之力，推離木星。

電影結束時，推進器終得以修復，再加上一輪意想不到的構思和救援行動，地球終於能倖免於難，不致與木星碰個正著。如是者，地球繼續流浪，人類也因而存活下去，留下絲絲希望。

| 反省 |

看畢全片，我心中不禁在想，之後又會碰上甚麼星球？到底地球何時才能停止流浪，人類何時才能一如往昔地安居樂業？

正是過了千難還有萬難，此故事告訴我們，現存的地球是我們人類惟一可居的家園。一旦星體有變，如太陽熱力過大，我們必被烤焦；熱力過小，地球將變成冰條。說到底，離開地球現存的軌道（稱為黃道），我們能生存下去的機率幾近於零。

回想起來，人類的存在並非偶然，地球的出現也不是隨機的，一切都是造物主的奇妙安排。我們不能不接受這事實，要對父神心存敬畏和感恩的心，樂天安命地活在當下。

既然地球是我們惟一的家園，我們必然要珍而重之，竭盡所能，保護地球，守護著地上的一草一木，人類更應彼此相愛，互相珍惜，通力合作，妥善管理地球才是。

如今面對新冠疫症的狂襲，生態環境的極度破壞，我們卻仍彼此猜忌，內鬥不斷，無視生態環境的每況愈下，我們豈不是在倒行逆施，自掘墳墓嗎？

其實，大多數人都知道問題嚴重，但只有少數人真正活得環保。換言之，大多數人還是在沉睡，只有少數人保持清醒。

拯救地球，即是拯救我們自己。此舉並非一人之力，甚至一國之力所能達成的，這是一項全民動員的行動。惟願我們不要等到世界已無可救藥的那天，才願意放下分歧，恐怕那時為時已晚，回頭無岸。

主必再來，地球也有終結的一天，然而，我們有必要好好守護著我們在地上惟一的家園，因為未來世界的樂園，也許是在我們所住的地球上出現。換言之，昔日失去的伊甸園，因著主的再造，將重現在這地球上。

禱告

多謝主賜給我們這美好的家園：地球，求主使我在感恩之餘，好好保養顧惜，不辜負祢的美意。

27 加拉太書：要緊的就是作新造的人[1]

自從五旬節聖靈降臨後，初期教會在聖靈帶領下，不斷向外發展。到了約公元五〇年，福音如星火燎原地向外邦之地拓展（因保羅已開始了第一次的宣教工作）。漸漸地，第一個在教義上的危機亦出現了。這危機出現在小亞細亞加拉太一帶的地方，加拉太書便是一封針對這危機處理的書簡。

對於保羅來說，作為外邦人的使徒，他在所到之處，傳的都是那從恩典而出、因信耶穌基督而得以稱義的福音。這福音從來沒有附帶任何其他條件，故是白白的。這是每一間外邦教會所領受的信息。

不過，引起問題的是基督教源自猶太教的這個背景。耶穌基督本人是猶太人，耶穌的十二門徒亦然，他們同樣守著摩西的律法。再者，第一批信徒大都是猶太人，並且組成了耶路撒冷教會，這地也成為基督教的發源地。如此一來，問題自然產生：成為基督徒是否要先成為猶太教徒？

說白了，如果耶穌及門徒都是猶太人，則必然行了割禮，因為那是猶太人作為神子民的標誌，那麼，信主的外邦人是否同樣要行割禮，奉行摩西的律法，才能成為神的子民？這問題最終在公元四十九年爆發，導致耶路撒冷大會（又稱使徒會議）的出現。大會的結果，顯示問題得到了初步的解決（見徒十五章）。

耶路撒冷大會的議決，無疑肯定了保羅的觀點。外邦教會無須奉行摩西律法作為得救的條件。不過，因著要與猶太信徒相交，外邦信徒仍要留意其道德生活的水平及敬拜偶像（尤其是與廟妓行淫）等不為各地猶太人所認受的習慣（徒十五28～29）。這是一官方的議決，但這並不代表從此便能一勞永逸，再沒其他問題。明顯地，我們可以從加拉太書看到這問題的延續——有人在受書人當中傳另一個福音：外邦信徒必須先加入猶太教，奉行割禮及遵守摩西律法才能得救。

27.1 | 南北加拉太學說之爭[2]

在研究受書人是誰時，出現了難以篤定的情況：加拉太可以指一個民族，又或者指一個省份。若是前者，便是指保羅在第二次宣教時，在回應馬其頓異象之前曾去過的地方：

聖靈既然禁止他們在亞細亞講道，他們就經過弗呂家、加拉太一帶地方。（徒十六6）

這裏的加拉太，大概是指小亞細亞北面的加拉太省；居住其中的這些民族是從歐洲北部移民過來的，定居在加拉太省北部，北加拉太學說也因而得名。

若是後者，便是指在第一及第二次宣教時，保羅在小亞細亞南面宣教的地域，這地方大部分落入加拉太省內，其中如以哥念、路司得、特庇等（見徒十三～十四章）。這便是南加拉太學說。

按支持度論，二者是旗鼓相當的。不過，有考古學者指出，北加拉太的道路及城鎮在保羅時代都非常落後，南加拉太則很有規模。再加上路加筆下的保羅宣教，對南加拉太一帶有細緻的描述，而北加拉太則只有輕輕一句（見徒十六6）；故我們的取向是：南加拉太學說應居先。[3]

27.2 | 成書日期及寫信原因

經過公元四十九年的耶路撒冷大會後，保羅便開始了他第二次的宣教旅程。學者如穆爾等主張，保羅就在這時候聽聞加拉太教會的問題，便修了加拉太書以作處理。[4] 若是如此，則此信便是我們所知最早期的保羅書函，時間是公元四十八至四十九年間。

當然，以上只是推測。此信亦可以是在耶路撒冷大會之後，甚至是第二次宣教，保羅留在哥林多作工時才寫成的作品（即公元49年之後）。在此，留意保羅的自我形容：

> 我希奇你們這麼快離開那藉著基督之恩召你們的，去從別的福音。（加一6）

此言反映出當保羅聽到受書人的危機時，感到大為震驚。因為他剛在受書人那裏傳了福音，而受書人看起來信心也不錯。為何他們這麼快便偏離了原本的信仰？

27.3 ｜ 受書人的需要

加拉太書受書人所面臨的問題，主要是自保羅離開後，來了一些有強烈猶太教背景的人士，[5] 他們來到這一帶的眾地方教會，大放厥詞，散佈一些攻擊保羅的言論，又毀謗他所傳的福音。其攻擊的要點如下：

（1）對保羅的人身攻擊：指他不是真使徒，即他不是十二門徒之一，從來沒有跟隨過在世的耶穌。換言之，保羅是自奉為使徒，旨在討好外邦人，更是自創一套學說，傳揚一個走捷徑的福音。

（2）保羅的自創福音其實是殘缺不全的，因為他只談基督，對摩西律法則隻字不提。畢竟，摩西律法是從神而來的啟示，是永久性的，也至高無上。凡神的子民，都是因著虔誠地遵守律法而得救。再者，在世的耶穌和十二門徒同樣虔守摩西律法。然而，保羅把律法擱置一旁，甚至置諸不理，實在是極大的錯謬。

（3）保羅這沒有律法的福音，最終導致信徒生活放縱。再者，猶太人本身已很不認同外邦人低落的道德水平。如今，保羅更表示律法是無用的，這豈不更助長了外邦人的傷風敗德嗎？

對於以上三方面的攻擊，保羅在信內一一澄清及反駁。

第一點關於他的使徒權柄。他在信首語對自己的使徒職事有此描述：

> 作使徒的保羅（不是由於人，也不是藉著人，乃是藉著耶穌基督，與叫他從死裏復活的父神）……（加一1）

以上所言實有澄清的作用。

稍後，他於第一及二章裏分享了他的故事，其中尤其是與十二使徒有關的事件，有以下重點：

（1）他的福音不是來自任何一位使徒，而是從神來的，證明他是真使徒（見加一12）。

（2）他的權柄，被所有接觸過的使徒們肯定。在此，他侃侃而談地力證：那稱為教會柱石的雅各、磯法、約翰，就向我和巴拿巴用右手行相交之禮，叫我們往外邦人那裏去……（加二9）

（3）他堅持自己的信念，為了真理而戰，他甚至敢於指出彼得和巴拿巴的不是，可見他的屬靈權柄，不在巴拿巴和彼得之下（見加二11～14）。

至於第二方面的攻擊，他指出問題是神到底如何拯救罪人：是按著行為而稱其為義，還是按著信靠耶穌而得以稱義？保羅於第三及四章以兩方面來指出是因信稱義。他先以受書人的信主經過為例（見加三3），然後再以聖經中的例子，如亞伯拉罕及其所生的兩個兒子來說明耶穌基督所設立的新約，是勝過摩西的西奈之約。他總結信心的重要性時有此言：

可見那以信為本的人和有信心的亞伯拉罕一同得福。（加三9）

然後又力陳：

> 沒有一個人靠著律法在神面前稱義，這是明顯的；因為經上說：「義人必因信得生。」（加三 11）

至於第三方面，保羅在第五及六章作答。因著基督，帶來了愛的律及聖靈的律，二者都成全了律法，他指出：

> 因為全律法都包在「愛人如己」這一句話之內了。（加五 14）

> 你們當順著聖靈而行，就不放縱肉體的情慾了……但你們若被聖靈引導，就不在律法以下。（加五 16～18）

說白了，愛心和聖靈成就了律法所不能成就的。這是一個由外在的律法，變成一個內在生命更新的門路，是聖靈工作所使然。這才是真正的屬靈自由，即不為罪惡捆綁，不被律法定罪，自由於敬拜服事神。

在信末語中，保羅以此言作結：受割禮不受割禮都無關緊要，要緊的就是作新造的人。（加六 15）受割禮是指猶太人，不受割禮是指外邦人，二者代表著不同種族和文化背景者，他們在救恩面前都一視同仁：並不分猶太人、希臘人，自主的、為奴的，或男或女，因為你們在基督耶穌裏都成為一了。（加三 28）

歸結而言，如果加拉太書是保羅早期的作品，而他過了多年後才寫下羅馬書，那麼，在談及人如何得救的事上，雖然經過時間的沖洗，宣教工作的磨練，但兩卷書所顯示的都是一致的：因信耶穌，人能白白的稱義，這與律法無關。端此，我們可以推論，保羅神學的主要框架，在他宣教的初期已形成，修改亦只屬微調。

| 末了的話 |

旅遊的樂趣

保羅神學的中心，也是他能活得精彩的命門：*現在活著的不再是我，乃是基督在我裏面活著……*（加二20）

在此，保羅表明，基督徒生命強大的奧祕，是在其內在的生命裏有復活主的同在，而非靠著恪守摩西律法。他自己便是一活生生的範例，加拉太各地教會的受書人亦能如此。

說到底，如果說保羅很偉大，倒不如說是保羅生命裏的基督顯大。藉著保羅，基督達成了福音使命，把天國的福音推廣至外邦的世界，好成就主作為天國的王，普世救主的願景。因此，保羅有以上的結論。

一言蔽之，對於保羅而言，生命中的一切成就都是活在他裏面的基督為他達成的，這過程實在是妙不可言。

十八世紀德國的大文豪歌德（Goethe）有言：「人之所以旅行，不是為了要抵達目的地，而是為了享受旅途中的種種樂趣。」[1]

且看以下一則趣事：

一對新婚夫婦度蜜月去。妻子手拿著地圖，丈夫駕著房車，在北美洲的公路上奔馳。

他們到了一個景點，下了車，拍了照，便急忙離去，趕著前往下一個景點，再拍照，又急忙地離開。到了晚上，來到酒店，在休息期間，妻子對丈夫說：「今天我們竟然去了四個景點，太棒了。」如是者，這個蜜月假期，他們跑了很多景點，身體比上班還要倦。他們在跑蜜月。

有一天，夫妻二人回顧整個蜜月假期，勾起的回憶不太多，甚至拿著所拍的照片，也記不起那些景點有甚麼難忘之處。整個假期都在趕路，沒有度蜜月的感覺。

以上的個案，其實是不少人旅行的寫照。我們的社會高舉達標和成就，就算是旅行和度蜜月，也務求要到達多個景點，結果到達某景點時也只是拍拍照，稍望一下便秒速離開。

然而，屬靈之旅是過程與目標並重的。因為使人獲益良多的，不單是達標時的成就感，其過程更使人大開眼界，增廣見聞，生命成長。

不妨想想，偉大得難以想像的神，怎會需要我們助祂達標？在世的主耶穌不也曾表示，天使天軍是絕對樂於為祂效勞嗎？若要完成任務，採用天使天軍更省時省力（見太二十六 52～53）。

事實是這樣的：父神是以達標為題，使我們經歷祂同在和同工的美妙，好叫我們更認識祂，更欣賞生活，享受這不可多得的人生。

活在當下，能夠每一天享受活著的過程，尤其是體驗與主同行的美妙，實在是人生一大樂事，就如保羅所表達的，他能感應基督活在他生命裏，讓基督影響著他，駕馭著他，便自然而然地活出基督的生命，人生也必閃耀。這一點，絕非律法主義所能做到。

比起達標，如此奇妙的經歷和感悟，使我們更窩心，心靈更充實。其美妙之處，難以言表。惟願我們都能每天好好安排時間，叫自己能安靜下來，心無雜念，憑著信，讓自己的心靈與主的靈對接，從而感悟祂的同在，讓祂的生命力傾注入我們的生命裏，我們便能活出祂的樣式。

這是一個實踐「本於信，以至於信」的生命模式（見羅一 17）。

| 第九部 |

保羅書信（三）：監獄書信

28 腓立比書：以基督耶穌的心為心[1]

28.1 監獄書信導言

傳統認為，監獄書信（即腓立比書、歌羅西書、以弗所書及腓利門書）是使徒保羅在羅馬的牢獄中寫成的。當時，他已完成三次宣教，因要上訴凱撒，被押上首都，在那裏等候見凱撒的面，向他申訴，等候仲裁；這便是使徒行傳二十八章 30 至 31 節的背景。

留意這裏路加表明保羅有兩年等候的時間，這大概是暗示兩年後，此情況便會結束。換言之，保羅大有可能會被判無罪，重獲自由。又或者是相反地，他被判有罪，更死在獄中。當然，如上文所言，教會傳統指出他終獲釋放，繼而向西進發，到西班牙宣教。

不過，近期有人主張，保羅在第三次宣教之旅到達以弗所時，在當地留下有三年之久，他很有可能在這時段中曾下在監裏，並在這時寫下監獄書信（或是部分的書簡，如腓立比書）。在以弗所寫監獄書信的見解是基於以下兩大理由：

其一，由於早期教父羅馬的革利免表示保羅共有七次被囚的經歷，而保羅本來亦說過他多次下在監裏（見林後十一 23），再加上在哥林多後書一章 8 至 9 節他本人有此言：

> 我們從前在亞細亞遭遇苦難，被壓太重，力不能勝，甚至連活命的指望都絕了；自己心裏也斷定是必死的……

這裏的亞細亞是指其省會以弗所；連活命的指望都絕了大有可能是指下在監裏。於是，學者提出保羅極有可能曾被囚於以弗所。這亦是監獄書信寫作的地點。

其二，地理環境距離的推測：位處意大利半島的羅馬城與監獄書信中其中一卷的受書人——位於希臘半島上方的腓立比教會距離很遠。保羅與受書人之間明顯有過多次往來的接觸，設若他在羅馬被囚的消息，要先傳到腓立比教會，然後教會又派出以巴弗提到保羅那裏（見腓二 25），之後，以巴弗提病倒了，並且病了好一段時間後才康復，然後保羅在寫下腓立比書時，把此情況告知受書人等等，都需要一段頗長的時間。留意羅馬與腓立比的距離約一千二百哩，估計走一程路也需多個月。以保羅被囚兩年的時間來說，是否有足夠時間容讓以上眾多的事件發生，實在是存在著疑問。

按此了解，位於小亞細亞西端的以弗所是一較合理的選擇，因其只距離腓立比約四百哩。

當然，以上第一點的推論是基於：哥林多後書一章8至9節所形容的，[2] 真的是指保羅在以弗所工作時曾長時間坐牢的情況。但這一點，在使徒行傳十九章1至21節路加記述保羅在以弗所的宣教過程中卻隻字不提，可見此說法純屬臆測。

至於上文第二點所談論的，以地點的遠近，推測事情發生所需時間的做法，問題是其實我們不知道以巴弗提何時來到保羅那裏。也許，早於保羅上訪羅馬之前，他已被教會差派沿途照料保羅。繼而，以巴弗提到底何時生病，病了多久，我們都無從知道。

端此，我們仍然以傳統的看法為一較佳的選擇，即監獄書信都是保羅於羅馬坐牢時修成的。[3]

28.2 | 腓立比書導論

除了信內少量針對受書人的問題外，腓立比書其實是一封家書，一封有溫度的書簡。作者保羅以受書人如家人和摯友，並且是事奉的伙伴。[4]

從四卷監獄書信的內容來看，以弗所書、歌羅西書及腓利門書之間存在著極為緊密的關係，可見這三卷書大概是在同一時間寄出。但腓立比書卻自成一格，所以我們不排除此書的成書日期與其他三卷書信，存在著一定時間上的距離。

28.3 教會的建立

按使徒行傳十六章 6 至 10 節所記，保羅及其宣教團隊因著馬其頓異象，首度踏足歐洲的土壤。而腓立比是保羅於歐洲馬其頓宣教的第一個城市（徒十六 11 ～ 13）。

此城原本是一小鎮，名叫水泉。後來馬其頓帝國的亞歷山大大帝之父親腓力二世，將之發展成一城市，並以他自己的名字為此地命名，時維公元前三五六年。後來羅馬帝國將之吞併，[5] 同時採取了兩大行動：

（1）將之納為殖民地（即把部分羅馬城的居民遷到此地），意味著其居民享有與意大利本土一樣的權益。政制也相仿，如其首長由二人承擔，是為裁判官，而裁判官有法警追隨，這些法警帶著棍子，以標誌其職位。使徒行傳十六章 35 及 38 節的差役一辭，原文是 *rhabdouchoi*，字義便是「帶著棍子的人」，可見差役便是法警。再者，使徒行傳十六章 12 節表明此城乃駐防城，即羅馬的二十萬常備軍有部分駐紮於此。由此可見，這是一非常羅馬化的城市，無怪乎這裏甚少猶太人，就是連會堂也沒有，並且其有強烈排拒外地人的意識形態。[6]

（2）腓立比城建造在羅馬大道之上，可作軍事用途，腓立比因而成為羅馬常備軍的駐防城。

按使徒行傳十六章14至15節記載，婦女呂底亞及其家屬是第一家信主的。呂底亞乃商人，家境不錯，信主後更招待保羅等人及信徒在家中聚會。留意除了呂底亞的家成了聚會之地外，還有弟兄們的出現（徒十六40），說明腓立比教會已建立。另一家信主的，便是獄卒及其親屬。此獄卒可能是退伍軍人；他的自殺之舉（徒十六27）顯出軍人的硬朗作風。

保羅留在此地大概只有數個月。也許，他留下路加在此地作跟進的工作，然後向南朝帖撒羅尼迦進發。

留意腓立比教會的婦女地位顯赫，腓立比書中作者特別提到兩位信徒的名字，都是女性（腓四2的友阿蝶和循都基）。無怪乎此教會對保羅的關愛特別細心，如對保羅金錢上的資助（腓四15～16），並差遣以巴弗提服事保羅（腓二25）等。

約半個世紀後，腓立比教會更照顧往羅馬受刑的安提阿主教伊格那丟，此事記載在士每拿主教坡旅甲（Polycarp）的信簡中，教會更備受讚揚。[7] 看來腓立比教會對傳道者的愛心是情真意切的，經得起時間的考驗。

28.4 寫作的目的

從信內所映照的，保羅寫下此信的目的如下：

（1）交待以巴弗提的事宜：受書人託以巴弗提把支持保羅宣教的款項送給保羅，並且代表腓立比教會服事保羅（腓二25）。然而以巴弗提卻病重，以致遲遲未能回到受書人那裏。為此，保羅必須作出解釋及為他澄清，這樣，教會也可放心。且看以下的經文：然而，我想必須打發以巴弗提到你們那裏去。他是我的弟兄……是你們所差遣的，也是供給我需用的……他實在是病了，幾乎要死；然而神憐恤他……所以我愈發急速打發他去，叫你們再見他……（腓二25～28）

（2）受書人對作者愛心的餽贈，作者為此而致謝及肯定：就是我在帖撒羅尼迦，你們也一次兩次地打發人供給我的需要。（腓四16）留意保羅在信的開始，已盛讚受書人：因為從頭一天直到如今，你們是同心合意地興旺福音。（腓一5）此言大概是指受書人對保羅的餽贈，支持了保羅的福音工作，在此，保羅肯定了受書人此舉是同心合意地興旺福音，即對福音工作的貢獻很大。

（3）保羅以受書人為家人，向他們報告其情況（因他在坐牢），好叫受書人放心（腓一12～26）。在此，保羅表示：弟兄們，我願意你們知道，我所遭遇的事更是叫福音興旺（腓一12）。此言明顯是要受書人安心，因為雖然保羅成為階下囚，但這並不妨礙他的福音工作。

（4）保羅將差派提摩太到受書人當中，甚至自己也打算未來造訪教會，故寫信告訴受書人，讓他們能早作準備（腓二19～24）。

（5）警告受書人要提防犬類，即猶太教主義及縱慾主義者的妖言惑眾（腓三2～3、18～19）。

（6）提醒受書人為主受苦的必然性。因教會將受到逼迫，然而受書人必須靠主常存喜樂，並且效法保羅，因保羅本人亦為信仰而成為階下囚，為主受苦（腓三17，四4～7）。在此，保羅表示：因為你們蒙恩，不但得以信服基督，並要為他受苦。你們的爭戰，就與你們在我身上從前所看見、現在所聽見的一樣。（腓一29～30）在此，從前所看見是回指昔日保羅初到腓立比，被官府迫害、毒打和下監等事件。現在所聽見是指如今保羅被囚於羅馬。說白了，保羅的意思是，作為信主的人，為了信仰而受苦是可預期的。

（7）勸勉兩位姊妹友阿蝶和循都基要在主裏同心，因為這是最能令保羅的喜樂可以滿足的（腓二1～2，四2）。保羅稱她們為真實同負一軛（*gnēsie syzyge*），此措辭在當代常用作比喻真正的友誼。[8] 故保羅的意思是，她們二人既是福音的同工，便應相愛相攜，同心同行。

28.5 | 主題

28.5.1 | 領袖觀

不少研究指出，此教會的婦女有極其重要的地位，不單因信中提及兩位女性領袖的名字，又以呂底亞的家（見徒十六 40）為教會聚會的地方；更有考古學發現，於公元六世紀時，此地附近一所修道院的牆壁上，刻有多位女性的名字，還表明她們是領袖和執事。[9]

28.5.2 | 要喜樂

監獄書信的作者保羅雖然身陷牢獄，心靈仍然自由。他極為念掛著眾教會，共寫了四封獄中信簡，以進行遠距離牧養，腓立比書更力勸受書人要常存喜樂的心，例如：我若被澆奠在其上，也是喜樂……你們也要照樣喜樂，並且與我一同喜樂。（腓二 17～18）稍後，他又教導受書人：你們要靠主常常喜樂。我再說，你們要喜樂。（腓四 4）

喜樂的原因，是因為對主有信心，並且有主的同在同行：弟兄們，我還有話說，你們要靠主喜樂。（腓三 1）換言之，喜樂是靠主而來的。事實上，人生忽夷忽險，起伏不定，使人不快的事何其多，如今保羅下在監裏，失去了自由，前途未明，自然使人擔憂。不過，有主同在，便是天堂。而且神主宰著保羅及受書人的一生，他們信靠全能及慈愛的祂自然大可放心，喜樂的心便油然而生，幸福感也自來。

28.5.3｜僕人之歌

腓立比書中出現了一首被譽稱為「僕人之歌」的經段（腓二6～11），由於其是以詩體形式寫成，我們有理由相信此歌早已流傳於初期教會，為眾教會所樂於讚頌。保羅援引於此，目的是鼓勵受書人要同心和合一。在此，他寫下此言：你們當以基督耶穌的心為心（腓二5），作為全首詩歌的引子。

其中的一句：他本有神的形像，不以自己與神同等為強奪的；反倒虛己，取了奴僕的形像，成為人的樣式（腓二6～7），道盡了聖子耶穌本活在與神同等位分的榮耀裏，因著愛世人，成就救恩，竟然降格為人。留意神的形像的形像（*morphē*）此辭，作者採用了一個與亞當有神的形像（*eikōn*；見創一26，《七十士譯本》）不同的字眼，目的大概是要表明，耶穌有神的形像，此形像與亞當也有神的形像，是有所不同的。

聖子有神的形像，是指祂與神是百分百的相同，即與神是同等、同尊和同榮的。換言之，先存的聖子耶穌，其原貌是神。然而，因著愛世人，至高無上的聖子才降世為人，此乃一跨界別的行動，打破了神與人之間的翳障和隔膜。

事實上，保羅也效法了這份虛己的精神，進入人羣中，把福音帶給世人。如今他身陷獄中，有如囚犯，全為了福音的緣故，正好實現了耶穌那虛己的精神。

| 靈思小品 |

人生真「好玩」

神所賜、出人意外的平安必在基督耶穌裏保守你們的心懷意念。（腓四7）

在獄中，保羅鼓勵受書人要留意神所賜、出人意外的平安。這平安能守護著他們的心靈，使他們活得舒坦，能好好體驗人生。

事實上，保羅身陷險境，脱險無期。他如何能説出此安慰之言？當然，他是憑信才能如此肯定地説話。他信靠大能的神，神也對他甚好，因此，未來必然是美好的，其美好之處，更是始料不及的。

台灣已故名作家三毛的著作大都是寫實之作，在實而不華的文筆中，她的深情盡然流露。她談及寫作、戀愛和婚姻，兒時及婚後居於異地的生活等等，描寫細緻，引人入勝。讀後使人心曠神怡，時而會心微笑，時而暖在心間。

在她的《流星雨》一書中，她表示要活得「好玩」。「好玩」不是指玩世不恭，而是指享受人生。不論是寫作、婚姻，都要活在當下，務求「好玩」，享受生活的情趣。

作為基督的跟隨者，神是我們天上的父親（見主禱文，太六9），祂極愛其子民，甚願我們能活得「好玩」，享受人生。不過，享受的方式有時是有點出人意表的。

舉例説，有一位年青的姊妹，生活很有幹勁，努力與丈夫打拼人生，賺錢養家。無奈，她得了癌病。在接受治療時她向別人分享，此病煞停了她那奔跑的人生，從而反省生命，好好珍惜信仰，及她身邊的人，即丈夫及兒女等。

人人都聞癌色變，這位年青的姊妹卻在這看來的不幸當中，得著極大的啟發，使她看懂人生，從而活好餘生。

以上所言，説明了何謂出人意外的平安，並且如何在困境中仍能悟出真理，享受人生。

反省

人生總是有起有落，有時更風雨交加。不過，在困難的日子，父神是要我們享受祂的同在和保守，體驗祂的慈愛和大能，好叫我們能經歷柳暗花明又一村的美妙。

在順遂的日子，祂要我們進入海闊天空任君闖的美境。當我們能達標時，成就感帶來了喜樂，信心更是滿滿的。當我們未能達標時，祂要我們學習何謂「志不立，天下無可成之事」的道理，要學習如何才能逆境自強，靠主剛強。

經歷父神的慈愛和守護度過每一天，這便是享受人生。所享受的，是祂無比的恩慈。所享受的，是祂扭轉乾坤的神奇。約伯如此描繪神：他行大事不可測度，行奇事不可勝數。（伯五 9）父神獨行奇事（參詩七十二 18），旨在要我們享受那出人意表的平安。

願你看懂人生，全然相信神及祂那妙不可言的大作為，「好玩」地活每一天。

禱告

主啊，我深知祢在守護著我，願我能多一點體驗祢的護理，心存感恩，活得舒坦。

29 腓利門書：真心悔改的阿尼西謀[1]

這是保羅書信中最簡短的一封信，與約翰二書及三書同為最短的書簡。腓利門書只有三百三十五個字，大概是當時一張蒲草紙的篇幅。

這是一封私人的信，目的只有一個：作者是被囚的保羅，他為曾是奴隸的阿尼西謀求情，懇請其主人腓利門饒恕此子曾犯過的錯失，並且容讓阿尼西謀留在保羅身邊，因其已信了主，並且能幫助保羅（見門 9～14 節）。

也許我們會問：如此私人的書信，何以會被納入正典中？箇中的理由主要有：

（1）書簡是使徒保羅的作品，被看為有屬靈的權柄。
（2）受書人也包括亞腓亞和亞基布（門 2 節），可見其亦是一公開的書簡。

（3）第 2 節更表明作者也是寫給在腓利門家中聚會的教會。

（4）腓利門大概是教會的領袖，其家是供教會聚會的（門 2 節）。他家中發生了奴僕逃走的事，必然為其他信徒所知。端此，處理這事不期然成為與教會有關的事宜。

（5）一個推論是：後來以弗所教會的主教亦稱為阿尼西謀，據說便是這一位。[2] 他是把保羅書信搜集起來成為文集的熱門人選。按此推論，他把此信納入其中，主要原因有二：一、阿尼西謀此名字意即有益處（參《呂譯》）；不少主人都會為奴僕起這樣的名字，期望他們能真的能為主人帶來益處。如今阿尼西謀卻成了自由人，更作了教會的主教，他細想實在有必要解釋何以會如此成就；原因可以從此信提供。二、阿尼西謀為了記念保羅這位大恩人，故將此信納入保羅的文集內。

（6）腓利門書關於信了主的主人如何對待信主的家奴，委實是一項重要的教導，尤其是 16 節：不再是奴僕，乃是高過奴僕，是親愛的弟兄。其無疑強調了主人和奴僕的社會地位雖有高低之分，但他們在基督裏卻是平等的（見加三 28）。換言之，主人要視奴隸為一不折不扣的人。[3] 觀此，在當時一個不平等的奴隸制度下，保羅的教導有著重要的導向作用。

29.1 | 寫信的理由

誠然，這是一封有針對性的信。所針對的，不只是受書人腓利門，而是涉及腓利門和他的家奴阿尼西謀，及作者保羅與腓利門和阿尼西謀之間的關係。說起來很複雜，且看以下的闡釋，其也是傳統的說法：

在歌羅西城內有一信徒腓利門，由保羅帶領信主的，亦開放其家作教會聚會之用（門 2 節）。阿尼西謀本乃腓利門家中的僕人，後來逃跑了。這情況在當代常有出現，逃走時可能同時偷了主人家中的物品（見門 18 節：他若虧負你，或欠你甚麼）。他遠走至羅馬，適逢保羅向他傳道，使其信了主。信主後的阿尼西謀生命起了劇變，實乃傳道的可造之材。然而，阿尼西謀必須先處理他逃跑的問題。按照羅馬法律，他必須回到主人那裏，與他和解，否則必然受罰。於是，保羅決定遵循羅馬法律，差派阿尼西謀回到腓利門那裏（門 12 節），尋求主人的寬恕，彼此和好。於是，保羅便寫了此信，由阿尼西謀作信差帶去。

以上的說法一向被廣泛接受。不過，其中的難題，便是事情的發生，實在有點兒巧合。例如阿尼西謀的遠走，何以會來到羅馬？然後又如何遇上獄中的保羅？更恰巧的是保羅竟然認識其主人腓利門。以上種種的巧合，使我們相信事情大概不全然是這樣發生的。

以下是一較為合理的說法：當保羅第三次宣教，來到以弗所時，在三年之中，他曾來到歌羅西，帶領腓利門及其家人信主。腓利門後更成為教會的領袖，而當保羅離開後，家奴阿尼西謀作了錯事，使主人腓利門蒙受損失。在害怕之餘，阿尼西謀想起保羅來，又知道他在羅馬，於是便專程趕赴羅馬，找來獄中的保羅，尋求保羅的庇護。此時，阿尼西謀的生命也起了改變，再加上他的情真意切，感動了保羅，更以他為屬靈的兒子，並且樂意為他作調解員，於是便寫了這封信，由阿尼西謀帶去給腓利門。[4]

29.2 | 信的內容

信中主要是保羅為阿尼西謀向腓利門求情，求情的理由如下：

（1）雖然阿尼西謀是一逃跑了的奴隸，但他已真心悔改，生命有莫大改變，保羅更視之如兒子（門 10 節），故值得寬恕。[5]

（2）容讓阿尼西謀留在保羅身邊，以代替腓利門服事保羅（門 13 節）；更容許他成為保羅的同工。

（3）其實受書人腓利門也欠了保羅的恩情，如今保羅期望腓利門施恩惠，饒恕阿尼西謀，這可看作為報答保羅。

（4）阿尼西謀信了主，也即是主裏的弟兄，他的錯也不是不能赦免的，如果作為教會領袖和一家之主的腓利門能有量度地寬恕他，無疑是合乎信仰的要求，更能留下美好的榜樣。

| 末了的話 |

福音與奴隸制度

福音主張在神的面前人人平等。這一點對新約世界出現的奴隸制度產生了極大的衝擊。據了解，羅馬世界有六分之一人口是奴隸，這已是最保守的估計。[1] 為甚麼會有這麼多人成為奴隸？主要原因有二：

（1）因著戰禍，戰敗國的人民成為戰俘，失去自由；他們被迫過著奴隸的生活。

（2）因著貧窮，民不聊生，那些走投無路者把自己出賣成為家奴，這樣，反而換來三餐一宿。

正因此故，儘管奴隸被釋放，重獲自由，他們仍然難以過活，甚至情況比從前更差。所以，不少人甘願為奴，雖然失去自由，卻能換來溫飽。這亦解釋了何以保羅於上文有此指示：信主的奴隸，應考慮維持這身分。這亦解釋了何以保羅沒有明明要求腓利門把阿尼西謀釋放，還他自由。

若是如此，我們會問，福音對這些人士，甚至整個奴隸制度，又有甚麼正面的影響？也因此故，新約出現了「家庭規章」，旨在教導信了主的人士如何在制度之下，仍能活出信仰（見弗五 21～六 9；西三 18～四 1；彼前二 18～三 7）。

留意在一封傳閱於眾教會的書信中，保羅對信主的奴僕有此指示：你們作僕人的，要懼怕戰兢，用誠實的心聽從你們肉身的主人，好像聽從基督一般。（弗六 5）然後，他又對信了主的主人有此言：你們作主人的，待僕人也是一理，不要威嚇他們。（弗六 9）

由此可見，保羅要求的，不是制度的改變，而是活在制度裏的信徒，要作心態的改變。換言之，態度比制度重要。因為最理想的制度，也可因著人的誤用，或是濫用，被弄得一塌糊塗。不理想的制度，卻因著人性的善良及博愛，帶來美好的生活。

當然，保羅於哥林多前書七章 21 節對信主的奴隸有此指示：但如果你能夠得到自由，就要把握這機會（《新譯》）。能夠作自由人自然是美事，這是一個理想。但若果因著種種因素未能達成，也可舒心地活下去。如是者，他於稍後有此教導：弟兄們，你們各人蒙召的時候是甚麼身分，仍要在神面前守住這身分。（林前七 24）由是觀之，態度的改變，比起制度的革新更為重要。

事實上，奴隸制度要等到千多年後，在英國的國會議員威伯福斯(William Wilberforce；十九世紀初)及美國林肯總統(Abraham Lincoln；十九世紀中下旬)的努力爭取下才告終結。然而，把奴隸制度去掉，並不一定換來人類的彼此尊重。

還看如今種族歧視的問題仍然嚴重，先是德國希特拉(Adolf Hitler)因歧視猶太人而把他們毒殺凡六百萬之眾，後是非洲盧旺達胡圖族把圖西族人進行種族清洗等等。時至今天，歧視問題仍然深存於各國中。由是觀之，儘管科技進步了，人類的知識淵博了，然而，人的思維定式不變，胸襟狹隘，氣度不濟，仍然惟我獨尊，高舉民族主義；人間仍是地獄。最理想的制度也無改人的邪惡心。

30 歌羅西書：超越的基督[1]

歌羅西書和以弗所書二者存在著不少相同之處，如其內容有四分之一是採用相同的字眼，三分之一的主題也相近，就是連送信人也同是推基古（西四7；弗六21），而這裏的信差還加上阿尼西謀（西四9）。也許，最值得留意的是這一句：你們念了這書信，便交給老底嘉的教會，叫他們也念　你們也要念從老底嘉來的書信。（西四16）保羅期望他所寫的書信，是可以與眾教會分享的。而從老底嘉來的書信大有可能便是傳閱於眾教會，並且以以弗所教會為主要受書人的以弗所書。[2] 按此了解，歌羅西書、以弗所書及腓利門書，大概是在同一時間寄出，以致有以上各方面的關連。

在介紹過腓利門書後，這裏我們先看歌羅西書。原因是，我們相信在獄中的保羅先寫下了歌羅西書，然後意猶未盡，想起在歌羅西附近，以以弗所為中心的眾教會，如老底嘉和希拉坡里的教會，於是便再寫下以弗所書。再派推基古及阿尼西謀為信差，同時帶著以上的三封信簡出發。

歌羅西位於離亞細亞西面海岸一百二十八哩處，距老底嘉只有十哩（在其西北偏西面），亦與另一城市希拉坡里接近（在其西北面之十六哩；見西四13、16）。三城都位於呂加斯谷（Lycus Valley），以歌羅西的歷史最為悠久。

30.1 教會的成立

使徒行傳並沒有記錄歌羅西教會是如何建立的，更沒有提及保羅曾造訪過此地。但由於保羅在以弗所作福音工作有好一段時間，而使徒行傳十九章10節更表明：這樣有兩年之久，[3] 叫一切住在亞細亞的，無論是猶太人，是希臘人，都聽見主的道。因此，按上文所論及保羅的宣教策略，加上有這麼長的時間留在以弗所，保羅曾到過歌羅西作福音工作的可能性是極大的（也包括老底嘉及希拉坡里）。

當保羅被囚於羅馬（公元61～63年），他寫了此信。由於信中提及以巴弗（留意不是在腓立比書中的以巴弗提）是把福音帶到此地的傳道者（西一7），我們有理由相信他是奉保羅差派而到此城作福音工作的。我們推想以巴弗本是歌羅西人：有你們那裏的人，作基督耶穌僕人的以巴弗問你們安。（西四12）

在此，我們的推論是，本來是歌羅西人的以巴弗在以弗所城遇見保羅，並且信了主，後更成為保羅的傳道同工，被保羅差遣回本地傳道（西一7，四12～13；可能也包括往老底嘉及希拉坡里傳道）。再者，保羅後來亦大有可能造訪此地，在其中作過福音工作（如上文所言，他帶領了腓利門一家信主）。端此，保羅自然很關心此地教會，並且對發生在教會的問題提筆寫信，以教導受書人。

30.2 | 受書人的需要

在處理受書人的問題上，教會明顯正面對著假教師入侵的危機，保羅在在發出了強烈的警告。學術界對於信中所提到的學說，到底是來自哪一方面的宗教背景，並沒有達成共識。不過，簡單而言，假教師的學說，是一種混合宗教的體系，即包括了猶太教的元素，混和了類似智慧派，如諾斯底的思想；又或者是流行於小亞細亞一帶的神祕宗教，甚至是民間宗教。

這種混合宗教的現象，在當代其實十分普遍，也大受歡迎。對於初信主的信徒來說，是很具吸引力的。畢竟，混合宗教是一集大成的現象，其說辭能滿足不同人的興趣和多樣化的需要。對於成立不久的歌羅西教會來說，無疑構成極大的威脅。

不過，信中並沒有明顯表示教會經受不了假教師的衝擊，因保羅對於受書人在信仰上的表現似乎也很滿意（見西一3～5，二5，三7）。觀此，可能的情況是，假教師對教會的影響是有限的（但留意西二20～21保羅對受書人的質詢）。然而，其潛在的破壞力卻不容忽視。

信中提到影響著受書人的混合宗教有以下的重點：

（1）猶太教的因素：重視割禮（西二11）、飲食的規條（西二16），亦會守安息日及某些聖日。

（2）希臘哲學的因素：其被譽為哲理（西二8），更自表不足，故需要苦待己身，崇尚禁慾。[4]

值得留意的是，不論是猶太教、希臘的多神教，甚至是地道的民間宗教，都尊崇天使，甚至是敬拜天使。以猶大教為例，他們雖然主張一神觀，不能敬拜天使，但對天使的敬意甚高。如居於亞歷山大的猶太賢哲斐羅主張，摩西死後便轉化成為如神般的天使。此說法亦出現在猶太的作品《以諾二書》。尤有甚者，《以諾三書》更以天使長米迦勒為天使長的首長，並且是神的私人差使（《以諾三書》四15，十3～6，十二1～5）。米迦勒甚至擁有自己的寶座並審判眾天使，其他天使都敬拜他；原來他便是雅列的兒子以諾（見創五18）。留意歌羅西書二章18節保羅的警告：不可讓人因著故意謙虛和敬拜天使，就奪去你們的獎賞。此言反映了敬拜天使此舉措，對受書人是有一定吸引力的。

此外，有不少學者認為，假教師鼓吹著一種菁英主義，即只有一小羣人才能獲取得救的命門。一如在第二世紀影響著教會的諾斯底主義，強調了得救者是一羣有智慧和知識的人。

諾斯底主義主張，最高的神乃至聖、至善及至潔的，是絕對的完美。按理祂不可能創造出一個敗壞的物質界（即世界）。不過，完美的神發放出一系列不同等級的靈體 作為聯繫靈界與物質界的媒介。這一連串聯繫靈體的屬靈程度是拾級而下的，而物質界便是由最低層的聯繫靈體所造成。

此理論應用在基督教上，則降世為人的耶穌，便是那一位最低端的靈體（因其竟然帶著敗壞的肉身），世界是由祂所造的。然而，祂並非至高無上的神，故救恩不是從祂而來。信眾在敬拜祂以外，還要加上其他更為高層的聯繫靈體，人要透過這些靈體才能到達完美的神那裏。也許，這便是保羅於歌羅西書一章16節所指的：無論是天上的、地上的；能看見的，不能看見的；或是有位的，主治的，執政的，掌權的……後來保羅又再提及執政的和掌權的（西二15）和敬拜天使（西二18），可能都是指著這一連串的聯繫靈體而言。

畢竟，儘管以上的名單不是指著聯繫靈體而言，也可以是指著宇宙間一切靈界和物質界的掌權者而言；[5]這些掌權者都不能與基督攀比。因為在對比之下，基督是獨一無二、無可匹敵的；祂堪稱宇宙最強。

保羅駁斥以上論調的方法是：

（1）他在歌羅西書一章15至20節，加插了一段大有可能是一首流傳於初期教會、有關基督神學的頌讚詩——「基督頌歌」（Christ hymn）。保羅引用於此，是要表明基督是宇宙最強，是教會的元首，其基督神觀極強；且看這一句：愛子是那不能看見之神的像，是首生的，在一切被造的以先。因為萬有都是靠他造的……又是為他造的……他也是教會全體之首。留意神的像是指愛子是神完美的映照；首生即長子，有尊貴的意涵。在此，新約名學者約翰遜（Luke T. Johnson）指出，這首「基督頌歌」有以下五方面的神學要點：一、神性地位（西一15、19）；二、創造活動（西一15～17）；三、復活得榮（西一18）；四、救贖大能（西一20）；五、賦能教會（西一18）。[6]

（2）基督固然達成了與人和好的救恩（西一22），並且成了信徒心中榮耀的盼望（西一27）。祂更是神智慧的體現。在此，保羅力陳：所積蓄的一切智慧知識，都在他裏面藏著……神本性一切的豐盛都有形有體地居住在基督裏面……（西二3、9）

（3）信徒更因而分享到這份豐盛（西二10），一如學者穆爾所言：「任何靠著信心認識基督的人，都可以從祂的貯存裏面汲取一切既存的智慧和知識。」[7]觀此，保羅的言下之意，便是信徒不必在基督之外尋求智慧和知識，甚或得救的門路，因基督已包羅萬有。

（4）信徒的身分：受書人是神的選民及蒙愛的人（西三 12），已經與基督同死，又與祂一同活過來（西二 13）。觀此，信徒務必要過著棄惡從善的生活，即脫去舊人，穿上新人（西三 9～10）；並且要脫離世俗的言論（西二 20），不為之所動；作者更以家庭規章作出具體的生活教導（西三 18～四 1）。

總的來說，本書信的基督神學特強，信中凸顯了基督的中心性和超越性。[8] 作者力勸受書人只要專注於基督便足矣，切勿為流行於當代的異端所煽惑，其只不過是虛空的妄言和世上的小學而已（西二 8）。[9]

| 末了的話 |

婚姻需要救贖

在這裏所出現的「家庭規章」經段，首先論及的是婚姻觀：

> 你們作妻子的，當順服自己的丈夫，這在主裏面是相宜的。你們作丈夫的，要愛你們的妻子，不可苦待她們。（西三 18～19）

除了以上的經文外，家庭規章亦見於以弗所書五章21節至六章9節及彼得前書二章18節至三章7節。其出現在多卷書信，且在保羅和彼得的教導內，可見其重要性。

由於家庭是社會的基本單位，家庭必須穩定，才能帶來社會的穩定。福音使人信主，信了主的人如何在家庭中自處是一非常實際的問題（更何況教會是在信徒家中聚會），這便是家庭規章出現的原因。

在詮釋這段夫妻關係時，學者意見頗為分歧——「傳統論」和「平等論」之爭。「傳統論」指出，在家庭中，丈夫是頭，即處領導地位，妻子是輔助。在作決定時，都是由丈夫負責。「平等論」指出，男和女本是平等的。但由於當時乃父系社會，保羅才將就地有如此的說辭。反而，家庭規章的重點，是在以弗所書五章21節的一句：當存敬畏基督的心，彼此順服。由此可見，丈夫和妻子都應該以敬畏主的心，彼此順服才是。

說實話，不論是傳統的看法，還是平等的見解，經文使我們有這樣的領悟：人與人之間要維持良好的關係，在愛中互動是絕對需要的。丈夫要愛妻子，妻子也要順服丈夫，這是一項互動。換言之，夫妻的關係需要雙方刻意經營，付出自己才成。否則，儘管是平等論有理，傳統論紮實，一旦考驗來到，婚姻關係將面臨土崩瓦解的危機。

沒有愛和付出，儘管是金童玉女、門當戶對，最好的婚姻遲早都必觸礁。

留意在當時的羅馬社會裏，家中以父為領導，他是一家之主，如果是嗜權者，他更是霸主，會霸凌被視為附屬品的妻子和兒女。在此，丈夫要愛妻子如同愛自己此言已是非常出格，這便是福音帶來對婚姻制度的救贖。

人類因信稱義，成為神的兒女，更因此從墮落的生活中釋放出來，過一個人類應該過的生活　婚姻生活亦然。

事實上，我們都明白，人世間最使人感動、能改寫人生的，是無條件的愛。在此，我們要問的是：除了父神及救主有這種無私的大愛外，世間上是否還有其他關係，存在著這份愛？世間上任何的關係都不保證關係永存。儘管存在，也不保證關係理想。

惟有我們在效法基督的過程中，有所感悟，明白惟有自己學習和實行愛人如己、不求回報的功課，才能使這寡情的世界溫暖起來。要救贖婚姻的關係，保證夫妻的愛能深長久遠，無論是丈夫，還是妻子，都必須效法基督那無私的愛，即愛人如己，這才是惟一能營造美滿婚姻，使其行穩致遠、白頭到老的命門。

31 以弗所書：救恩的功效[1]

在十三封保羅書信中，這是另一封特別的書信，其特別之處有：

（1）寫作用的希臘文映現出作者實乃語文能力極高之人。不單文筆及措辭優雅，而且句子結構顯出其甚懂以深度的希臘文法，寫出層次鮮明的題旨。其中一些悠長的經段（弗一3～14、15～23，三1～7），在原文裏都是一句完整的句子，是由一句主句（main clause）附以多個子句（subordinate clauses）而成。

（2）在小部分古抄本的信首語中是沒有在以弗所的字眼，要解釋這個現象委實不易。有學者如此推測：保羅寫了一封給以弗所的信，但因內容也適用於其他眾教會，於是便有人在抄寫原版本時（或是原版本的複製本），把在以弗所刪去，使這封信能合乎傳閱於眾教會的格局。[2] 一如上文所指出的，歌羅西書四章16節中所提及的從老底嘉來的信，大有可能便是這裏的以弗所書，這也間接支持了這個講法。

（3）以弗所書的確是一封傳閱於眾教會的信，例如書末沒有像其他書信那樣寫下仔細的問安語；更明顯的，是以弗所書的內容有其普世性，其中尤以所描寫的教會觀，並不是指著個別地方教會（local church）而言，而是指著理想教會的塑像——普世教會（universal church）而說的。

總結而論，本信是一封傳閱的信，並且是以以弗所教會為第一目的地，然後交予鄰近城市的教會傳閱，其中包括歌羅西、老底嘉及希拉坡里等地的教會。

31.1 簡介以弗所古城

以弗所及其教會在初期教會的發展中，佔有很重要的地位。[3]

福音起源自耶路撒冷，然而，藉著保羅的宣教工作，福音的核心很快便向西移轉。保羅在第二次宣教回程時來到以弗所，雖然只作短暫停留，但他還是先到會堂與猶太人辯論真理，撒下了福音的種子，更留下同工百基拉和亞居拉作跟進（見徒十八18～22）。後來在第三次的宣教中，他以此城為重點工場，努力耕耘約兩年多至三年之久。隨著歲月的流轉，他及其團隊把福音傳遍此城及鄰近的城鎮（徒十九8～10），包括歌羅西、老底嘉和希拉坡里等。

以弗所在地理上是極具優勢的。以弗所是小亞細亞的第一大商港，位於基士達河（Cayster River）河口的三角洲上，西臨愛琴海，是東亞和南歐之間的交通樞紐。再者，往來北面的特羅亞至南面的士每拿及別迦摩等地，也必須經過這城。由於地理及商業的優勢，城內民生欣欣向榮，羅馬政府亦因而給予其自由港的地位。

雖然今天的以弗所已盡是頹垣敗瓦，但留下的廢墟，卻是世界上保存得最完整的古城之一，[4] 更是最具規模的考古場地及旅遊勝地。昔日這裏有很多宏偉的建築物，例如有能容納二萬五千人的露天劇場、矗立的圖書館、供人膜拜的君王神廟及亞底米女神神廟等（見徒十九24）。亞底米神廟更成為世界七大古蹟之一，以弗所人也以此女神自豪。[5] 此神廟後來被毀，於一八七〇年才被考古學家發現。總之，這是一個典型的多神教城市，據聞此城有近五十多個神祇供膜拜（包括對君王的敬拜）。考古學發現，以弗所經常有抬著神像巡遊的慶典，此乃城中盛事。巡遊的目的，便是相信有神像經過的地段都必蒙保守，多尊神像經過，便多得福祉，他們更以敬拜亞底米女神為榮（見徒十九34）。他們相信此女神像，是由天石所雕成（也許是殞石），女神亞底米的胸前有多個好像女性乳房的東西，有人以為這是代表了好生養（fertility），但其實是裝著符咒的小袋，表明她能驅走邪靈惡鬼；[6] 足見此城的人非常迷信。[7]

據聞昔日的以弗所人口約有二十多萬，堪稱小亞細亞最大的都會。據估計，當代比以弗所大的城市只有羅馬及亞歷山大，不少人都嚮往這城市，以之為人間樂土，其欣欣向榮之勢可想而之。

因著以上的種種優勢，不單保羅在此宣教，他稍後更安排了提摩太在此地繼續他的工作（提前一3）。後來約翰也來到此地牧養教會，約翰書信的受書人便是以弗所教會。傳說約翰埋葬於此地，連同耶穌的母親馬利亞之墳墓也在附近。[8] 這情況也許是因為在世的耶穌曾將其母親馬利亞託付約翰照顧（約十九25～27），約翰果然不負所託，帶著恩師的母親馬利亞一起住在以弗所，更照顧她終老。[9] 留意早期教父伊格那丟更指出，有一名叫阿尼西謀的人物，也曾是以弗所教會的主教。他大有可能便是腓利門書中的那一位奴隸。[10]

31.2 | 教會的建立

如上文所言，在保羅第二次宣教回程時，只短暫逗留此地作福音工作。他留下亞居拉及百基拉作跟進後便離開，但那時保羅已有表示：神若許我，我還要回到你們這裏（徒十八21），表明了他甚願再訪此地，因為此地的需要極大。

保羅離開後，初期教會著名的傳道人亞波羅亦到過此地（徒十八24），並與猶太人辯證福音，後因百基拉等二人的幫助，對福音真理有進一步的認識，之後便離開往哥林多去。直到保羅的第三次宣教，保羅等人才能長時間留在此地。如是者，以弗所便成為芸芸眾多宣教工場中，保羅及其同寅逗留時間最長的一個。

保羅先帶領受施洗約翰洗禮的門徒信主受洗，然後又再到會堂與猶太人論戰約三個月。後被猶太人毀謗，他便轉戰推喇奴學房凡兩年（徒十九8～10），如是者在此地工作約有三年之久（見徒二十31）。在這段悠長的歲月裏，以以弗所為基地，他本人及同工都向周邊的城鎮傳福音，叫一切住在亞細亞的，無論是猶太人，是希臘人，都聽見主的道（徒十九10）。

既然以弗所是一極度迷信的城市，保羅在此地工作時，一定曾與這裏的邪惡勢力對峙。使徒行傳十九章18至20節表明有不少行邪術者信了主，把有關的書卷當眾焚燒，公開地宣示要與之切斷關係，好作正邪對決。總的來說，在屬靈的戰線上，保羅是勝方，盡顯福音的大能。

後來保羅離開了以弗所，繼續他第三次宣教的行程。在回程時，他本可經過以弗所，但他很想早點回耶路撒冷守五旬節，惟有過門而不入（留意徒二十16，再加上身上懷著巨款，要回耶路撒冷賑災）。不過，他還是念念不忘教會，便在以弗所南面的米利都稍作停留，邀請以弗所教會的長老們前來一聚，勸勉他們一番，順便向他們道別，可說是離別依依（徒二十17～38）。由此可見，保羅與以弗所教會的關係是密切的。

畢竟，新約的書信有很多卷都與以弗所有關，除了以弗所書外，還有約翰的書信及啟示錄中致七教會的信（首封信便是給以弗所教會的；見啟二1）。可見當時福音工作的核心，已由耶路撒冷及安提阿轉移到以弗所。

31.3 ｜ 信內主題

由於此信是傳閱於眾教會的，故信內難以鎖定哪段經文是有針對性的。端此，要了解這封信的套路，更合宜的做法便是以信中的思路為主導，察看其展現的主題，好叫我們能掌握全書的神學思想。

31.3.1 ｜ 讚美三一神

信首語（弗一1～2）後，便進入讚美三一神的部分（弗一3～14）。一如上文所言，這裏原文是一悠長的句子，由一句主句和眾多子句組成，措辭優雅，結構工整，說盡父神對神子民的計劃之一應俱全，更是算無遺策；又高舉三一神的作為。在此，我們不排除保羅在此援引了一首廣泛流傳於教會的歌頌三一神讚美詩。

這段讚美詩大致可分為三個段落：

（1）弗一 3～6a：父神在創世以先，在基督裏揀選了神的子民，預定其得著神兒子的名分。實在是父神的大愛和恩典所使然；祂是配得榮耀讚美的。

（2）弗一 6b ～12：父神藉著祂愛子耶穌基督，按著祂的預定，按著預期來到世間，從而成就救贖，神的子民也因而得了基業，足見父神悉心的安排；祂是配得榮耀和頌讚的。

（3）弗一 13～14：父神藉著基督所成就的救恩，信息（即真理的道）被傳到神子民那裏，神子民從而相信，然後領受聖靈，是為將來全人得贖、承受基業的憑據。這些好處全都來自父神，好叫祂的榮耀得著稱讚（弗一 14）。

留意以上三一頌的經段，展現了父神是計劃者，愛子是計劃執行者，聖靈是把計劃實現在神子民身上者。雖然三段各有重點，但卻有一共通性，便是讚美全歸父神（弗一 6、12、14）；此段之後是一感恩辭（弗一 15～23）。

31.3.2｜救恩的功效

上文提到了父神如何藉著愛子成就救恩，又藉著聖靈，把救恩的果效應用及實現在神子民的身上，接下來，保羅詳細地闡述救恩為受書人所達成的功效，共有七項：

功效一（弗一 20～23）：救恩顯出基督是萬有及教會的主。基督從死裏復活，使祂成為宇宙萬物之首（弗一 22）。再者，教會是他的身體（弗一23）；這裏是以人體為喻，表明基督有如人體的頭，教會是身體，故要聽命於祂。換言之，基督同時是萬物的元首，也是教會的元首。祂是萬王之王，萬主之主；祂堪稱宇宙最強。

功效二（弗二1～22）：救恩是本乎恩，也因著信。作為神子民的受書人，本是外邦人，過著放縱的生活，因為聽見福音的真道，從而相信，生命起了變化，人生得以改寫：這樣，你們不再作外人和客旅，是與聖徒同國，是神家裏的人了（弗二19），這一切都本乎神的恩典，藉著基督得以達成（弗二8～10）。

繼而，保羅以聖殿來作比喻，表明受書人便是這屬神的聖殿：你們也靠他同被建造，成為神藉著聖靈居住的所在。（弗二22）以色列人的聖殿有施恩座，代表著神的同在；受書人卻有聖靈內住，這便是神同在的明證。

功效三（弗三1～6）：救恩的奧祕，便是外邦人也可成為神的子民，承受應許的基業。這奧祕在以前的世代沒有叫人知道……就是外邦人在基督耶穌裏，藉著福音，得以同為後嗣，同為一體，同蒙應許。（弗三5～6）

功效四（弗三7～13）：救恩促使保羅成為外邦人的使徒。我作了這福音的執事，是照神的恩賜……我本來比眾聖徒中最小的還小，然而他還賜我這恩典，叫我把基督那測不透的豐富傳給外邦人……（弗三7～8）這裏保羅說明了他如何專注於傳福音給外邦人，以致受書人因而蒙恩，又將他因而被囚的原因

（見弗三1，四1，六20）清楚道來，目的是要受書人不會因他的被囚而擔憂，甚至喪膽（弗三13）。

保羅以一充滿讚美的禱文作為這小段及以上三章經文的結語（弗三14～21）。他在寫羅馬書時也做過這樣的事（見羅十一33～36），一方面是因為他深切地領悟神的大愛、奇妙和偉大，另一方是要提醒受書人，他們得著救恩，全是神的作為，實在寶貴。在此，他力勸受書人：叫你們心裏的力量剛強起來，使基督因你們的信，住在你們心裏，叫你們的愛心有根有基。（弗三16～17）

以上三章主要是教義性的教導；而四至六章主要是生活性的教導。

功效五（弗四1～16）：教會神學——合一與恩賜。既然受書人是蒙恩的人，那麼，行事為人就當與蒙召的恩相稱（弗四1）。受書人既然是神家裏的人，這家的觀念就是合一：身體只有一個，聖靈只有一個，正如你們蒙召同有一個指望。一主，一信，一洗，一神……（弗四4～6）正因此故，受書人務要謙和相處，竭力保守聖靈所賜合而為一的心（弗四3）。

然而，教會也是多元的，合一及多元二者並存。以弗所書四章7至16節言及主所賜的恩賜和職事的多元化：他所賜的，有使徒，有先知，有傳福音的，有牧師和教師（弗四11），此言展示了合一中的不同屬靈現象，目的是要透過恩賜的配合，各人各司其職，恰如其分地合作起來，好像人身體中的肢體，只要合作順暢，相愛相攜，教會自能健康地成長，便叫身體漸漸增長，在愛中建立自己（弗四16）。

在結束這一段時，保羅力勸受書人要學習基督（弗四20），每天過著去舊立新，心意更新，即脫去舊人，穿上新人的新生活（弗四22～24）。

功效六（弗五1～20）：教會神學——聖徒身分的特徵。信了主的受書人，既是神的子民，他們的身分便是：（1）蒙慈愛的兒女（弗五1）；（2）光明之子（弗五8）。因此，受書人務必要靠著聖靈（即被聖靈充滿，弗五18），不論在聚會時，還是在家中，都要過著合乎以上身分的生活，這才是智者的所為（弗五15）。

保羅在這裏的「家庭規章」（弗五1～六10），教導受書人如何處理家中事務，即如何處人處事，教導趨於細緻。其重中之重，便是當存敬畏基督的心，彼此順服（弗五21）。相比歌羅西書的「家庭規章」，以弗所書的規章內容是更詳細的。

功效七（弗六10～17）：教會神學——個別信徒的裝備。由於保羅被囚禁，周邊不乏有兵丁看守，於是他就地取材，以士兵的裝束為喻，教導信徒們要穿起整全的軍裝，作好準備，好打那美好的仗。

這是一場屬靈的戰爭，敵人是魔鬼，正是大敵當前，絕對不能掉以輕心（弗六10～17）；在此，保羅發施號令：你們要靠著主，倚賴他的大能大力作剛強的人。要穿戴神所賜的全副軍裝，就能抵擋魔鬼的詭計。因我們並不是與屬血氣的爭戰，乃是與……天空屬靈氣的惡魔爭戰。（弗六10～12）要靠和要穿戴原文都是命令語調，在在表明事態急切，受書人必須秣馬厲兵，立即採取應對行動。

整體而論，保羅的教導，不論是神學性還是生活性，都是以基督為中心的。保羅以在世的基督之所是（being）、所行（doing）為基礎，從而作出闡釋及應用。總結而言，以弗所書看似是一傳閱於眾教會的講章，多於一封書函；[11] 其宣講及教導性特強。

| 末了的話 |

共同目標的重要

保羅在獄中寫下以弗所書，在結束時，他發出了重要的命令：要穿戴神所賜的全副軍裝，就能抵擋魔鬼的詭計。（弗六 11）

受書人要穿起全副軍裝，準備打仗。此比喻表明了信徒要爭戰，所打的是屬靈戰，要認清敵人，敵我要分明，絕不能掉以輕心。

保羅的靈感大概來自看守著他的御營全軍（腓一13）。另一個重要原因，便是保羅深知道教會的公敵是魔鬼（見弗六 11），牠詭計多端，真的是防不勝防。為今之計，便是保持清醒，常存危機感。認清楚共同敵人，神的子民便能同仇敵愾，集結力量，與之抗衡。

有一次約見了一位教會領袖，飯局好談話，我們邊談邊享受美食。我們談到教會的問題，他表示如今教會問題多多，主要是因為我們失去了共同敵人。

他舉例說，他所服事的教會，前些日子眾人都很同心，因為有一公敵出現，這公敵帶來教會很大的衝擊，卻使眾領袖集結在一起，共同抗敵，顯得非常同心。然而，如今公敵消失了，同心也沒有了。換言之，共同目標失去，人心便散亂，反而難以合作。

他一言驚醒我這夢中人。同仇敵愾是重要的，一旦沒有了，心靈便真空，人事問題便來了。

有一位前輩很注重宣教，他認為教會有宣教異象是好的，因為這能成為大家的共同目標，如是者，人事反變得簡單了。這位前輩便是已故的鄭果牧師。按此了解，同仇敵愾產生了共同目標，推動宣教亦然。

如此看來，如果教會沒有異象，必然落入心靈真空，魔鬼便藉著人性的軟弱，例如人事問題等來纏著教會。由於人事問題是人類的共同問題，所以，大部分教會都有這問題，甚至成為困局，無法掙脫。端此，異象、目標、方向，是解決人事問題的重要命門。

| 靈思小品 |

禱告的迷思

靠著聖靈，隨時多方禱告祈求；並要在此警醒不倦，為眾聖徒祈求，也為我祈求，使我得著口才，能以放膽開口講明福音的奧祕……（弗六 18～19）

保羅書信的信末語，常要求受書人為他禱告。除了他本人會為受書人禱告外，他也需要對方的代禱（見羅十五 30～32；腓一 19；帖前五 25），如此便構成了禱告的互動，藉著禱告，他與受書人不單能聯絡感情，促進聖徒的相通，更能構建一禱告守護網。

禱告的重要，是基於耶穌快將離開門徒時的教導。祂應許門徒大可放心，因為祂的離去，是要成就救恩。祂要成為父神與門徒之間的中保。從此以後，只要門徒奉祂的名禱告，父神必然垂聽，門徒便能如願以償，活得舒坦。且看祂的應許：向來你們沒有奉我的名求甚麼，如今你們求，就必得著，叫你們的喜樂可以滿足。（約十六 24）

也許，有人會如此問：「如果神安排我們的人生在先，我們的禱告在後，在時間上是有先後次序的。這樣看來，問題便來了：我們的一生既然早有安排，活在當下的我們又如何能藉著禱告扭轉世情，改變萬事，改寫人生？」說到底，我們其實不能改變神預先所安排好的東西，如此看來，禱告又有何用？

當然，不少人會有此解釋：其實，禱告旨在操練我們的信心和恆心。當我們進入禱告時，我們學習要成為一個倚靠神的人。於是，在禱告後，我們因著信靠神，心靈也釋然了，困擾著我們的人及事都變得雲淡風輕。所以，禱告的重點不在於改變外界的事物，而是在於改變我們自己。

誠然，以上所言甚是。多少時候，問題的焦點不在於看來惡劣的外間環境，而在於當局者迷的禱告者。

又有人解釋，我們要學像客西馬尼園中的耶穌。祂的禱告是按著父神的旨意禱告（太二十六36～39）。這樣的禱告自然是與父神預先訂定的美意吻合。無怪乎聖經對於禱告的教導，是要按著父神的旨意禱求（約壹五14～15）。

誠然，以上所言不無道理。客西馬尼園的禱告也成為我們禱告的範式。藉著禱告，我們學習信靠順服神，儼然是一項不可或缺的屬靈操練。

其實，禱告蒙答允的應許可以這樣理解：神是無所不知的，在預早安排我們的人生時，祂也早已知道我們會向祂祈求。因著愛子耶穌基督已成為神與人之間的中保（來九 15；提前二 5），我們的禱告因而可直達父神的寶座前。父神也極愛世人，尤其是祂的子民。父神聽取了我們的禱告祈求後，才決定如何安排我們的一生。

換言之，父神把祂預先所安排好的，和我們後來所祈求的融會而成定案，實現在我們的生命裏。父神確實聽了我們的禱告。我們的一生，便是在天父那大能和全是恩典的定案下，藉著禱告，活得精彩和幸福。

反省

禱告，是我們的救主為我們爭取得來的屬靈權利，當神的子民進入禱告中，復活主應許祂必與我們同在（太十八 19～20），我們的心靈因而大大振奮和得以提升。我們在禱告時，心中懷著感恩之情，於是就經常向父神發出讚美和感謝。端此，主禱文的首三項，即為神的國度禱求，便是要教導我們，要先求祂的國和祂的義，繼而的後三項，才為自己的需要祈求（太六 9～13）。

禱告能操練我們的信心，是讓我們經歷主的同在，體驗父神大能的載體。禱告，是我們與神聯上的屬靈紐帶。讓我們倒空自己，進入自己的心靈深處，與內住於我們心裏、卻無所不在的主相交。

禱告所生的力量大得難以估計（見可十一 23～

24），因為背後是造物主那莫大能力的釋放，是祂神性威榮的彰顯。

禱告

無所不能的主，求祢讓我藉著禱告，學習信心的功課，從中體驗祢的慈愛、恩惠、信實和大能。

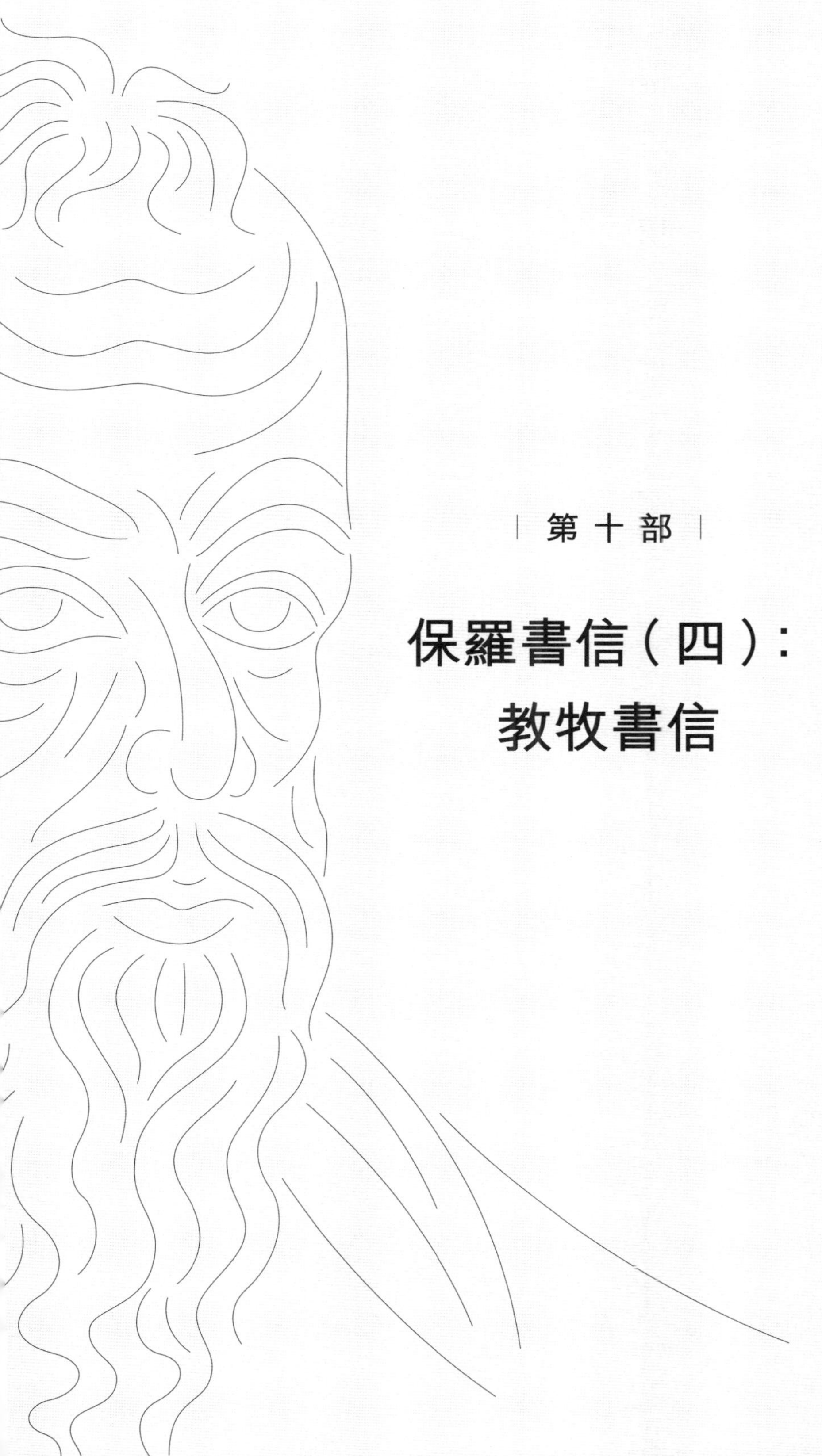

第十部

保羅書信（四）：教牧書信

32 教牧書信（一）：假教師的迷惑[1]

32.1 教牧書信導論

最後要討論的，是保羅十三封書信中餘下的三封書函，這些書函看來是寫給個人的，就是提摩太前書、提摩太後書及提多書。

保羅的其他書信，大多以教會為受書人，[2]這三封信卻是給正在領導教會的提摩太及提多，他們都是保羅的同工，書信內容多有涉及教會的領導、會務的處理等，故被統稱為教牧書信。[3]

留意在信末的問安語中，保羅採用了「你們」（提前六 21；多三 15），而非單指著受書人而言，看來保羅期望他的信會在教會聚會時公開地宣讀，足見其性質並不是私人書函。

在研判教牧書信的作者時，學者們面對三大棘手的問題：

其一，按使徒行傳的記述，保羅最後被囚於羅馬凡兩年（徒二十八 30～31），而按先前保羅的三次宣教旅程來看，這三封信比較難以確認保羅執筆的時與地。[4] 由於提摩太後書看來是一封遺書（見提後四 6～8），曾有人按哥林多後書一章 8 節所言，認為保羅在亞細亞（即以弗所）事奉時，甚至連活命的指望都絕了此言所映現的困境，便是寫提摩太後書的氛圍。按此了解，提摩太後書是寫於第三次宣教時的以弗所工場。

不過，這也只是推測。事實上，哥林多後書所言的，大有可能是指使徒行傳十九章 24 至 41 節所發生的騷亂而已。再者，其他兩卷教牧書信寫作氛圍的問題仍待解決。

其二，這些書信的文筆及寫作風格迥異於保羅的其他作品。最明顯的是，一些重要的教義，如因信稱義及末世神學等，都沒有出現於此。當然，以上的差異，並不足以證明作者便不是保羅。也許，隨著時間的流轉，保羅的經歷多了，視野不同了（尤其在拉丁文化的西班牙事奉過後，必然有所改變），寫作風格自然有所變化。

再者，正如上文所言，保羅可能採用了不同的代筆人，在寫作時，他容許代筆人有更多空間發揮個人的書寫作風，加上他針對著受書人所牧養的教會所出現的獨有問題，信內的主題自然有所不同，採取的詞彙也獨特。總的來說，多個因素疊加在一起，構成了教牧書信寫作風格的不同。

其三，有學者指出，教牧書信的內容反映著一較為成熟的教會內部結構，這種格局，理應不會出現在保羅的生平中，故這可能是一後期的仿作。不過，仔細考量所謂較成熟的教會體制，如選監督(提前三1～7)、長老和執事(提前三8～13；多一5～11)、寡婦報名上冊(提前五4～6)等，並不一定反映此乃後期教會的體制。反而，內容只是反映受書人：即提摩太和提多，是極需要保羅作出細緻的指示，以能妥善地解決教會的問題。[5] 至於教會寡婦需要照顧的問題早於使徒行傳六章1至6節已出現過。保羅寫教牧書信時，已相隔二十多年，其發展出一套較有條理的處理方案，也是順理成章的事。

整體而言，傳統指保羅被囚於羅馬約兩年後，他真的如願去了西班牙事奉(參羅十五23、28)，[6] 在再度入獄及殉道前重訪以前的宣教工場，[7] 途中安排了提摩太在以弗所牧會(提前一3)，提多在克里特事奉(多一5)，這便是教牧書信內所反映的情況。稍後，保羅得知二人在牧會時所遇到的問題，便寫下信函作出指示。然後不幸再度入獄，寫下遺作提摩太後書，最終在尼祿王的暴政下殉道。[8]

32.2 | 主題：假教師

教牧書信內所映現的主題，大部分都可見於當代教會的傳統中。尤其是侵襲著各地教會的假教師，散佈著使信眾迷惘的異端，這個主題早已出現於保羅的其他作品中(如加拉太書、歌羅西書、哥林多後書等）。

32.2.1｜對付假教師

如上文所指，當代盛行雲遊四海、良莠不齊的自由傳道者，如果教會不設防，不良分子便會有機可乘，進入信徒家中進行遊說，影響所及，不單是家中的人，還有在家中聚會的教會，後果嚴重。

我們推想，影響著受書人提摩太和提多所牧養羣體的假教師們，大概是外來的，他們影響了某些信徒，在教會內散佈歪理，構成了一星火燎原的態勢，教會必須即時作出管控。

32.2.2｜品德的問題

保羅形容假教師心術不正，他們以敬虔為得利的門路（提前六5），誠然是宗教騙子，還自高自大，氣焰逼人，更大放厥詞，其實是無知之輩（提前六3～4）。

為了謀利，假教師們大有可能投其所好，譁眾取寵，滿足人的慾望（提後四3～4），其中如克里特人的又惡又懶（多一11～12），大概便是這些假教師的歪理所促成的生活模式。

總之，假教師本人並非敬虔之徒。他們所傳的終必使人偏離真道，換來不思進取的態度，活在所謂的安舒區裏，務求自我感覺良好，其實是有如鴕鳥埋首於土堆，終必成鍋上水煮蛙，後果堪虞。

32.2.3｜思想體系

書信反映假教師似乎在傳一種猶太教及外邦希哲思想的混合信仰。[9] 前者必受有猶太背景的信徒歡迎；後者卻更迎合外邦信徒的口味。此特性與歌羅西書所反映的異端相似。無論如何，保羅統稱他們為：魔鬼的使者、假冒為善者、埋沒天良者。他們所散播的，是邪靈鬼魔的歪理（提前四 1～2）。

受書人提摩太和提多作為教會的牧者、神子民的守護者，絕對不能將就假教師等人，務必揭開他們虛假的面譜，暴露他們邪惡的原貌。

假道理中有猶太教的元素，例如崇尚家譜（提前一 4；多三 9）、酷愛律法（提前一 8；多三 9）、虔守割禮（多一 10），意思是如果人有純正的家譜，並虔守律法等，其在神國的地位便得著保證。

尤有甚者，希哲斯多亞學說的極端說法，便是人要過禁慾的生活，例如不嫁娶而守獨身、禁戒食物（提前四 3），藉此壓制食慾和性慾，這便等同於得救了。也因此故，將來人的身體復活此教義便顯得不重要了，因為人可以在今生中已體現全然得救。保羅更呼名道姓地直指推崇此錯誤說法的有三人：亞歷山大、許米乃和腓理徒（提前一 20；提後二 17）。

假教師們強調要獲取特殊的知識，才能提升靈命。這一點，與諾斯底學說相似。諾斯底（gnostic）一辭的意思，便是知識，故又稱為靈智派。然而，保羅卻表示，他們自命認識神，但行事卻和他相背（多一16）。所謂的知識，只是在抬舉猶太人所重視的家譜，是毫無新意的，實乃荒謬無憑的話（提前一4），是虛妄之言，胡說八道，純屬世俗的空談而已（提前六20），只會使人爭論不休。因此，保羅於提摩太前書二章8節表示，男信徒要學習多多禱告，不要作無謂的爭論，逞口舌之勇。

至於女信徒方面的問題則較為複雜。由於當代是一父系社會，婦女地位低微，不少婦女都活在不利的環境中，心中的不快難以排遣。如今基督教來了，其教理主張在救恩裏男女是平等的（加三26～29；又彼前三7）。因此，有些活在不滿環境中的信主婦女，希望能藉著信仰得著解脫。我們推想，這些假教師便乘虛而入，誤導這羣婦女。他們指出，因著亞當犯了罪，全人類才陷在罪裏，因此，婦女必須起來，把教會的管理權從男人手上奪過來。

從提摩太前書二章9至15節所見，在教會聚會時，這些婦女都打扮得極其出眾，可說是爭妍鬥麗，務求引人注目，顯示其高雅的身分。事實上，在上古，人的外表被看為評審全人的標準，由此可見，這羣婦人所作的，反映了當代人的想法和價值觀。然而，保羅卻指出，能有善心和善行，即人的品德是更為重要的（提前二10）。

在此，保羅進一步表明：*女人要沉靜學道，一味地順服*（提前二11），此言大有可能反映著在聚會講道時，女性以言語挑釁講者（大概是男性），處處顯出不滿的情緒。為此，保羅要求她們必須沉靜。留意哥林多前書十四章 34 至 35 節保羅更指出，婦女不宜在聚會中發言，因為這將混亂聚會，婦女如果要學習真道，應該在回家後問自己的丈夫。我們估計，保羅在這裏亦有此意。

再者，婦女還試圖成為真理教師，問鼎領導班子，看來她們並不希望讓男性獨領風騷，故保羅直言：我不許女人講道（原文是教導），也不許他轄管男人，只要沉靜。（提前二 12）

末了，保羅對亞當犯罪有此說法：誠然亞當犯了罪，使全人類都陷在罪裏，但按創世記所記，最先犯罪的不是亞當，而是他的妻子夏娃（創三 1～6）。亞當是被他的妻子煽惑才觸犯天條。其實，保羅無意貶低婦女，他只是針對性地以事論事，並且鼓勵女性，即使活在當代男權至上的社會風氣下，只要內在生命的信心和愛心有成長，並且持家有道，生兒育女，便能不受這些虛假教導所影響，以致在信仰上偏離真道，這便是然而，女人若常存信心、愛心，又聖潔自守，就必在生產上得救（提前二 15）的意思。[10]

無庸置喙，現今普世婦女的教育水平已大大提高，情況與保羅的年代已截然不同。端此，我們應視當時保羅的話為針對特定處境的教導。

| 靈思小品 |

演員的悲哀

有敬虔的外貌，卻背了敬虔的實意……（提後三 5）

如上文所言，提摩太所牧養的教會正受著假教師的影響，而保羅則用以上這句話一語道破了假教師的把戲。敬虔是指在信仰上活一個討神喜悅的生命，過著屬靈的生活。實意原文是能力，在此，假教師的問題是只有外表活得很敬虔。這敬虔的表現不是來自內在生命的屬靈能力，而是憑一己之力，活得看來敬虔。換言之，他們賣弄演技，企圖扮演真理教師的角色。他們扮得維肖維妙，卻只可算是不折不扣的宗教從業員。

喜劇演員羅賓．威廉斯（Robin Williams）從影四十年，獲獎無數，馳名國際。他扮演喜劇演員的角色絕對是頂級的。不過，二〇一四年他把自己反鎖在房間中，用皮帶上吊自殺了。後來記者為他寫傳記，才發現原來他患上認知障礙症，開始記不了台詞。所以，在拍攝最後一部電影時，他常常哭倒在幕後，心中很是痛苦。

在電影裏，他有一句台詞是：「笑一下吧，天亮了。」（Smile my boy, it's sunrise.）然而，他在說這句話時，可能心中在淌淚。他真是「對人歡笑背人垂淚」。

反省

在我們的教會裏，屬靈的口頭禪便是：「作基督徒要有好見證，好能榮神益人。」作為傳道者，其心態自然是：「既然是領袖，便要作信徒的榜樣，好好扮演傳道人的角色。」以上的要求，自然有其道理。強調要有好見證，要扮演好傳道人的角色，是我們傳統的價值觀。因為這等同於稱職，換來旁人的掌聲，台下螢光棒的舞動。

但問題是，如果信仰是可以扮演的話，則教會內便可能充滿著假冒為善的人，這正是上文保羅要防範假教師的真言：外表看來敬虔，只此而已。

坦白地說，表裏不一地活著，會令人極為迷惘和糾結。試想想，我們自知是在自欺欺人，心裏知道這是不妥當的，於是常常活在愧疚中，這種生活其實不好過。

然而，別人的讚許卻使我們自覺良好，令我們所扮演的一切漸漸成為常態。從此，我們的生活只為博取掌聲、虛有其表，並且愈走愈遠，難以自拔。

曾有信徒發出此問題：在家庭中我活一套，在教會裏我又活出另一套，在私生活裏又是一套。那麼，到底哪一個才是真正的我？

但願我們都活得表裏一致。惟有這樣，心靈才有真正的平安。惟有這樣，我們的生命才可以在重大考驗來到時站立得穩。

腰骨直了，人便不會傾斜；內在生命成長了，自然能活出對等的生命。這不是最好的嗎？

禱告

求主助我，活一個表裏一致的人生，因為這樣才能在活出基督樣式的同時，讓自己生命也有所成長。

33 教牧書信（二）：傳道人的成長

除了針對假教師的教導外，保羅亦一一教導教牧如何處理教會多元化，以及成員來自不同界別等的問題。[1]

33.1 領導層

其實，要防範假教師的衝擊，嚴守著領導層是極其重要的。意思是，絕不能容讓假教師們魚目混珠，走入領導班子裏。所以，我們相信教牧書信所指示的，如選舉監督、長老、執事等職事，也是為了防範假教師。明顯的是，在所臚列的條件中，絕大部分都針對著人的品德，多於其才幹和恩賜。其中如細察其家庭的狀況（如兒女的品行及是否奉行一夫一妻制等，見提前三 2、4、12；多一 6）、教外的名聲（提前三 7）、信主年日有多久（提前三 6）等，都是以客觀條件作為審核標準的。

33.2 多元化牧養

書信內亦有教導如何牧養不同的年齡層：不可嚴責老年人，只要勸他如同父親；勸少年人如同弟兄……（提前五1～2；又多二1～8）；至於流行於當代的奴隸制度，保羅亦有觸及（提前六1～2；多二9～10）。換言之，教會是神的家，與各類信徒相處，就好像對待家中的親人一樣。

其他的事項，包括如何安頓教會中的寡婦（提前五3～16）、如何善待領導教會的長老（提前五17～22）、有錢人如何妥善處理財富（提前六17～19）、信徒對政權應採取怎樣的態度、信徒之間應如何相待等（提前二1～2；多三1～2），都是保羅所關注的。

總的來説，保羅作為牧者中的牧者，在牧養羣羊的教導上，是細緻和切合時宜的。

33.3 傳道人的成長

不論是對付假教師的衝擊，又或者恰如其分地作教會的牧者，傳道人本身的成長才是重中之重。所以，書信內對受書人生命成長的教導，可説是星羅棋布的。

33.3.1 | 認識神

首先,作為傳道者必須對所傳的道,即基督耶穌的其人其事有深度的認識,才能作無愧的工人,按著正意分解真理的道(提後二15)。

教牧書信內不乏關於三位一體的神的教導,目的明顯是要受書人因而更認識他們所信和事奉的神。作者表明父神是宇宙的最高者,祂是創造主,並且是叫萬物生活的神(提前六13)。意思是沒有祂,萬物都不存在,也不能活下去,故祂是萬王之王、萬主之主,就是那獨一不死(提前六15~16)的。再者,父神是救恩的策劃者,這是因為祂是大有恩慈的神,不願意一人沉淪,惟願萬人得救(提前二4)。在此,保羅於提多書三章5節有言:他便救了我們;並不是因我們自己所行的義,乃是照他的憐憫……

因著神的慈悲憐憫,祂差遣了耶穌基督,降世為人,作萬人的贖價(提前二6)。凡信靠主的,藉著重生的洗,即通過洗禮,表示自己願意與主聯合,從而活一個新的生命(見羅六3~8);再加上聖靈的更新(即內在生命因聖靈而更新了;見多三5~6),便構成了一個內外配合的屬靈格局,信徒得以在成聖之路上馳騁向前。

再者,成就救恩之舉,實乃莫大的奧祕,甚至天使也嘖嘖稱奇,樂於察看,更樂見其成,一如保羅所引用流傳於當代教會的信仰宣言:

大哉，敬虔的奧祕，無人不以為然！就是神在肉身顯現，被聖靈稱義，被天使看見，被傳於外邦，被世人信服，被接在榮耀裏。（提前三 16）

被聖靈稱義是指聖靈使死了又埋葬了的耶穌基督走出死亡，復活過來，在在證明祂是義者。意思是，彼拉多判處基督耶穌釘十字架，其實是一錯判，因祂本是無罪的。然而，祂並不枉死，因為此舉反而成就救恩，其結果是「驚天動地」的，驚天是指天使也被撼動，動地是指普世人類，包括外邦人等，都因著信奉基督而蒙恩得救。[2]

當然，救恩的焦點是復活主的升天得榮，回到祂本是神兒子、活在榮耀裏的本位。祂復活和復位了。

如今，這位復活主，是神與人之間惟一的中保：因為只有一位神，在神和人中間，只有一位中保，乃是降世為人的基督耶穌。（提前二 5）祂的降世，為要拯救罪人（提前一 15）。保羅此言是要表明，假教師的救恩論是錯誤的，人的得救不在乎罪人能作些甚麼（如守律法和禁慾等）。再者，從知識看，人的得救只需要認識這降世為人的耶穌基督，其他所謂的特殊知識是不需要的。

在應用時，保羅指出神是厚賜百物的（提前六 17），人所擁有的財富，實乃神所恩賜的，人不應擁財自重，反而要倚靠背後施恩的神（提前六 9～10、17）。至於食物，更沒有潔與不潔之分，因為都是神所賜的，只要存感謝的心領受便可（提前四4）。

再者，這位降世為人的主曾向保羅本人顯現，保羅更蒙祂憐憫，奉召作外邦人的師傅，得主賜力，以完成使命（提前一12～17）。保羅的言下之意，是要提摩太反思自己的蒙召，他的蒙召同樣是出於主的恩情，實應珍而重之，盡己所能，成全傳道者的工作。他表明：你當竭力在神面前得蒙喜悅，作無愧的工人……（提後二15）務要傳道，無論得時不得時，總要專心……（提後四2）事奉人生總有起伏，世情乍晴乍雨，但傳道者的工作是無分晝夜，無懼風雨，乘風破浪，全力以赴的。而且，所傳的道必須是按著在世耶穌的教導，像保羅昔日把福音傳承給提摩太那樣，竭力持守著真理，在此，保羅表明：

> 從前所交託你的善道，你要靠著那住在我們裏面的聖靈牢牢地守著。（提後一14）

留意這裏提及到聖靈。聖靈的工作不單是賜下屬靈恩賜給傳道者，祂還不斷地啟示說話，故保羅有言：

> 聖靈明說，在後來的時候，必有人離棄真道，聽從那引誘人的邪靈和鬼魔的道理。（提前四1）

再者，聖靈亦參與了啟示聖經：聖經都是神所默示的（提後三16）。聖經原文是「所有的經卷」，[3] 故是指舊約聖經中的每一經卷（《呂譯》作「每一經典」）；神所默示一辭原文是「神吹氣」，[4] 此措辭大有可能是指神藉著聖靈工作，故這一句可譯作：「所有經卷都是神的靈之感動」，強調了舊約聖經有無上的權威。從小受聖經薰陶的提摩太還要繼續研讀之，好得著全方位的裝備，這便是叫屬神的人得以完全，預備行各樣的善事（提後三17）的意涵。

端此，提摩太務必留心聽取內住聖靈的感動，及勤讀聖靈默示的聖經，好感悟屬靈的真理，使生命得以成長，並且能精準地傳揚真理，以抗衡傳虛妄之言的假教師（見提前一6）。

繼而，提摩太後書一章7節的一句不是膽怯的心，乃是剛強、仁愛、謹守的心，原文的心，其實是靈，可指提摩太的心靈，或指聖靈。按上文提到保羅為提摩太進行按手之禮來看（又參提前四14），這裏指聖靈的可能性較大。意即藉著按手，提摩太領受了聖靈。可見聖靈是賦予傳道者能力的一位。[5] 從今以後，提摩太不再依靠自己，乃靠聖靈行事。

畢竟，主必再來；顯現（*epiphaneia*）一辭常出現於教牧書信中，[6] 主要用作形容基督耶穌前後兩次的來到世間。

第一次是祂降世為人，即在肉身顯現，成就救恩之時（見提前三16）。第二次是指祂的再來：從此以後，有公義的冠冕為我存留，就是按著公義審判的主到了那日要賜給我的；不但賜給我，也賜給凡愛慕他顯現的人。（提後四8）這裏的顯現，是指當主再來時，會是一人人可見、大有威榮的強勢回歸。

顯現，強調了那位至高無上的神，竟然主動地向微小的被造之物人類現身，從而打開了人能夠與神接觸的命門，這是一奧祕，更是莫大的恩典。與此同時，因著內住的聖靈，信主的人自知已得著後嗣的身分，心裏常存永生的盼望（見多三7），故保羅心中殷切，等候主的再度顯現，被祂帶進永遠的榮耀裏，永活在天家，這不單是保羅本人的終極盼望，也是提摩太及所有愛慕他顯現者的終極關懷。

33.3.2｜操練自己

雖然作為信徒，前景是瑰麗的，不過，活在當下的提摩太及提多，卻不能因而掉以輕心。操練自己的屬靈生命是重要的：操練身體，益處還少；惟獨敬虔，凡事都有益處，因有今生和來生的應許。（提前四8）操練敬虔，是出於敬畏神的心，故傳道者當竭力在神面前得蒙喜悅（提後二15）。換言之，傳道者必須向召他們的恩主負責，討祂喜悅。其中的要項，便是要留意人性的軟弱，例如私慾的誘惑。故在消極上，提摩太要逃避少年的私慾，即常存危機感，提防私慾的煽惑，持棄惡擇善的心志。積極方面要同那清心禱告主的人追求公義、信德、仁愛、和平（提後二19～23）。

作為傳道者，不單要以真理教導別人，自己也要言行一致，好成為眾人的榜樣。保羅對提多的提醒是：你自己凡事要顯出善行的榜樣（多二7）；對提摩太的提醒是：不可叫人小看你年輕，總要在言語、行為、愛心、信心、清潔上，都作信徒的榜樣。（提前四12）當然，作榜樣不是靠著自己扮演傳道人的角色，而是靠著厚厚澆灌在我們身上的內住的聖靈（多三6）。

至於事奉，作為傳道者自然是以神話語的職事為首務，靠著主所厚賜的恩賜，傳道者專注於神話語的傳講，即要以宣讀、勸勉、教導為念（提前四13）。尤有進者，藉著精研神的道，傳道人自己成長了，受眾不單在聽道後生命成長，亦從傳道者生命的成長中得著激勵，從而有所成長，以達致生命影響生命（即門徒訓練），這便是使眾人看出你的長進來所蘊含的意義。

總的來說，傳道者的工作是艱巨的，人和事的問題也紛繁，絕對不易處理。傳道者惟一的套路，便是自己的生命不斷成長，心意不斷更新變化，這樣他對人的勸勉才有效，也敢於指責人的罪，更敢於接受挑戰，莫問艱辛、攻堅克難。靠著全能主，他矢志要完成福音的使命。

33.4 | 教牧書信的特色

最引人注目的，便是教牧書信內出現了一句：Faithful is the word；共五次之多。[7]《和合本》作：這話是可信的，或作有可信的話；在此句後，作者會引用流行於當代教會的至理名言。[8]

可信的即信實，意即因神是信實的，祂保證一切真理之言都必實現。[9]有時，這話是可信的呈現一擴充版本，如提摩太前書一章15節，附加以是十分可佩服的，旨在強化之後所引用的屬靈格言，顯出了作者的強力推薦。

這五次的用法臚列如下：

（1）提前一15：指出基督耶穌的先存性；強調了藉著祂，神介入人類歷史。

（2）提前三1：強調作屬靈領袖者必須羨慕善工，以排除不良的動機。

（3）提前四8～9：強調操練內在生命的敬虔，比起身體的操練更為重要。

（4）提後二11～13：四組平行條件句子強調了人必須認識主是信實的，從而仰望和倚靠祂。末了，保羅還加上一句：因為他不能背乎自己（提後二13）。[10]

（5）多三8：是回指前文4至7節，在其中三位一體的神都有出現；重生的洗可能是指洗禮；全句有可能是一首洗禮時教會所唱的詩歌。

這話是可信的此言的作用有二：

（1）明顯是要抗衡假教師的虛妄之言。反而，提摩太和提多要作出正確而可信的教導。

（2）這話是可信的作為一援引公式，反映了作者保羅博覽教會傳統的格言，並適當地應用於信內，以支持其論點，作修辭之用，盡見作為屬靈前輩的保羅是見多識廣的智者。

| 末了的話 |

薪酬之外

對於保羅來說，作主的工人，以報酬計是甚不理想的。然而，他還是竭盡所能，做到極致，因為這才是良牧的本色：

> 反倒在各樣的事上表明自己是神的用人，就如在許多的忍耐、患難、窮乏、困苦……無偽的愛心……似乎一無所有，卻是樣樣都有的。（林後六4～10）

在服事人的過程中，保羅學懂了在窮乏和困苦中常存忍耐，並且培育一份無偽的愛心。在一無所有中感應主的恩典夠用，其實是樣樣都有，幸福滿滿。

在職場上，不少人很會計算，他們會按著公司所給予的薪酬，承擔起他們認為符合這薪酬的工作量；又或者是按本子辦事。本子之外的，就是連一根指頭也不動。此情況尤其發生在那些薪津微薄、經常認為自己被公司壓榨的員工身上。

然而，作為有主生命的人，我們仍必須傾盡全力，把工作做到最好。原因有四：

（1）滿足工作的要求。
（2）為主作見證。
（3）讓自己學會忍耐、堅持、毅力和愛心等美好生命的氣質。
（4）學習靠著主逆境自強，凡事謝恩。

凡事斤斤計較的人，終將導致重大的損失，例如失去信譽。凡把工作做到極致者，絕對不是吃虧，因為他是為自己生命的素質不斷地增值，最終必聲譽超著，在工作單位中留下基督的身影。

34 教牧書信（三）：提摩太和提多

34.1 提摩太[1]

如果我們接受提摩太後書是保羅的遺言的話，則保羅必然是以提摩太為心腹，視他為知己，才把人生最後的一番話，言情寄意於給提摩太的信內。

按使徒行傳十六章1至2節所言，保羅是在第二次宣教時，在路司得徵召提摩太入伍。也許，提摩太土生土長於路司得。提摩太的母親是猶太人（徒十六1），而他的信仰根基是來自母親及外祖母（提後三14～15）。在此，我們的推想是，他母親從小就帶著提摩太在路司得的會堂中敬拜耶和華神，由於他父親是外邦人，我們亦有理由相信他父親可能也在會堂中敬拜神，卻沒有歸信猶太教，故被稱為素常是敬畏神的人（見徒十1～2、22）。

提摩太來自優良的信仰傳統，因他從小明白聖經（提後三15），即猶太人的三十九卷舊約聖經，信仰根基紮實（見提後三16～17）。後來遇到保羅，保羅常稱他為屬靈的兒子（林前四17；提前一2），大有可能是保羅帶他信主的（也許是在第一次宣教旅程中在路司得服事時）。自此，提摩太便伴隨著保羅，成為保羅的得力助手。這一點，可以從保羅書信信首語中，經常出現提摩太為共同寄信人得著證實（林後一1；腓一1；西一1；帖前一1；帖後一1）。

提摩太作為得力助手最明顯的地方，便是他成為保羅的信差，把保羅的書簡傳送給眾教會（見林前四17，十六10～11；又徒十九22）。

後來當保羅認為提摩太能獨當一面地事奉，他便為提摩太進行按手禮（提後一6），並留他在以弗所牧養教會（提前一3）。後來保羅再度入獄，知道釋放無望時，便寫信要求提摩太前來，好見他最後一面。保羅還把自己心中的所想所望，向提摩太指示一番（提後四11～13），情況有如父親傳承兒子，足見保羅與提摩太的深情，實非保羅的其他同工所能比擬。

最後，希伯來書十三章23節提及有一位提摩太，曾被下在監裏，終得著釋放。由於希伯來書是寫於後保羅時期，而如果所提及的提摩太，與保羅的助手提摩太是同一個人的話，則提摩太為信仰而付出代價，一如他的恩師，為傳道而成為階下囚，生命的見證絕不遜色。

話說回來，提摩太明顯是一性格比較柔弱的人，故保羅提醒他：因為神賜給我們，不是膽怯的心，乃是剛強、仁愛、謹守的心。（提後一 7）還有的是，提摩太的身體似乎也有點問題，以致保羅教導他：因你胃口不清，屢次患病，再不要照常喝水，可以稍微用點酒。（提前五 23）

總的來說，提摩太是一有血有肉的傳道人，他是保羅的門徒，盡得恩師的真傳。然而，他也有著個人的問題，需要恩師不斷地作出提醒和鼓勵。

34.2 | 提多 [2]

提多是保羅另一名得力助手。然而，路加的使徒行傳對他竟然隻字不提，情況有點特殊，要解釋這現象並不容易。按初步看，也許提多為人極為低調，未能引起路加的注意；若是如此，提多真的是潛龍在淵，好一個沉實的好同工。

提多是一外邦人（見加二 3），大概是在保羅早年的宣教中，因著保羅的導引而信主，故保羅稱呼他為照著我們共信之道作我真兒子的（多一 4）。從保羅所寫的書信中（尤其是哥林多後書），他是在第二次宣教時帶著提多同行的。保羅盛讚提多是好同工，是主內的兄弟，與保羅一起勞苦工作（林後二 13，八 23）。事實上，當保羅與哥林多教會之間的衝突無法化解時，保羅派了提多（而不是提摩太）把他寫給教會那稱為「流淚的信」，送到哥林多教會那裏，結果情況得著改善，保羅和哥林多教會之間的齟齬大部分得著緩解。按此了解，大概是因著保羅所寫之信的情真意切，再加乘提多那高明的人際技巧，化解了保羅和教會之間的誤會，保羅也因而愁心變舒心，就如他在哥林多後書七章6節所明言的：但那安慰喪氣之人的神藉著提多來安慰了我們……

提多深得保羅信任，保羅更把克里特的福音工作交付他，並且安排特使，好承接提多的工作，提多便能抽身往尼哥坡里去與保羅相見，然後一起過冬（多三12）。

留意保羅言及提多正在撻馬太一帶地方事奉（提後四10），足見雖然保羅身在獄中，心中還是念掛著提多，更知道他的動向，和他保持聯絡。

｜末了的話｜
危中有機

保羅在他最後的一封書信中有曰：務要傳道，無論得時不得時，總要專心……（提後四2）務要傳道原文是要作傳道人的工作，語帶命令；得時即順境，不得時即逆境，專心即全神貫注，絕不分心。這是保羅留給提摩太的遺命，顯出了作為傳道者，其傳道的心態是不降其志、不辱其身、不分晝夜、不論時節的，儘管危難將至也不改這心志。

以上的遺命是保羅回望事奉人生的歸結之言，因為儘管世途凶險，然而，正是禍福難料、「危中有機」。

英國十九世紀中葉的名作家狄更斯（Charles Dickens）的名著《雙城記》（*A Tale of Two Cities*）其開場白的名言是：「那是一個最好的時代，那是一個最壞的時代，是一個智慧的年代，是一個愚昧的年代……一言蔽之，那年代就好像如今的日子……」

狄更斯所指的，有可能是法國大革命的年代。說到底，任何年代都可以是最好和最壞的，原因有二：

（1）正是有危亦有機，危機迫使人尋找出路，另覓方向；其可能是一個更好的方向。

（2）好與壞難以定義：因為有些人認為是壞的事，另有些人卻看為好。

史達克（Rodney Stark）的名著《基督教的崛起》（*The Rise of Christianity*）解釋何以在相信多神教的羅馬帝國中，基督教能脫穎而出。

他指出，公元二世紀中旬出現疫症，大有可能是天花，羅馬帝國四分一至三分一人死亡。再過約一百年，又出現麻疹，病死的人多得難以估計。在這橫行帝國、勢不可當的病菌狂襲下，人人自危，儘管有權有勢者亦難以倖免，就是凱撒亦因而染病而死亡。然而，基督教卻冒出頭來，信主者眾。究其因主要有四：

（1）基督徒適應危難的能力比常人都好。他們知道如何解釋苦難和勇敢地面對。在苦難中常存盼望，這一點，比起苦無對策的異教徒更為優勝，吸引多人信主。

（2）基督徒內在生命強大，在苦難中內心相對舒坦，這心理因素使他們勝過病魔的機率大大提升。

（3）基督徒的羣體以愛為本，高舉要守望相助，恩恤別人。此理念大大優勝於異教的自我保護思維。換言之，教會那相愛相攜的社交網絡變得極為吸引。[1]

（4）阻礙異教徒歸信基督教的重要障礙，便是異教徒之間所建立的網絡，但這些網絡未能經得起疫情狂襲的考驗，大都土崩瓦解，如是者，信主的障礙也因而被除，歸信基督教變得容易起來。

換言之，基督徒內在生命中的信、望和愛，使他們活得優秀。

如今普世疫情當道，面對新冠肺炎的狂襲，世界變得混亂，人心焦躁不安，看來這是一個壞的年代。然而，如果昔日羅馬帝國的嚴重疫情，反而造就了基督徒盡然發揮信仰的潛力量——愛的力量；我們亦然。

從這角度看，也許，這年代不是這麼壞，其也有好的地方，是一個見證信仰的良機。

| 靈思小品 |

如何讀經

……就如我們所親愛的兄弟保羅，照著所賜給他的智慧寫了信給你們……信中有些難明白的，那無學問、不堅固的人強解，如強解別的經書一樣，就自取沉淪。（彼後三 15～16）

以上的經文，顯明了當作者寫下這段經文時，保羅書信已廣泛地流傳，其屬靈權柄是和別的經書，即與舊約眾經卷看齊。

留意強解的意思，便是把自己的意思注入經文內。換言之，無學問的人（大概是指假教師們）的解經毛病，便是先認定結果，然後找來保羅所寫的經文霸凌地詮釋成自己早已設定的意思，胡亂解釋。這些人既無學問，更自以為是地肆意解釋保羅的作品，實在不堪。

在此，我們也要小心，不要犯上這類人的毛病，把自己的意思讀入經文內。我們必須留意自己的所思所想，尤其是一些執念，有沒有影響我們明白經文的原意。否則，我們便是先定好結果，然後找來經文證明自己的想法。

我們必須下定決心，容讓經文說所要說的話，才能明白聖經作者的本意，然後經思考後應用於當下。以下的方法，值得各人參考：

在研經之前，我們要先安靜心靈，不徐不疾，悠然自得，好能心無雜念。我們必須放棄速成的觀念，千萬不要急於進入經文內。這情況稱為 distancing（可譯作抽離）；即心思上，與經文保持一份距離。然後，才好好細讀經文，容讓心靈感悟經文的意思。

若遇到有不明白之處，便應查考一些有分量的參考書，以助釐清作者的用意，然後才好應用在自己身上。這份認真地投入讀經的態度，可稱為 engaging（可譯作參與）。

換言之，distancing is for engaging（抽離是為了參與）。說到底，在心靈上抽離，才能進入讀經中。在這情況下心靈上的相會交融，在聖靈（即真理的靈）的引導下，才能獲得真知識。從這步驟而得的屬靈知識和反省，才經得起嚴格的邏輯推敲。以上的過程，也大大減少我們把自己主觀的意思讀入經文內的危機。

其實，生活何嘗不是這樣？如果只是全然投入，不求抽離和獨處，我們很容易迷失於忙碌中，活在自己的小天地裏，成為井底之蛙。但如果有經常獨處的習慣，加以適度的抽離，如禱告、深思、離開經常生活的原地（如旅行、短宣），甚至藉著閱讀書籍、關心世事、觀賞有益的影視節目等，都能製造心靈上的抽離，之後再全然投入日常的生活中，便能成就了上文所言的 distancing is for engaging。心靈更新了，看事物也不同了，大有看懂世情、明白世局、增加自信之態勢。這樣才能活出更好的自己，不再慣性地被世事操弄，被困在生活的牢籠裏。

華人作家李思圓在她的近作《每一種優秀，都有一段靜默時光》一書中，如此形容獨處：「其實獨處，並不是一種逃避，它恰恰起到了一個過渡和調節的作用。因為人繃得太緊，就容易情緒失控。」[1]

在論及獨處的好處時，她續稱：「讓自己獨處，靜下來、沉下來、淡定下來，人生之路，或許就會變得更加遼闊。」[2]

總的來說，獨處能使人心靈敏銳起來，在對世上的人和事有新的領悟後，心靈因而煥然一新。

反省

如果我們真的尊重神的道，便必須以最佳的心理狀態讀經，存著溫柔的心，讓聖靈引導我們的心靈，感知神話語的教導。良好的心理狀態，使我們易於進入深度思考中。這樣，我們才能在閱讀聖經中有進一步的領悟，並且凝聚心力，把真理付諸行動。

此乃聽道後有力量行道(即知而後行)的王道。

總而言之，讀經不能急於求成。

禱告

求主除去我讀經要速成的心態，給予我毅力，學習抽離和參與之道，好叫我能真的明白神的話。

註釋

前言

1. " ... the people whom he had beaten, persecuted, and perhaps even killed weighed heavily on his heart." Verlyn D. Verbrugge and Keith R. Krell, *Paul and Money: A Biblical and Theological Analysis of the Apostle's Teachings and Practices* (Grand Rapids: Zondervan, 2015), 80.
2. Verbrugge and Krell, *Paul and Money*, 75～80.
3. " ... a man small in size, bald-headed, bandy-legged, of noble mien, with eye-brows meeting, rather hook-nosed, full of grace ... " Anonymous, " Acts of Paul and Thecla " in *The Writings of St. Paul*, ed. Wayne A. Meeks and John T. Fitzgerald (New York: W. W. Norton, 2007), 296.
4. 林海音：《城南舊事》(台北：爾雅，2021)，頁 34。

第 1 章

1. 張永信：《新約深度行：歷史及神學導論》(香港：宣道，2019)，頁 196。
2. 見 Eusebius, *Hist. Eeccl.* 3.36.2。
3. 詳參 James R. Edwards, *From Christ to Christianity: How the Jesus Movement Became the Church in Less Than a Century* (Grand Rapids: Baker, 2021), xxii。

4. " The seed of a movement planted in synagogues flowered in churches, " Edwards, *From Christ to Christianity*, xxii.
5. 估計在巴勒斯坦的猶太人約一百萬，散居各地的有四百萬之多；見 Rodney Stark, *The Rise of Christianity: How the Obscure, Marginal Jesus Movement Became the Dominant Religious Force in the Western World in a Few Centuries* (New York: HarperOne, 1997), 57。
6. 又參腓立比書一章 12 至 13 節。
7. Edwards, *From Christ to Christianity*, xxv.
8. Ben Witherington III, *The Paul Quest: The Renewed Search for the Jew of Tarsus* (Downers Grove: IVP, 1998), 304～327；又參 Robert L. Reymond, *Paul, Missionary Theologian: A Survey of His Missionary Labours and Theology* (Scotland: Christian Focus, 2000), 89 ～ 306。

靈思小品　福音的能力

1. *ISBE*, 3:738.

第 2 章

1. Klaus Haacker, " Paul's Life, " in James D. G. Dunn, ed., *The Cambridge Companion to St. Paul* (Cambridge: Cambridge University Press, 2003), 21.
2. " Paul was the first and perhaps the greatest Christian theologian, " Stanley E. Porter, *The Apostle Paul: His Life, Thought, and Letters* (Grand Rapids: Eerdmans, 2016), 5; James D. G. Dunn, *The Theology of Paul the Apostle* (Grand Rapids: Eerdmans, 1998), 2.
3. " ... significant impact of Paul's thought on the development of Western culture, " Nils Alstrup Dahl, *The Apostle Paul Guides the Early Church* (Eugene: Cascade Books, 2021), 2.
4. 見 Adolf Deissmann, *Paul: A Study in Social and Religious History* (New York: Harper, 1957), 6。
5. " One must recognize that Paul's letters and Acts are different in genre ... " Ben Witherington III, *The Acts of the Apostles: A Socio-Rhetorical Commentary* (Grand Rapids:

Eerdmans, 1998), 307.

6. 其中一個呈顯衝突的地方，便是書信中提及保羅在第三次旅程中為耶路撒冷教會的災情籌款，並且懷著款項上耶路撒冷（見羅十五 25、27～28；林前十六 1～3；林後七至八章等）。然而，使徒行傳卻沒有提及此事（見徒二十一 17～25）。不過，留意使徒行傳二十四章 17 節，當保羅向巡撫自辯時，他有此言：過了幾年，我帶著賙濟本國的捐項和供獻的物上去……此言明顯是指著他第三次宣教時的賑災善舉。可見所謂的矛盾並不存在。
7. 保羅是猶太人，來自大數即他是羅馬人，後來他成為基督徒；如是者，猶太人、羅馬人及基督徒組合成如今的保羅："The trinity of Paul's identity involves his Jewishness, his Roman citizenship and his Christianity," Witherington, *The Paul Quest*, 87。
8. 關於安提阿古大帝的勇力，見梁美心：《第二聖殿猶太教導論》（香港：天道，2018），頁 59～61 的簡介。
9. 早期教父有一說法，指保羅的先祖被龐培擄獲（公元 63 年），後因奴釋，得著公民權；見Rainer Riesner, *Paul's Early Period: Chronology, Mission Strategy, Theology* (Grand Rapids: Eerdmans, 1998), 151～153。
10. Cydnus River.
11. "... one of the most prominent places in Asia Minor." *EDB*, 1276.
12. 引自 Andrew W. Pitts, "Paul in Tarsus," in *Paul and Ancient Rhetoric: Theory and Practice in the Hellenistic Context*, ed. Stanley E. Porter and Bryan R. Dyer (Cambridge: Cambridge University Press, 2016), 44。
13. *ABD*, VI: 6; *EDB*, 1276.
14. *ISBE*, IV: 736.
15. Strabo, *Geog.* xiv.5.13.
16. "... went on to study elsewhere and frequently held educational and civil posts of importance throughout the empire," *ABD*, VI: 334.
17. Strabo, *Geog.* xiv.5.14.
18. F. F. Bruce, *Commentary on the Book of Acts: The English Text with Introduction, Exposition,*

and Notes (Grand Rapids: Eerdmans, 1976), 338.

19. 參 *ABD*, VI: 333, 334。
20. 見 W. C. van Unnik, *Tarsus or Jerusalem: The City of Paul's Youth*, trans. George Ogg (Leiden: Brill, 1973), 259～327。
21. Reymond, *Paul, Missionary Theologian*, 95.
22. 另一說法，便是保羅要到十三歲（甚至十五歲），才來到耶路撒冷，受教於迦瑪列；"... at the age of thirteen that Paul went to Jerusalem to continue his education ..." Porter, *The Apostle Paul*, 12～13.
23. "... through the offices of Herod the Great, Jerusalem had become a cosmopolitan and in some respects almost Hellenistic city ..." Witherington, *The Paul Quest*, 95.
24. "... it is possible that he received this (education in Greek culture) in Jerusalem," Porter, *The Apostle Paul*, 11.
25. Pliny, *Nat. hist.* vi.32.143.
26. 使徒行傳十八章 1 至 4 節表明保羅是以此為業。
27. 關於保羅何時學曉這行業有三種看法，見Pitts, "Paul in Tarsus," 52～53。
28. 留意使徒行傳二十章 34 節，保羅向以弗所教會的長老之告別語中的一句：我這兩隻手常供給我和同人的需用，這是你們自己知道的。兩隻手便是指織帳棚；你們自己知道的映現了保羅以織帳棚為生是人所共知的。
29. Pitts, "Paul in Tarsus," 55.
30. 參 John M. G. Barclay, "Paul Among Diaspora Jews: Anomaly or Apostate?" *JSNT* 60 (1995), 89～120。

第 3 章

1. H. I. Marrou, *A History of Education in Antiquity* (New York: Sheed & Ward, 1954), 194～200.
2. 迦瑪列的兒子於公元六十六年時，更啟動反羅馬政府的浪潮。
3. "most famous rabbi of the period," Dahl, *The Apostle Paul Guides the Early Church*, 3.
4. 希列生於公元前一一〇年，死於公元前一〇年；他的名句是：己所不欲，勿施於人；John B. Pohill, *Acts* (Nashville: Broadmans, 1992), 171.

5. 公元前一至二世紀，猶太領袖的言論，以希列留下來的教導最為豐富；*ABD*, V: 299.
6. 他成為當時法院的主席；Pohill, *Acts*, 171。
7. "Paul came from a devout family that belonged to the Pharisaic movement," Eckhard J. Schnabel, *Paul the Missionary: Realities, Strategies and Methods* (Downers Grove: IVP, 2008), 41.
8. 詳見 *ISBE*, 3:822～829。
9. 「……猶太羣體內已出現三個派別：法利賽人，撒都該人和愛色尼人……」梁美心：《第二聖殿猶太教導論》，頁 163。
10. 其他如 Rabbi Akiba 及 Rabbi Eliezer 等。
11. 在公元七〇年聖城及聖殿被毀後，法利賽人由拉比巴撒該（Yochanan ben Zakkai）帶動，在雅麥尼亞（Jamnia）一地建立一猶太教的中心，持續其教義；見 Herman C. Waetjen, *Matthew's Theology of Fulfillment, Its Universality and Its Ethnicity* (New York: T & T Clark, 2017), 1～2。
12. "... as a most prominent member of the Pharisees," F. B. A. Asiedu, *Paul and His Letters: Thinking with Josephus* (London: Fortress, 2020), 10.
13. Pohill, *Acts*, 171.
14. 引自 Witherington, *The Acts of the Apostles*, 233。
15. 「他兒子同樣是一位在第一世紀末名震遐邇的老師。」張永信：《使徒行傳（卷一）》（香港：天道，1999），頁 411。
16. "Simon ben Gamaliel is the prime mover ..." *ABD*, V: 292.
17. 所引用的歷史事件的真確性討論；見 Pohill, *Acts*, 171～173。
18. "... mostly as opponents of Jesus and his followers," *ABD*, V: 294.
19. 留意約瑟夫亦自稱是法利賽人；*ABD*, V: 295。
20. 見 Asiedu, *Paul and His Letters*, 19。
21. "... Paul would probably have succeeded Gamaliel the Elder as the leading Pharisee ..." Asiedu, *Paul and His Letters*, 11.

22. 信的內容參 Wayne A. Meeks and John T. Fitzgerald, eds., *The Writings of St. Paul* (New York: W.W. Norton, 2007), 149～154。

第 4 章

1. "... a new era in the history of salvation has been inaugurated." *ISBE*, IV: 616.
2. "... was later to be mirrored in Paul's own experience," *ISBE*, IV: 616.
3. "Stephen may indeed be viewed as the forerunner of Paul." *ISBE*, IV: 617.
4. David G. Peterson, *The Acts of the Apostles* (Grand Rapids: Eerdmans, 2009), 268.
5. "... suggests that he was already the acknowledged leader ..." Peterson, *The Acts of the Apostles*, 268.
6. 並且位列首位；Darrell L. Bock, *Acts* (Grand Rapids: Baker Academic 2007), 260。
7. *Libertinōn*.
8. 關於這類會堂存在的研究，見 Lee I. Levine, *The Ancient Synagogue: The First Thousand Years* (New Haven: Yale University Press, 2005), 47～48。
9. "Wisdom may have been especially necessary in dealing with the complexity of relationships ..." Peterson, *The Acts of the Apostles*, 233.
10. 他的事奉與使徒無異；"... acts that parallel the work of the apostles," Bock, *Acts*, 269.
11. "He is an eyewitness to the nature of the dispute between many Jews in Jerusalem and the new community," Bock, *Acts*, 314.
12. 留意使徒行傳二十二章 20 節，保羅在百姓面前自白時再提及此事：並且你的見證人司提反被害流血的時候，我也站在旁邊歡喜；又看守害死他之人的衣裳。由此可見，司提反的表現深印在保羅心中。

第 5 章

1. 見Yung Suk Kim, *How to Read Paul: A Brief Introduction to His Theology, Writings, and World* (Minneapolis: Fortress, 2021), 51～52。
2. 名叫"The Achievements of the Deified Augustus"，參 Kim, *How to Read Paul*,

52～53。

3. 見華倫・卡特：《羅馬帝國與新約聖經要點指南》，顧華德譯（新北市：聖經資源中心，2016），頁 168。
4. Richard S. Ascough, "What Kind of World Did Paul's Communities Live In?" in *The New Cambridge Companion to St. Paul*, ed. Bruce W. Longenecker (Cambridge: Cambridge University Press, 2020), 53.
5. 耶穌更常以筵席為喻，以教導天國的道理（如太二十二 2；路十四 13）；又如逾越節的晚餐，在其中設立主餐（路二十二 14～15）。
6. 華倫・卡特：《羅馬帝國與新約聖經要點指南》，頁 168；又 Justin J. Meggitt, *Paul, Poverty and Survival* (Edinburgh: T & T Clark, 1998), 50。
7. 以職業計，保羅是織帳棚者，屬這類別人士。
8. 張略：《雅各書註釋》（香港：基道，2008），頁 36；又參 Gildas H. Hamel, *Poverty and Charity in Roman Palestine, First Three Centuries C. E.* (Los Angeles: University of California Press, 1989)。
9. 這一點可能解釋了在耶穌所用的比喻中，財主沒有向天天在他門口討飯的拉撒路多加幫助，助他脫貧的原因（見路十六 19～21）。
10. 另一位便是住在腓立比，因保羅而信主的呂底亞（見徒十六 14～15、40）。
11. 當然也有例外的，如使徒行傳十七章 34 節表明有一雅典城亞略・巴古的官員名叫丟尼修，他信了主。
12. 引自 Stark, *The Rise of Christianity*, 131。
13. 即戲院，見徒十九 29、31。
14. Stark, *The Rise of Christianity*, 73.
15. 其他地方如在以弗所的推喇奴學房（見徒十九 9）。
16. 見上文有保羅背景的討論；他的原生家庭家境不俗，故他並非一窮二白之輩。

第 6 章

1. 總之，神明都不是全能的，他們只能管理某特定的範圍；John H. Walton, *Ancient Near Eastern Thought and the Old Testament: Introducing the Conceptual World of the*

Hebrew Bible (Grand Rapids: Baker, 2018), 61～70.

第 8 章

1. 有關在羅馬時代主人和奴僕的關係，見 David W. Pao, *Colossians and Philemon* (Grand Rapids: Zondervan, 2012), 348 ～ 353；Joseph A. Fitzmyer, *The Letter to the Philemon* (New York: Doubleday, 2000), 25～33；Scot McKnight, *The Letter to Philemon* (Grand Rapids: Eerdmans, 2017), 6～27。
2. Sandra R. Joshel, *Slavery in the Roman World* (Cambridge: Cambridge University Press, 2010), 78～110.
3. "an animate article of property"，見 Aristotle, *Politics* 1.2.4, 6, 13, 14, 15。
4. "... from routine domestic chores to practicing medicine," McKnight, *The Letter to Philemon*, 16.
5. 見 Seneca, *Epistle* 47 的記載。
6. 正因此故，耶穌要求門徒等人不要輕視小孩子（或作小子）；見馬太福音十八章 2 至 6、10 節，十九章 13 至 14 節。
7. Thomas Wiedemann, ed., *Greek and Roman Slavery* (New York: Routledge, 1989), 46～47.
8. Clara Swafford Works, *The Least of These: Paul and the Marginalized* (Grand Rapids: Eerdmans, 2020), 37.
9. 即 patron-client 的關係；Works, *The Least of These*, 38。
10. "... the slave's status or condition may have changed but her life did not change," McKnight, *The Letter to Philemon*, 23.
11. 也因此故，在腓利門書內，保羅所關注的是要腓利門領悟他與阿尼西謀之間的關係已有所改變，即由主僕變成主裏的弟兄，而不是直接要求他奴釋阿尼西謀（見門 15～17 節）。
12. Works, *The Least of These*, 40.
13. 詳見 Brent D. Shaw, *Spartacus and the Slave Wars: A Brief History with Documents* (Boston: Bedford/St. Martin, 2001)。

末了的話　永為奴僕

1. 王小波：《黑鐵時代》（北京：新經典文化，2018），頁267。
2. 王小波：《黑鐵時代》，頁268。

第9章

1. 反對重生論的代表人物首推 Krister Stendahl, *Paul Among Jews and Gentiles and Other Essays* (Philadelphia: Fortress, 1976)；又 James D. G. Dunn, "The Justice of God: A Renewed Perspective on Justification by Faith," *JTS* 43 (1992), 1～22。
2. Matthew V. Novenson, "Did Paul Abandon Either Judaism or Monotheism?" in *The New Cambridge Companion to Paul*, ed. Bruce W. Longenecker (Cambridge: Cambridge University Press), 243～246.
3. "... agree in essentials but differ in some details ..." Witherington, *The Acts of the Apostles*, 310.
4. "... must be the most famous conversion story of all time," David Wenham, *Paul and Jesus: The True Story* (Grand Rapids: Eerdmans: 2002), 9.
5. Dahl, *The Apostle Paul*, 5.
6. "The light must have been intense," Pohill, *Acts*, 234.
7. "It was futile, senseless task." J. Bradley Chance, *Acts* (Macon: S&H, 2007), 480.
8. 此措辭可以是一彌賽亞名號（Messianic title），參 Polhill, *Acts* 461。
9. "They were a complete refutation of all he had been." Polhill, *Acts*, 234.
10. 此情況在在應驗了約翰福音十六章8至11節耶穌所言的，祂離開世上，復活升天得榮，證明祂是義者，這樣，便叫世人自己責備自己。
11. "... Paul came ... to the conclusion that Jesus died for our sins ..." Wenham, *Paul and Jesus*, 15.
12. 在上古，人的身體的狀況，即外貌，是評核人是否優秀的標準。留意希臘人著重人身體的健美，其留下的畫像及雕塑舉證著這一點；詳參 Witherington, *The Paul Quest*, 35～37；故保羅此言是批評這個看法。
13. Josephus, *Life*, 191～192.

14. 如羅馬書一章 7 節；哥林多前書一章 3 節；哥林多後書一章 2 節；加拉太書一章 3 節；以弗所書一章 2 節；提摩太前書一章 2 節；腓利門書 3 節。
15. Porter, *The Apostle Paul*, 103.
16. "The Gospel is the message of the cross," Thomas R. Schreiner, *Paul, Apostle of God's Glory in Christ: A Pauline Theology* (Downers Grove: IVP, 2020), 101.
17. "When Paul reflects on his calling as missionary, he invariably attributes it to God's grace and mercy," Schreiner, *Paul, Apostle of God's Glory in Christ*, 30.
18. "... his zeal was redirected and its focus was not now on the law, but on the grace of God shown in the death of Jesus," Wenham, *Paul and Jesus*, 17.

靈思小品　慣性定律

1. 梁實秋：《人生自有歡喜處》（北京：作家出版社，2016），頁 24。

第 10 章

1. 見張永信：《無可比擬的福音：羅馬書注釋（上冊）》（香港：宣道，2018），頁 39。
2. 在上古，君王被稱為神的兒子，代表著天上的神明管治百姓。耶穌既是應許中那要來的王，祂自然是神的兒子，加上祂的死而復活，這位神的兒子升格了：祂是神。
3. 聖善的靈原文可指心靈，或是聖靈，但按上文下理，其應是指聖靈，這也是大部分學者的意見，見 C. E. B. Cranfield, *Romans 1～8* (London: T & T Clark, 1975), 63～64 及 Michael P. Middendorf, *Romans 1～8* (St. Louis: Concordia, 2013), 65。
4. "Paul rewrites the *Shema'* to include both God and Jesus in the unique divine identity," Richard Bauckham, *Jesus and the God of Israel: God Crucified and Other Studies on the New Testament's Christology of Divine Identity* (Grand Rapids: Eerdmans, 2008), 213.
5. "... the one Lord, the Mediator of the first creation and the Mediator of the reality of salvation," Anthony C. Thiselton, *The First Epistle to the Corinthians* (Grand Rapids: Eerdmans, 2000), 637.

6. Bauckham, *Jesus and the God of Israel*, 182～232.
7. “... the pre-existent mediator of creation,” Joseph A. Fitzmyer, *First Corinthians* (New Haven: Yale University Press, 2008), 343.
8. Seyoon Kim, *The Origin of Paul's Gospel* (Grand Rapids: Eerdmans, 1981), 260～261.
9. “... should be understood as a divine declaration,” Michael J. Gorman, *Apostle of the Crucified Lord: A Theological Introduction to Paul and His Letters* (Grand Rapids: Eerdmans, 2003), 174.
10. “... justification is also transformative ...” Gorman, *Apostle of the Crucified Lord*, 175.
11. James R. Edwards, *Romans* (Peabody: Hendrickson, 1992), 42～43；C. Marvin Pate, *Romans* (Grand Rapids: Baker, 2018), 31；即「完全在於信」，羅傑・莫朗、傑拉德・博徹特：《羅馬書・加拉太書》，吳明姝譯（香港：恩道，2016），頁 76；開始及終結可以是在數量及質量上，見 William Sanday and Arthur C. Headlam, *Romans* (London: T & T Clark, 1902), 28。
12. Frank J. Matera, *Romans* (Grand Rapids: Baker Academic, 2010), 36.
13. John Calvin, *Commentary on the Epistle of Paul the Apostle to the Romans* (Grand Rapids: Eerdmans, 1947), 65；Joseph A. Fitzmyer, *Romans* (New Haven Yale University Press: 1993), 263；E. F. Harrison, “Romans,” in *The Expositor's Bible Commentary*, vol. 10, ed. F. E. Gaebelein (Grand Rapids: Zondervan, 1976), 20.
14. Brendan Byrne, *Romans* (Collegeville: Liturgical Press, 1996), 60；John Murray, *The Epistle to the Romans* (Grand Rapids: Eerdmans, 1960), 101；Anders Nygren, *Romans* (Minneapolis: Fortress, 1949), 78；Leon Morris, *The Epistle to the Romans* (Grand Rapids: Eerdmans, 2012), 70；在本書中，信（*pistis*）作為名詞共出現四十次，而動詞（*pisteuo*）則為二十一次，可見聚焦於信的重要；John D. Harvey, *Romans* (Nashville: B & H Academic, 2017), 30～31；留意羅馬書三章 22 節同樣出現信的重複；參其註釋。
15. John Taylor, “From Faith to Faith: Romans 1:17 in the Light of Greek Idiom,” *NTS* 50 (2004), 337～348；Colin G. Kruse, *Paul's Letter to the Romans* (Grand Rapids: Eerdmans, 2012), 77～78.

16. 即 divine faithfulness。
17. 即 human faith；見 Richard N. Longenecker, *The Epistle to the Romans* (Grand Rapids: Eerdmans, 2016),179；又 James D. G. Dunn, *Romans 1～8*, 56；Middendorf, *Romans 1～8*, 97; Charles H. Talbert, *Romans* (Macon: Smyth & Helwys, 2002), 40；Ben Witherington III, *Paul's Letter to the Romans: A Socio-Rhetorical Commentary* (Grand Rapids: Eerdmans, 2004), 56；N. T. Wright, " Romans, " in *The New Interpreter's Bible*, vol. X, ed. Leander E. Keck (Nashville: Abingdon, 2002), 425.
18. Thomas R. Schreiner, *Romans* (Grand Rapids: Baker Academic, 2018), 72 指出如果句子的結構模糊，則最簡單的解法應居先。
19. " ... co-dying and co-rising with the Messiah Jesus, " Gorman, *Apostle of the Crucified Lord*, 174.
20. 一如布塞特（Wilhelm Bousset）所說：" ... the intense feeling of personal belonging and of spiritual relationship with the exalted Lord. " 引自 Michael Wolter, *Paul: An Outline of His Theology* (Waco: Baylor University Press, 2015), 223。

末了的話　在基督裏

1. " to be ' in Christ ' is to be in Christ's sphere of influence ... " Porter, *The Apostle Paul*, 101.
2. 按此了解，「在基督裏」不只是一比喻，乃是一客觀的屬靈狀況。
3. 參 Gorman, *Apostle of the Crucified Lord*, 176～177。

第 11 章

1. " Paul ... appeal to the identity of the readers as the basis for morality, " James W. Thompson, *Moral Formation According to Paul: The Context and Coherence of Pauline Ethics* (Grand Rapids: Baker, 2011), 49.
2. 見羅馬書一章 8 節；帖撒羅尼迦前書一章 6 至 9 節；Michael J. Gorman, *Becoming the Gospel: Paul, Participation, and Mission* (Grand Rapids: Eerdmans, 2015), 45。
3. Robert Banks, *Paul's Idea of Community: Spirit and Culture in Early House Churches* (Grand

Rapids: Baker Academic, 2020), 26; *EDNT*, 2:411.

4. 支持此觀點的見 Paul Trebilco, "Why Did the Early Christians Call Themselves *He Ekklesia?*" *NTS* 57 (2011), 440～460。
5. 見 James W. Thompson, *The Church According to Paul: Rediscovering the Community Conformed to Christ* (Grand Rapids: Baker, 2014), 30～31。
6. 鄧雅各（James D. G. Dunn）認為此猶太背景應居先；見 Dunn, *The Theology of Paul the Apostle*, 537～538。
7. 支持此看法的有 G. K. Beale, "The Background of *ekklesia* Revisited," *JSNT* 38 (2) (2015), 151～168；又 *NIDNTT*, I: 291～307。
8. 故是一個民主（democracy）及神權政治（theocracy）的組合；詳見 *ISBE*, I:693。
9. 見 Peter T. O'Brien, *Colossians-Philemon* (Waco: Word, 1982), 58。
10. 由於二者之前只有一個冠詞，故大概牧師和教師都是指同一種職事，專責領導和真理教導的工作。
11. 教會是保羅重新界定下的神子民共同體的身分，Dunn, *The Theology of Paul the Apostle*, 534～536。
12. Yung Suk Kim, *How to Read Paul: A Brief Introduction to His Theology, Writings, and World* (Minneapolis: Fortress, 2021), 24.
13. "A community like no other," in Thompson, *The Church According to Paul*, 23.
14. 單就以弗所書而言，當中作者以「神的家」、「聖殿」、「基督長成的身量」及「基督的新婦」來形容教會，但以「基督的身體」此意象最為顯著，其出現共十次之眾。
15. 詳參 Roy E. Ciampa and Brian S. Rosner, *The First Letter to the Corinthians* (Grand Rapids: Eerdmans, 2010), 597；Thiselton, *The First Epistle to the Corinthians*, 992。
16. "The body was a familiar image in antiquity for communities," Thompson, *The Church According to Paul*, 77.
17. 詳見 Margaret Y. MacDonald, "Women in the Pauline Churches," in *The Blackwell Companion to Paul*, ed. Stephen Westerholm (Oxford: Wiley-Blackwell, 2011), 265～284。

18. “mutual interdependence,” Dunn, *The Theology of Paul the Apostle*, 557.
19. Banks, *Paul's Idea of Community*, 25.
20. 以弗所書二章 19 至 22 節的「神的家」，其實是指聖殿，有耶穌基督為其房角石；Frank J. Matera, *New Testament Christology* (Louisville: WJK, 1999), 155。

末了的話　請不要瞎跑

1. 留意哥林多前書五章 9 節，保羅已表明他之前已寫下一封信給受書人；哥林多後書二章 4 節他更寫了一封被稱為「流淚的信」給受書人，這兩封信大概是失傳了。

第 12 章

1. 參 Longenecker, *The Epistle to the Romans*, 920～921；張永信：《無可比擬的福音：羅馬書注釋（下冊）》（香港：宣道，2018），頁 84～85。
2. 見 *TDNT*, IV:142～143；張永信：《無可比擬的福音：羅馬書注釋（下冊）》，頁 85。
3. 保羅常以行事為人（弗四 1；腓一 27；原文是 *peripateō*，即「行走」），來形容信徒生活的表現。
4. 另一個可能的原因，便是在猶太拉比作品中，會以丈夫與妻子的婚姻關係，比喻末世出現的彌賽亞與以色列人的關係；見 *ISBE*, I: 547。
5. 祂也常以婚宴為喻（見太二十二 2～14，二十五 1～12；路十二 35～38）。
6. 至於西奈之約，摩西便是伴郎，約章便是律法；*ISBE*, I:546。
7. 羅馬書七章 1 至 6 節保羅以妻子為喻，說明信徒不受律法約束的道理。
8. “bringing about one new people out of both Jew an gentile,” Brant Pitre, Michael P. Barber, and John A. Kincaid, *Paul, A New Covenant Jew: Rethinking Pauline Theology* (Grand Rapids: Eerdmans, 2019), 54.
9. 拉比的禱文甚至表示要感謝神，因為神造他是男人，不是女人；引自 Banks, *Paul's Idea of Community*, 98。

第 13 章

1. 信心與禱告之討論見 Schreiner, *Paul: Apostle of God's Glory in Christ*, 294～300。
2. 事實上，信心使信徒衍生盼望和忍耐（見羅五 1～5）。
3. "the final phase of salvation involves the redemption of the body ..." *ISBE*, II: 753.
4. "... both faith in Christ and love for other believers are grounded in hope," Schreiner, *Paul, Apostle of God's Glory in Christ*, 295.
5. "One of the marks of authentic faith is perseverance, and faith perseveres because it is sustained by hope," Schreiner, *Paul, Apostle of God's Glory in Christ*, 27 .
6. 李尚龍：《情緒可以低落，理想必須高漲》（長沙：湖南文藝，2021），頁 183。
7. "They are filled with love, hope and faith and are able to endure difficulties in the world because they have hope in God," Kim, *How to Read Paul*, 105.

第 14 章

1. 早於羅馬書十五章 23 及 28 節，他已表示有意要去西班牙。
2. 他甚至被稱為基督教的第二位奠基者，引自Meeks and Fitzgerald, eds., *The Writings of St. Paul*, 397。
3. 岑紹麟：《加拉太書》（香港：天道，2015），頁 76。
4. 被稱為納巴泰王國（Nabataean Kingdom），其首都便是佩特拉（Petra）古城；Douglas J. Moo, *Galatians* (Grand Rapids: Baker, 2013), 106；又Dahl *The Apostle Paul*, 5。
5. 詳參 G. W. Bowersock, *Roman Arabia* (Cambridge: Harvard University Press, 1983), 65～69。
6. Josephus, *Jewish War* 3.29.
7. Martin Hengel, *Acts and History of Earliest Christianity* (Philadelphia: Fortress, 1979), 99.
8. 見 Edwards, *From Christ to Christianity*, 1～8。
9. 此措辭的靈感來自 Edwards, *From Christ to Christianity*, xxiii 中的 'quantum change"。
10. 在形容安提阿時，"It was a heterogeneous and polyglot city of citizens, free persons, and slaves. Its residents spoke Greek, Latin, Hebrew, Aramaic, Syriac, Coptic, and Persian." Edwards, *From Christ to Christianity*, 9。

11. 加拉太書二章1至10節的事件有可能發生在使徒行傳十五章的耶路撒冷大會時期。不過，以上這段要保羅等人記念窮人的話，卻支持了使徒行傳十一章29至30節賑災之行的看法；詳細的討論和比較參Wenham, *Paul and Jesus*, 32～35；又詳岑紹麟：《加拉太書》，頁83～87的詳細剖析。
12. Clement of Alexandria, "Paul's Wife" in *The Writings of St. Paul,* ed. Wayne A. Meeks and John T. Fitzgerald (New York: W. W. Norton, 2007), 213.
13. Stephen C. Barton, "Paul as Missionary and Pastor," in *The Cambridge Companion to St. Paul,* ed. James D. G. Dunn (Cambridge: Cambridge University Press, 2003), 44～45.

第15章

1. 由於保羅看使徒職事為基督在世上工作的延伸，因此保羅把自己的苦難，幾乎完全等同於基督的苦難。穆爾：《歌羅西書與腓利門書》，林秀娟譯（South Pasadena：麥種，2018），頁251；有學者認為，保羅相信末世神子民都要受苦，而他的受苦是有作用的："... contribute to the sum total of these eschatological afflictions," O'Brien, *Colossians-Philemon*, 80。
2. 次經《約翰行傳》有一段名為「牀蝨的神蹟」（miracle of the bedbugs）的故事，顯示旅店牀鋪的不潔；見Walter F. Taylor Jr., *Paul: Apostle to the Nations: An Introduction* (Minneapolis: Fortress, 2012), 49的引用。
3. 惟一一次只有保羅本人的宣教，是在第二次宣教中來到雅典城，但這是逼不得已的（見徒十七14～16）。
4. 其他的還有以拉都（徒十九22）、所提尼（林前一1）、阿尼西謀（西四9）、推基古（弗六21）、以巴弗（西四12）、以巴弗提（腓二25）等。
5. Verbrugge and Krell, *Paul and Money*, 55～56.
6. Verbrugge and Krell, *Paul and Money*, 75～80指出還有一個原因，便是因為他愧疚於信主前那些偏激的、逼迫教會的過去，如今藉著勞苦作工、自食其力地宣教，好補償他不堪的過去。然而，留意巴拿巴也是自食其力地宣教（見林前九6），他卻應該沒有這份因愧疚而補償的心態。
7. 在上古，家庭的觀念極其濃厚，在核心家庭之外的表親家庭，亦算是家中人，有血濃於水的關係；故巴拿巴堅持要給表弟馬可事奉機會，此舉措是可以理解的；"The family unit in Jesus culture included far more than the nuclear family. It involved not only several generations of one family but relative and cousins as well." Witherington, *The Paul Quest*, 25。

8. Works, *The Least of These*, 54.
9. 詳參張永信：《使徒行傳（卷二）》（香港：天道，2013），頁 507。
10. Haacker, "Paul's Life," in *The Cambridge Companion to St. Paul*, 20；又張永信：《使徒行傳（卷二）》，頁 541。

末了的話　生命中的巴拿巴

1. "... Conversion meant joining a new family or community that would supply essential aspects of a new identity," Witherington, *The Paul Quest*, 34.

第 16 章

1. 保羅時代全國只有一個君王神廟（要經中央批核才能興建），其功用主要不是宗教性，而是政治性的，能藉此提高其在羅馬君王眼中的地位，因而得著君王的寵幸而獲利。
2. 有研究顯示，亞底米胸前有多個像女性乳房的東西，有主張這表示她是生育的女神，但深入研究，其實這些像女性乳房的東西，是裝著符咒的小袋，表明她能驅走邪靈惡鬼。
3. 考古學有一份希臘巫術莎草紙（Greek magical papyri）。
4. 參張永信：《使徒行傳（卷三）》（香港：天道，2001），頁 47。
5. 引自 Ambrosiaster, "Paul's Daily Schedule," in *The Writings of St. Paul*, ed. Wayne A. Meeks and John T. Fitzgerald (New York: W. W. Norton, 2007), 213。
6. Schnabel, *Paul the Missionary*, 56～57.
7. 詳參 Samuel Auler, "More Than a Gift: Revisiting Paul's Collection for Jerusalem and the Pilgrimage of Gentiles," *JSPL* 6.2 (2016), 143～160。
8. 詳參 Keith F. Nickle, *The Collection: A Study in Paul's Strategy* (London: SCM, 1966) 對此

事的詳細分析。

9. Meeks and Fitzgerald, eds., *The Writings of St. Paul*, 225.
10. " ... when he made an eventual trip to Spain, which is considered the most marginalized place from the perspective of Rome, " Yung Suk Kim, *How to Read Paul*, 21, fn. 8.
11. Dahl, *The Apostle Paul*, 6.

靈思小品　保羅到底是誰

1. Anonymous, "A Martyr's understanding of Paul," in *The Writings of St. Paul*, ed. Wayne A. Meeks and John T. Fitzgerald (New York: W. W. Norton, 2007), 319～320.

第 17 章

1. 約 10 至 20%人是識字的；Witherington, *The Paul Quest*, 92.
2. 詳參 Steve Reece, *Paul's Large Letters: Paul's Autographic Subscription in the Light of Ancient Epistolary Conventions* (London: Bloomsbury, 2017), 73～110。
3. Reece, *Paul's Large Letters*, 31.
4. " ... the high price that it commanded, " Reece, *Paul's Large Letters*, 15.
5. 參 E. Randolph Richards, *Paul and First-Century Letter Writings: Secretaries, Composition and Collection* (Downers Grove: IVP, 2004), 163 的圖表。也因此故，早已有人主張，如此長篇幅的寫作，看來是信件形式，骨子裏卻不是一封信這麼簡單，故保羅所寫的，並不是 letter，而是 epistle；參 Reece, *Paul's Large Letters*, 25。
6. " ... very few surpass 200 ... papyrus sheets ... could hold only about 250 words, " Reece, *Paul's Large Letters*, 13.
7. 寫上文字的木塊會在上面塗上臘面，旨在把文字保存下來，其被稱為 tablet。
8. " by the time of Paul, notebook made of parchment were beginning to replace the traditional wooden tablet, " Richards, *Paul and First-Century Letter Writings*, 57.
9. " Writing in the ancient world was laborious process performed primarily by highly trained slaves, servants, and hired hands ... " Reece *Paul's Large Letters*, 12.
10. " Proficiency in writing was a result of specialized technical training, " Reece, *Paul's Large*

Letters, 14.

11. 詳見 Witherington, *The Paul Quest*, 99。
12. "... the skill to follow dictation quickly and accurately, probably in a form of shorthand," Reece, *Paul's Large Letters*, 14；由此可見，代筆人有多種，有些寫得快，有些措辭優雅，有些寫得細緻，有些寫得準確等，有些樣樣皆能。
13. 這些已有筆記，大有可能是保羅在宣教時的講稿，又或者是流傳於教會的一些詩歌或信經等。
14. Richards, *Paul and First-Century Letter Writings*, 54.
15. 如果原作者是不能讀和寫的，他便需要找來另一位能寫的人士，代他細閱全書，並且確認無誤，然後代他寫下信末的話，以確認此信實乃作者所發。言下之意，便是作者要為全信負上文責。

第 18 章

1. "... a well-produced manuscript commanded a hefty price," Reece, *Paul's Large Letters*, 14.
2. 此兩卷書是新約裏篇幅最長的。
3. 最明顯的例子，便是在羅馬書十六章共出現了二十三位保羅問安的人物，但留意在寫羅馬書之前，他從未踏足於羅馬城（見羅一 13），由此可見，這些人士都是在他的宣教路上認識的。
4. 故保羅常在信內推薦信差（見林前四 17 及羅十六 1～2 等），受書人大可放心提問，並且相信信差的答覆。

第 19 章

1. 關於情感性修辭之於保羅的研究，見 Ian Y. S. Jew, *Paul's Emotional Regime* (London: T & T Clark, 2021)。
2. 另一實例參 David A. deSilva, "Appeals to *Logos*, *Pathos* and *Ethos* in Galatians 5:1～12: An Investigation of Paul's *Inventio*," in *Paul and Ancient Rhetoric: Theory and Practice in the Hellenistic Context*, ed. Stanley E. Porter and Bryan R. Dyer (Cambridge: Cambridge

University Press, 2016), 245～264。

3. Pollio, Atticus. Richards, *Paul and First-Century Letter Writings*, 157～158.
4. 這封信大有可能便是以弗所書。
5. 這成為保羅書信得以流傳於當代的主因；見 Harry Y. Gamble, *New Testament Canon: Its Making and Meaning* (Philadelphia: Fortress, 1985), 36～43。
6. 詳參下文有關的介紹及闡釋。
7. 即“book roll”，長約十五呎；E. Randolph Richards, “Reading, Writing, and Manuscripts,” in *The World of the New Testament: Cultural, Social, and Historical Context*, ed. Joel B. Green and Lee Martin McDonald (Grand Rapids: Baker, 2017), 354；另一說法是三十多呎，剛巧是路加福音及使徒行傳的篇幅；見Graham Stanton, *The Gospels and Jesus* (Oxford: Oxford University Press, 202), 80。
8. Richards, “Reading, Writing, and Manuscripts,” 355；*ABD*, VI: 1004.
9. 留意此言:“... the publisher wanted to present one book ... either the four gospels or the letters of Paul needed to be in one book ...” Richards, *Paul and First-Century Letter Writings*, 213；意思是人們都以能把某人（如保羅），或有關某人的作品（耶穌基督）集結成文集，以一本書的方式面世，這才是最好的。
10. 參 Harry Gamble, *Books and Readers in the Early Church: A History of Early Christian Texts* (New Haven: Yale University Press, 1995), 58 的評論。
11. 也可稱為 evolutionary theory；見Jerome Murphy-O'Connor, *Paul and the Letter-Writer: His World, His Options, His Skills* (Collegeville: Liturgical Press, 1995), 114～120。
12. 快速集結的原因是基於保羅的作品極具權威；見E. E. Ellis, “New Directions in the History of Early Christianity” in *Ancient History in a Modern University*, 2 vols., ed. T. W. Hillard et al. (Grand Rapids: Eerdmans, 1997), 2:1～22；其可稱為 Big-Bang theory；Edgar J. Goodspeed, *New Solutions to New Testament Problems* (Chicago: University of Chicago Press, 1927), 1～64。
13. Witherington, *The Paul Quest*, 102.
14. 詳參 Richards, *Paul and First-Century Letter Writings*, 217～219。
15. 詳見 Leander Keck, *Paul and His Letters* (Minneapolis: Fortress, 1988), 99～100。

16. 當然，個別學者亦有差異，例如有人以帖撒羅尼迦後書為保羅的著作，反而歌羅西書則非等。
17. Anthony Kenny, *A Stylometric Study of the New Testament* (Oxford: Clarendon, 1986).
18. "The burden of proof must lie with those who argue that some of the later Paulines are not ultimately from Paul," Witherington, *The Paul Quest*, 101.
19. 李察斯更認為，書信中常出現有共同作者（如林前一1的所提尼，林後一1的提摩太，提前的西拉和提摩太等）都積極地參與了寫信的過程，這也成為重要因素："His letters were team letters," 見 Richards, *Paul and First-Century Letter Writings*, 155。
20. Gordon Fee and Douglas Stuart, *How to Read the Bible for All Its Worth* (Grand Rapids: Zondervan, 1982), 46.
21. J. Christiaan Beker, *Paul the Apostle: The Triumph of God in Life and Thought* (Philadelphia: Fortress, 1980), 24.
22. Fee and Stuart, *How to Read the Bible for All Its Worth*, 55.
23. "tentative but informed reconstruction of the situation ..." Fee and Stuart, *How to Read the Bible for All Its Worth*, 46.
24. 當然，學者們的研究所得也是不容忽視的，故博覽有關的參考書也是重要的。

第 20 章

1. 第二十及二十一章內容參考書籍：張永信：《無可比擬的福音：羅馬書注釋（上冊）》；張永信：《無可比擬的福音：羅馬書注釋（下冊）》；Douglas Moo, *The Epistle to the Romans* (Grand Rapids: Eerdmans, 1996)。
2. 參考自 Witherington, *The Paul Quest*, 105。
3. Reymond, *Paul, Missionary Theologian*, 19.
4. 詳參 David L. Allen, *Hebrews* (Nashville: B & H, 2010), 34～43；張永信：《新約深度行》，頁 318 注 14。
5. 至於早期教會其他有關保羅言行，及冒保羅之名而寫的作品，見 Meeks and Fitzgerald, eds., *The Writings of St. Paul*, 139～164。

6. 詳細剖析見魏斯特鴻：《保羅神學：新舊觀》，陳永財譯（South Pasadena：麥種，2014）；其中尤其是頁 338～524。
7. 詳參 E. P. Sanders, *Paul and Palestinian Judaism: A Comparison of Patterns of Religion* (Philadelphia: Fortress, 1977), 75, 236, 422～423。
8. 「律法因此成為一個根本標記，顯示以色列民的獨特性」，引自鄧雅各：〈保羅與律法——保羅新觀〉，載盧龍光編：《筆戰羅馬：羅馬書之研究》（香港：天道，2010），頁 242。
9. Dunn, *The Theology of Paul the Apostle*, 359～366.
10. James D. G. Dunn, *The New Perspective on Paul* (Grand Rapids: Eerdmans 2005), 127.
11. Tom Wright, *What St Paul Really Said* (Grand Rapids: Eerdmans, 1997), 124.
12. "... practiced in legalistic ways." Richard N. Longenecker, *The Epistle to the Romans* (Grand Rapids: Eerdmans, 2016), 365.
13. Donald A. Hagner, " Paul and Judaism: Testing the New Perspective, " in Peter Stuhlmacher, *Revisiting Paul's Doctrine of Justification: A Challenge to the New Perspective* (Downers Grove: IVP, 2001), 87～88.
14. 留意原居於羅馬的一對信主夫婦亞居拉和百基拉便因而遠走至哥林多，結果與保羅相遇，後更成為宣教伙伴（徒十八 2～3）。留意保羅問他們的安，並且問在他們家中聚會的信徒安（羅十六 3～5），足見保羅寫羅馬書時，這對夫婦已回到老家並且熱心地事奉神。
15. 這成為了希伯來書受書人的屬靈氛圍，也促使作者寫下希伯來書，幫助這一羣信主的猶太信徒重拾信心，重新出發。
16. 也是羅馬書十五章 1 節中的不堅固的人所指的。
17. Porter, *The Apostle Paul*, 293～294；因為公元五十八年尼祿王下令整頓税務問題，見 Tacitus, *Annales* 13.50～51；Suetonius, *Nero* 10.1；這問題可能便是羅馬書十三章 1 至 7 節的背景。

第 21 章

1. 歸算的理念見羅馬書四章 22 至 24 節：亞伯拉罕信靠神，此舉算為他的義；詳參張永信：《無可比擬的福音：羅馬書注釋（上冊）》，頁 139～140。

2. 參張永信：《無可比擬的福音：羅馬書注釋（上冊）》，頁 17～18。
3. 張永信：《無可比擬的福音：羅馬書注釋（下冊）》，頁 181。

第 22 章

1. 第二十二及二十四章內容參考書籍：張永信：《哥林多前書：教會時弊的良方——愛》（香港：明道社，2005）；Gordon D. Fee, *The First Epistle to the Corinthians* (Grand Rapids: Eerdmans, 1987)。
2. 在上古，人都以出生地，或居住地定格自己的社會地位。
3. 詳參 Thiselton, *The First Epistle to the Corinthians*, 1～2。
4. 考古學發現此地有一銘文，上面刻有：「希伯來人的會堂」等字。
5. Jerome Murphy-O'Connor, *St. Paul's Corinth: Texts and Archaeology* (Wilmington: Michael Glazier, 1983), 141～152.
6. 由於我們可以在此鎖定保羅在第二次宣教到哥林多的日期，故也可以從此推論出保羅在其他地方做福音工作的時間。

第 23 章

1. 詳參張永信：《哥林多前書》，頁 48～49。
2. 稱為「過分實現的末世觀」（over-realized eschatology）；參張永信：《哥林多前書》，頁 10～11。
3. 詳參張永信：《哥林多前書》，頁 241～243。
4. 事實上，上古的宗教敬拜常涉及進餐；Fee, *The First Epistle to the Corinthians*, 532。

第 24 章

1. 在世的主曾應許，當信徒聚在一起敬拜時，復活主必臨格，與信徒同在（見太十八 20）。
2. 可能的情況是：教會沒有對犯淫亂者進行紀律處分（見林前五 2），因為此人擁有說方言的恩賜。

3. 留意稍後在哥林多後書中，保羅將更仔細地論及此善事，作出教導（見林後七～八章）。

第 25 章

1. 本章內容參考書籍：張永信：《哥林多後書——軟弱的神僕．榮耀的職事》（香港：明道社，2008）；George H. Guthrie, *2 Corinthians* (Grand Rapids: Baker, 2015)。
2. 關於保羅的事奉，與哥林多後書所反映的內容之表列，見 Guthrie, *2 Corinthians*, 47～48。
3. 提多留了在哥林多好一段日子，保羅等得不耐煩，便逕自往馬其頓去，希望在途中可以遇見提多。結果他與提多在特羅亞相遇（見林後二 12～13）。
4. 流淚的信及他先前一個痛苦的造訪，見 Gurthrie, *2 Corinthians*, 20～21。
5. 至於教會對保羅的觀感，詳參 Murray J. Harris, *The Second Epistle to the Corinthians* (Grand Rapids: Eerdmans, 2005), 69～71 的分析。
6. 詳參陳濟民：《哥林多後書》（香港：天道，2003），頁 18～24。
7. 保羅的自辯採用了修辭技巧著墨，故修辭學亦成為研究哥林多後書的一個重要進路。詳參 Fredrick J. Long, *Ancient Rhetoric and Paul's Apology: The Compositional Unity of 2 Corinthians* (Cambridge: CUP, 2004)。
8. 使徒行傳二十章 2 至 3 節記載保羅在希臘住了凡三個月，然後才把捐款送上耶路撒冷。相信他大部分時間是在哥林多，把款項籌好。
9. 詳參張永信：《哥林多後書》，頁 221～224。
10. 其與加拉太書所反映的猶太教分子——強調守律法如割禮、安息日等不同；故二者是不一樣的。
11. 故他們的事奉及福音是更優越的；Maria A. Pascuzzi, *First and Second Corinthians* (Collegeville: Liturgical Press, 2005), 98。
12. 參 C. K. Barrett, *The Second Epistle to the Corinthians* (New York: Harper & Row, 1973), 28～30 的巡禮及分析。
13. 這是一險著，楊牧谷：《作祂的僕人：哥林多後書研讀》（台北：校園，1992），頁 672。

14. 值得留意的是，保羅表示他是被受書人所逼，才以愚考説話（林後十二 11～12）。
15. 詳參 David E. Garland, *2 Corinthians* (Nashville: Broadman, 1999), 421～422。

末了的話　生命的事奉

1. 此兩封信的內容見 Meeks and Fitzgerald, eds., *The Writings of St. Paul*, 145～146。
2. 如果加上後來他停留在希臘凡三個月（大部分時間應是住在哥林多，從而寫下羅馬書），則保羅與此地教會實有近兩年緊密建交的黃金歲月。
3. 《革利免一書》四十七章 6 節。

第 26 章

1. 本章內容參考書籍：馮蔭坤：《帖撒羅尼迦前書》（香港：天道，1998）；馮蔭坤：《帖撒羅尼迦後書》（香港：天道，1999）；Gordon D. Fee, *The First and Second Letters to the Thessalonians* (Grand Rapids: Eerdmans, 2009)。
2. 此城的名字來自公元前三一五年管治此地的加山德（Cassander；他本是亞歷山大屬下的大將）。他以其妻之名（Thessalonica）為此城命名（其妻是腓力二世之女兒，亞歷山大的姊妹）；見Fee, *The First and Second Letters to the Thessalonians*, 4。
3. 我們不知道保羅實際在此地留了多久，大概是短則至三星期，長則半年。
4. 關於攔阻是指甚麼，這討論極具爭論性，馮蔭坤相信其是指天使這一看法是最有可能，詳參馮蔭坤，《帖撒羅尼迦後書》，頁 205～211；又 Jeffrey A. D. Weima, *1～2 Thessalonians* (Grand Rapids: Baker, 2014), 532。
5. 見馮蔭坤：《帖撒羅尼迦後書》，頁 213。
6. 恆忍，警醒，有盼望，有喜樂都是應有的態度。
7. "... provide a privileged perspective on Paul the pastor," Luke Timothy Johnson, *Interpreting Paul: The Canonical Paul, vol. 2* (Grand Rapids: Eerdmans, 2021), 357.

第 27 章

1. 本章內容參考書籍：岑紹麟：《加拉太書》（香港：天道 2015）；Douglas J. Moo,

Galatians (Grand Rapids: Baker, 2013)。

2. 參岑紹麟：《加拉太書》，頁 3～5。
3. 又參 Reymond, *Paul: Missionary Theologian*, 105～106。
4. Moo, *Galatians*, 3～4.
5. 「我們可以推斷，他們很可能是猶太裔的基督徒」；引自岑紹麟：《加拉太書》，頁 9。

末了的話　旅遊的樂趣

1. 引自李思圓：《生活需要儀式感》（山東：山東文藝，2017），頁 37。

第 28 章

1. 本章內容參考書籍：黃朱倫：《腓立比書——僕友的生命與事奉》（香港：明道社，2006）；G. Walter Hansen, *The Letter to the Philippians* (Grand Rapids: Eerdmans, 2009)。
2. 哥林多前書十五章 32 節更明言他與野獸戰鬥；畢竟，使徒行傳十九章 1 至 21 節仍是隻字不提，可見保羅可能只是在用比喻，因為他是羅馬公民，是不可能落入此情況中的。
3. "Most commentators prefer that Paul wrote from Rome," G. K. Beale, *Colossians and Philemon* (Grand Rapids: Baker, 2019), 367；時間應是公元六〇至六二年間。
4. "Letters of friendship repeatedly express warm affection," Hansen, *The Letter to the Philippians*, 8.
5. 奧古士督打敗安東尼後，由於安東尼的士兵無權索取土地生活，於是奧古士督便把他們安置在此城，並給予他們公民權，故此城（受恩人）欠了奧古士督（施恩主）一份人情；可見其極為親羅馬政府。這一點亦解釋了何以保羅及西拉被毒打（徒十六 19～24），而教會亦受到逼迫（腓一 29～30）。
6. 見羣眾對保羅和西拉的指控（徒十六 20～21）。
7. 見 Hansen, *The Letter to the Philippians*, 2。
8. 見 Hansen, *The Letter to the Philippians*, 9。

9. 見 Bonnie B. Thurston and Judith M. Ryan, *Philippians and Philemon* (Collegeville: Liturgical Press, 2005), 21。

第 29 章

1. 本章內容參考書籍：穆爾：《歌羅西書與腓利門書》；Beale, *Colossian and Philemon*.
2. 教父伊格那丟乃安提阿的主教，其在五十年後寫了一封給以弗所教會的信，那時，以弗所教會的主教亦叫阿尼西謀，信中有一句的措辭與這裏第 20 節的一句幾乎完全一樣。
3. Works, *The Least of These*, 44.
4. 詳參 Beale, *Colossians and Philemon*, 368。
5. "... to implore him to forgive and receive his runaway slave," Richard R. Melick, Jr., *Philippians, Colossians, Philemon* (Nashville: B & H, 1991), 338.

末了的話　福音與奴隸制度

1. 關於羅馬的奴隸制度，詳見 McKnight, *The Letter to Philemon*, 6～27。

第 30 章

1. 本章內容參考書籍：穆爾：《歌羅西書與腓利門書》；Beale, *Colossian and Philemon*。
2. Beale, *Colossians and Philemon*, 361～362.
3. 這裏說是兩年，但保羅自言是三年（徒二十 31），我們估計是因為保羅曾在第二次宣教的回程時，短暫停留此地作工（徒十八 19～20），如果加上這段時間，則為期近三年，可見無論是兩年還是三年，都只是約數。
4. 此取向與希哲斯多亞派所側重的，要攻克肉體的思維吻合。
5. "heavenly, or earthly powers," Beale, *Colossians and Philemon*, 93.
6. Johnson, *Interpreting Paul*, 300.
7. 穆爾：《歌羅西書與腓利門書》，頁 278。
8. 穆爾：《歌羅西書與腓利門書》，頁 111。

9. 詳參 Melick, Jr., *Philippians, Colossians, Philemon*, 252～253 對妄言和小學的闡釋。

第 31 章

1. 本章內容參考書籍：黎惠康：《以弗所書》（香港：天道，2017）；Clinton E. Arnold, *Ephesians* (Grand Rapids: Zondervan, 2010)。
2. "Of all the letters that Paul wrote to churches, Ephesians is the least situational," Arnold, *Ephesians*, 41.
3. 新約出現以弗所之經文頗多（見徒十八 19～28，十九 1、17～20，二十 16 及以下；林前十五 32，十六 8；提前一 3；提後一 18，四 12；啟一 11，二 1）。
4. 另一個是在羅馬附近的龐貝古城，其在一晃間被火山灰所掩埋。
5. 詳見 *ISBE*, 2:115～116；此女神被稱為「天上的皇后，主，救主」，她統合了天上、地上及陰間的權柄於一身。
6. 原本的亞底米神像已不存在，其複製品在附近的博物館展示。
7. 關於此城的宗教概略，見 Arnold, *Ephesians*, 31～41。
8. 在以弗所附近的馬利亞終老之地，建有一紀念她的教堂。
9. 詳參張永信：《啟示錄注釋》（香港：宣道，2008），頁 71。
10. 參腓利門書有關的闡述。
11. "... a circular homily," Ben Witherington III, *The Letters to Philemon, Colossians and Ephesians: A Socio-Rhetorical Commentary on the Captivity Epistles* (Grand Rapids: Eerdmans, 2007), 215～219.

第 32 章

1. 本章內容參考書籍：張永信：《教牧書信》（香港：天道，2005）；Gordon D. Fee, *1 and 2 Timothy, Titus* (Peabody: Hendrickson, 1984)。
2. 腓利門書除外，參監獄書信中有關的介紹。
3. 首次用教牧書信來形容之的，是德國學者 Paul Anton (1661～1730)；Arland J. Hultgren, "The Pastoral Epistles," in *The Cambridge Companion to St. Paul*, ed. James D. G. Dunn (Cambridge: CUP, 2003), 41。

4. 參張永信：《教牧書信》，頁 9～11。
5. 主要是防範假教師的妖言惑眾。
6. 羅馬教父革利免指出，保羅曾到過帝國的極西之地宣教；《革利免一書》五章 6 至 7 節。
7. 留意腓立比書二章 24 節，他表示將造訪腓立比教會。
8. 尼祿王在公元六十四年焚燒了半個羅馬城，然後指是基督徒所為；保羅便是在這惡劣情況下被囚及殉道。
9. 可以說是猶太教與早期諾斯底思想的混合體，見Donald Guthrie, *The Pastoral Epistles* (London, IVP, 1957), 28。
10. 以上的解釋詳參張永信：《教牧書信》，頁 139～158。

第 33 章

1. 又參 Michael Prior, *Paul the Letter-Writer and the Second Letter to Timothy* (Sheffield: JSOT, 1989), 65～67。
2. 此句的詳細闡釋見張永信：《教牧書信》，頁 187～190。
3. 其又可譯作「每一經卷」；《新譯》作「所有的經典」。
4. *Theopneustos*；參張永信：《教牧書信》，頁 454。
5. 參 Siegfried Schatzmann, *A Pauline Theology of Charismata* (Peabody: Hendrickson, 1987), 49。
6. *Epiphaniea*, *TDNT*, IX: 7～10.
7. 原文只有三個字：*pistos ho logos*。
8. 好讓受書人看到時會有親切感；張永信：《教牧書信》，頁 107。
9. George W. Knight III, *The Pastoral Epistles* (Grand Rapids: Eerdmans 1992), 99.
10. 詳參張永信：《教牧書信》，頁 414～418。

第 34 章

1. 參 *ISBE*, IV: 857～858。
2. 參 *ISBE*, IV: 864～865。

末了的話　危中有機

1. "... would have been shifted from mainly pagan to mainly Christian social networks," Stark, *The Rise of Christianity*, 75.

靈思小品　如何讀經

1. 李思圓：《每一種優秀，都有一段靜默時光》（長沙：湖南文藝，2020），頁163。
2. 李思圓：《每一種優秀，都有一段靜默時光》，頁164。